本书由宁夏高等学校一流学科建设
民族学学科项目资助出版
（项目号：NXYLXK2017A02）

杨文笔 主编

中国传统文化导论

黄河出版传媒集团
宁夏人民出版社

图书在版编目（CIP）数据

中国传统文化导论 / 杨文笔主编. -- 银川：宁夏
人民出版社，2020.10
ISBN 978-7-227-07293-5

Ⅰ.①中… Ⅱ.①杨… Ⅲ.①中华文化－高等学校－
教材 Ⅳ.① K203

中国版本图书馆 CIP 数据核字（2020）第 211984 号

中国传统文化导论 杨文笔　主编

责任编辑　赵学佳
责任校对　闫金萍
封面设计　一　卜
责任印制　马　丽

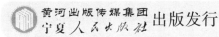 黄河出版传媒集团 宁夏人民出版社 出版发行

出 版 人　薛文斌
地　　址　宁夏银川市北京东路 139 号出版大厦（750001）
网　　址　http://www.yrpubm.com
网上书店　http://www.hh-book.com
电子信箱　nxrmcbs@126.com
邮购电话　0951-5052104　5052106
经　　销　全国新华书店
印刷装订　宁夏银报智能印刷科技有限公司
印刷委托书号　（宁）0018926

开本　787 mm×1092 mm　1/16
印张　19.5
字数　260 千字
版次　2020 年 10 月第 1 版
印次　2020 年 10 月第 1 次印刷
书号　ISBN 978-7-227-07293-5
定价　40.00 元

目　录

导　论

　　中国文化历史悠久、源远流长，有着深厚的历史积淀。中国文化内容丰富多彩，思想内蕴博大精深，是中华民族在千年历史长河中创造的灿烂文明，也是中华民族对人类文明的重要贡献。相对于近代以来的现代文化，学术界一般将近代以前我国劳动人民创造的文化称之为"中国传统文化"。中国传统文化有着怎样的丰富内涵及特点？在此本书需要对传统文化的概念予以准确的界定，并对中国传统文化的发展历程等进行系统的梳理。

一、"文化"概念的界定

　　关于"文化"的概念，向来见仁见智，众说纷纭。这就需要从历时的角度，以及跨文化比较的学术视野，追根溯源，理清脉络，通过古今观照，东西对比，求同存异，在差异中寻找共性，以有助于我们对"文化"概念予以全面深刻的了解和把握。

（一）中国古代语境中的"文化"

　　在中国古代语境中，"文化"并不是作为一个完整的汉语词汇来使用的，在中国古代文献中，"文"与"化"作为两个单个的汉字，一直是分开使用的。在中国古代典籍中，对"文"字的内涵有较多的论述。从字源角度说，"文"与"纹"字相通，其本义是指各色交错所成的纹理。在上古时期，"文"字的字形实为蕴含和传递一定自然与社会信息的符号。《尚书·序》中说道："古者伏羲氏之王天下也，始画八卦，造书契，以代结绳（爻）之政，由是文籍生焉。"可见"文"字的产生源于象形的符号创造。许慎在《说文解字·序》中就写道："仓颉之初作书也，盖依类象形，故谓之文；其后形声相益，即谓之字。"《古今通论》中更是说道："仓颉造书，行立谓之文，声具谓之字。"这都是将"文"字作为一个象形符号来解释的。对"文"字赋予纹理等含义，是在古代典籍《易经·系辞下》中有这样一句话："爻有等，故曰物；物相杂，故曰文。"

《易经》中"文"字其含义就是一种呈现在物质表面的装饰性花纹、纹理图案，即文饰。这也成为中国古代语境中"文"字的原初内涵。以后的其他典籍中都循此含义而解释，如《礼记·乐记》中有"五色成文而不乱"，许慎的《说文解字》中有"文，错画也，象交文"。《论语·雍也》中有："质胜文则野，文胜质则史，文质彬彬，然后君子。"《礼记·王制》中说："东方曰夷，被发文身，有不火食者矣。"《庄子·逍遥游》中说"越人断发文身"。这里的"文"字是指"文身"或"文饰"等含义。以后"文"的含义也被引申出了"文德""文物""文采""文武"等，如郑玄注《礼记》中写道："文犹美也，善也。"这里的"文"指文德等含义。

"化"在古汉语里是一个动词，主要指事物动态变化的过程。其本意有三个层面：一是变化，二是生成，三是造化。《庄子·逍遥游》中有"化而为鸟，其名曰鹏"，这里的"化"即指变化。《易经·系辞下》中有"男女构精，万物化生"，这里的"化"即生成。《礼记·中庸》中说"可以赞天地之化育"，这里的"化"又有"造化"的含义。

将"文"与"化"并联在一句话中使用，最早见于古籍《易经·贲卦·象传》中："（刚柔交错），天文也。文明以止，人文也。观乎天文，以察时变；观乎人文，以化成天下。"这里"天文"和"人文"相对，一个指天道自然，一个指社会人伦，它们各有其存在价值，其中"人文"在社会中的价值体现在教化大众的功效上。这也奠定了近代以来"文化"一词出现后，其所具有的原初内涵，也是至今大多数人将"文化"与"文明"视为同义词使用的缘由。总之，在中国古代语境中，"文化"一词始终被单独分开来使用，而将这两个汉字放置在一起作为一个词语使用，是近代以来才有的。

（二）西方语境中的"文化"

"文化"的英文单词为"culture"，现在一般中文都是将其翻译为"文化"，然而其最初的本意并非如此。英文"culture"是由拉丁语的cultura一词转化而来，其本意只是一个农业语境中的概念，也是古代西方人在农业生产实践中创造出的一个词汇，主要有栽培、种植、耕作等含义。西方文艺复兴以来，"culture"一词开始被赋予新的含义。在西方思想家推动的启蒙运动中，"culture"一词又引申出性情陶冶、品德教化等含义。自中世纪起，"culture"与今日的文化概念内涵相当，英语中"culture"的含义开始延伸至精神文化层面，即人文、宗教文化。其实西方各国对"文化"概念的理解稍有差异，但也有共同之处。总体而言，随着西方语境中"文化"含义趋向的人文化，其与中国古代语境中对"文化"含义的解释殊途同归，基本形成了共识。

（三）"文化"概念的界定

关于"文化"概念的最早界定，出现在人类学学科中。人类学是一门把人及其"文化"作为研究对象的学科，其学科一经出现就对"文化"的概念尝试着进行界定。最早对"文化"下定义的是英国人类学家爱德华·泰勒。1871年，爱德华·泰勒出版了人类学名著《原始文化》。《原始文化》一书在人类学史上有着重要的意义，标志着人类学学科的诞生。书中爱德华·泰勒对"文化"的概念作了系统的阐释："文化或文明，就其广泛的民族的意义来说，乃是包括知识、信仰、艺术、道德、法律、习俗和任何人作为一名社会成员而获得的能力和习惯在内的复杂整体。"可以看出，他对"文化"概念的理解是比较笼统的，没有做具体的分类，且将"文化"与"文明"视为同一概念，这是有待商榷的。但是作为最早探讨"文化"定义的学者，其提出的"文化"概念对后世产生了深远的影响。

自爱德华·泰勒以后，世界各地的人类学家和文化学家对"文化"

的不断尝试进行概念界定，由于他们站在不同的学术立场，对"文化"的概念亦有不同的理解。近代以来，中国人也开始对"文化"的概念予以界定，以国学大师梁启超和梁漱溟等为代表。到了20世纪50年代，西方世界对"文化"的定义已有上百种之多。1952年，美国人类学家克罗伯和克拉克洪联合撰写并发表了《文化：概念和定义的批评考察》一文，他们对西方当时搜集到的160多个关于"文化"的定义作了系统梳理与分析，并在此基础上对"文化"的概念做了定义。他们指出："文化既是人类行为的产物，又是决定人类行为的某种要素。"这里将"文化"作为人类行为的产物和决定要素，也是理解"文化"的一个视角，但就对"文化"本质的全面理解而言还是不够的。本书这里将列举出几种"文化"的定义，以便我们对"文化"的概念从不同的角度来进行理解。

1. 卡西尔的"文化"概念

恩斯特·卡西尔（1874—1945年），德国现代著名哲学家，文化哲学的创始人。他曾在所著的《人论：人类文化哲学导引》一文中，从人与文化间关系的角度对"文化"的概念予以界定。在他看来，人不仅是一种理性动物，更是一种符号动物，人的特殊性在于其创造了符号，并赋予符号以存在的人文意义。"只有这样我们才能指明人的独特之处，也才能理解对人开放的新路——通向文化之路。"他所谓的"文化"，就是与自然相对的人文化，包括人们在改造世界时所创造的一切物质和精神产品。人只有在创造"文化"的活动中才能成为真正意义上的人，也只有在文化活动中，人才能获得真正的自由。人的本质是永远处于制作之中的，它只存在于人不断创造文化的辛勤劳动中。

2. 格尔茨对"文化"概念的界定

克利福德·格尔茨（1926—2006年），美国著名的人类学家，解释人类学的提出者。他所理解的"文化"概念实质上是一个符号学的概念，这一点他与卡西尔对"文化"概念的理解基本一致。在他看来，人是一种悬挂在由自己编织的意义之网中的动物，而编织意义之网既是人类的一种特殊能力，也是人类区别于其他物种，作为"万物之灵长"的本质所在。因此，格尔茨所谓的"文化"就是这样一些由人自己编织的意义之网，换句话说，就是将人类改造自然的一切精神和物质活动符号化，并赋予因人而异因地而异的存在意义。

3. 中国学者对"文化"概念的界定

中国学者对"文化"定义的探讨，始于晚清及中华民国时期西学东渐的大背景中。此时，中国学人开始主动对西方学术成果进行大量的翻译和引介，在这样一个文化拿来的实践中，"文化"作为一个重要的概念在西学输入中开始出现，并进入中国人的日常用语和话语体系，中国学人也尝试着对这样一个现代性特质较强的名词术语进行本土语境中的概念界定。国学大师梁启超在《什么是文化》中说："文化者，人类心能所开释出来之有价值之共业也。"梁启超对"文化"概念的理解过于抽象，甚至只将"文化"局限于精神和观念层面，但也揭示出了"文化"的深层次结构，即"文化"是人凭借着自身的智慧所创造的精神产品。国学大师梁漱溟在《东西文化及其哲学》中对"文化"亦有自己的认识与理解，在他看来，文化是"生活的样法"。在《中国文化要义》中，他认为："文化，就是吾人生活所依靠之一切。……文化之本义，应在经济、政治，乃至一切无所不包。"这种理解不乏新意，但是过于笼统而缺乏具体的指涉。同时期及以后也有很多学者对"文化"的定义进行过探讨，并不断地对"文化"的定义予以修订和完善，这样的学者与文化的概念有很多，些地就不一一列举了。

4. 马克思对"文化"概念的界定

马克思认为，"文化"是人类实践生产中的产物，而人类的生产实践是"文化"产生的前提，在生产实践中的一切物质和精神产物，都必然蕴含着"文化"的内涵与特质，是人类所创造的"文化"产品的基本存在形式。从某种程度说，"文化"就是自然的人化，这也揭示出了"文化"的本质，或者说对文化创造的主体性予以了明确。人与动物间的本质区别在于，动物的一切活动都基于本能需求，而人类的活动都是有目的和有意识的，有一定的价值判断和创造性。人类有创造符号的能力，更是为符号赋予了多样化的含义，从而让人类生存在一个充满意义的世界。

通过对以上几种不同"文化"概念的探讨，可以看出，"文化"作为一种以人为实践主体创造的产物，是人类能动性和创造性的集中体现，也是人之所以为人的根本所在。在中国学界，一般而言，对于"文化"概念的界定，被普遍认可的定义是将文化的概念分为广义与狭义两个层面。广义的文化，指自然的人化，是人类在认识自然和改造自然的过程中，创造出的一切物质和精神文化产品的总和；狭义的文化，指社会的意识形态以及与之相适应的制度和组织。这就意味着把握理解"文化"的概念，就必须把握"文化"的本质。从广义和狭义的角度做区分，即是对"文化"的内涵与外延有一个全面准确的把握。

二、文化的结构与分类

文化是抽象的，亦是具体的。从宏观角度说，文化可以一言以蔽之，但是文化的深层内里及其多样化的存在形式，需要从微观层面多角度地予以透视。文化是一种内部具有结构层次的文化体系，有着不同层级文化要素的组成形式，包含于文化整体之中，构成一个系统的文化整体。就其存在形式来说，可以分为不同的类型，是组成文化整体的基本结构。就文化的结构来说，学界有二元结构说、三元结构说、四元结构说等多种观点。

（一）二元结构说

通常指"文化"是由物质文化和精神文化两个部分构成的，此观点源于苏联学术界，也为中国学术界所普遍接受。所谓的物质文化，是指人类创造的物质财富及其创造方式，包括劳动工具和人类为满足衣、食、住、行等多种需要而创造出来的一切物质产品；精神文化，是指人类脑力劳动所创造出来的一切成果，包括思维、语言、知识，以及属于上层建筑中的哲学、科学、伦理、道德、教育、法律、制度、风俗习惯、宗教、文学艺术等。此外，有人从文化存在形态的角度，将文化分为"显在文化"与"潜在文化"。另外，还有人从文化特质的角度，将文化分为"硬文化"与"软文化"等类型。这种对文化结构的分法较为宏观，在看到文化存在物质和精神两个层面时，却忽略了文化在制度、行为、组织等层面的存在维度。

（二）三元结构说

三元结构说对文化的内部结构作出了更为细致的分析，通常是把"文化"区分为"物质文化、制度文化、精神文化"或"实物文化、行为文化、观念文化"等三个层面。这种分法在学术界较为常见，其中，前一种分类被学术界所普遍认可。人类学家李亦园则从三个结构层面来理解"文化"的概念，他在《人类学的理论与方法》《我的人类学观：说文化》等文中论述了对文化的基本看法。在他看来，人类与生俱来地面临着三个"敌人"，即自然、他人和自我，克服自然之"敌"，就是要主动地认识和改造自然，以满足人类吃、穿、住、用、行的基本生存需求，于是相应地就创造出了人类的物质文化或技术文化，这是人类文化的表层结构；人类生活于社会中，不可避免地与他人发生一定的社会关系，如何与他者在相互交往中协调好关系，人类创造出了制度和规范，也就是人类文化的制度和规范层面，居于文化结构的中间；人类生活于自然界，对自然界的认识总要经历一个从幼稚到成熟的过程。在人类社会早期，对于自然现象不能予以科学和理性认识时，人类就借助于超自然的力量来解释其存在，这种反求诸己自我发问促成了精神文化的发生。

文化三元结构说，实质是将文化分为表层、中层和内层三个层次的内在结构，其中在"文化"的结构层次上，物质文化属于表层，精神文化属于深层，制度文化居于中层，由内而外，共同组成文化的基本结构。在内容的划分上，物质文化仍如前述，精神文化包括人们的文化心理以及意识形态的各方面，制度文化则包括社会的经济、政治、法律体制及其运作方式、风俗习惯或传统习俗等。

（三）四元结构说

由于依据的标准不一样，四元结构说在"文化"三元结构的基础上，又增加了一层内涵，将"文化"分为"精神文化、行为文化、制度文化、物质文化"四类，并指出中层文化应包括行为文化和制度文化两个层面。也有将行为文化与制度文化视为一体，将语言作为文化的一个重要结构来单独看待的。如英国人类学家马林诺夫斯基在其《文化论》一书中，从文化功能的角度，将文化分为物质文化及精神方面的文化、语言、社会组织等四个方面。马林诺夫斯基将语言从精神文化中分离出来，将其作为一种单一的文化存在类型来理解，这种分类在学界并不被其他学者所认可。同时将社会组织作为一个重要的结构，其所说的社会组织是社会群体的标准规范，即社会制度或社会规范。

本书对中国传统文化结构的理解以三元结构说为标准，从物质、制度和精神三个层面来具体展开，即中国传统文化主要有物质文化、制度文化和精神文化三层结构，从宏观意义上说，中国传统文化主要包括物质、制度、精神三种存在类型。

三、文化与文明的区分与联系

"文化"与"文明"是有区分的，在现实中人们往往将文化与文明混为一谈，不加区分地来加以使用。"文化"一词前面已有论述，这里只对"文明"一词进行论述。与"文化"一词最大的不同在于，"文明"一词在中国古代典籍和文献中古已有之，并非是近代以来才有的，这一点需要明确。现能找到最早出现"文明"一词的是古代典籍《周易》。《周易·乾·文言传》说道："见龙在田，天下文明。"孔颖达疏：

"天下文明者，阳气在田，始生万物，天下有文章而光明也。" 《周易·贲·象传》说道："文明以至，人文也。"李白《天长节使鄂州刺史韦公德政碑》中说："以文明鸿业，授之元良。"这里的"文明"有文采和光明之意，是人类智慧的结晶。之后"文明"一词又被赋予了新的含义，才有了诸如文采、文治教化和文教昌明等新内涵。

在西方人们对"文明"一词的理解与中国古人的理解有所不同，"文明"（civilization）一词源于拉丁文"civis"，本义是指城市居民，也就是人们生活于城市中的能力，后来又被引申出其他含义，尤其是对社会和文化发展先进状态的一种描述，也就是对应于进步这一汉语词汇。近代以来，西方国家在全世界的殖民扩张中，在意识形态领域配合政治经济上的霸权地位，将"文明"一词的进步内涵进一步强化，尤其是经过社会进化论思想的重新改造，"文明"一词开始在内涵上相对于野蛮和落后等，变成了一种凌驾于他者之上的权力话语。诚如美国学者塞缪尔·亨廷顿在《文明的冲突与世界秩序的重建》一书中所说，"文明的观点是由十八世纪法国思想家相对于'野蛮状态'提出的"。同时他还认为"文明是放大了的文化"，"文明是文化实体而不是政治实体"，"大多数文明包含一个以上的国家或其他政治实体"。亨廷顿所谓的文明与文化有相似之处，也有不同之处。但就"文明"一词的内涵而言，东西方间殊途同归，最终也达成了共识。

"文明"和"文化"两个概念，既有相似之处，亦有不同之处。有学者认为，文明偏外在，属物质层面；文化偏内在，属精神层面，并由此认为，文明可以向外传播与接受，文化则由其群体内部精神积累而产生。这种理解站在文化传播难易程度的角度来理解"文明"与"文化"的区别，是有其片面性的。其实"文化"的范畴大于"文明"，"文化"是人类认识自然和改造自然的一切产物，所以"文化"是一个广义的概念，但是"文明"的含义就相对有限了。所谓"文明"是人类发展到一定阶段所创造的"文化"，这就意味着人类文化史的源头可以追溯至自有人类存在，但是人类文明史可能只有几千年，如四大文明古国的历史不过五六千年，中华文明只有五千多年的历史。人类步入文明社会伴随着文字和阶级的出现，这是人类漫长的文化史步入文明史的分水岭。

四、中国传统文化的概念界定

(一) 何谓"传统"

"传统"一词，从字面上分析，传，驿也，指一站一站往前传，引申为代代传承。唐朝《经典释文》载："传者，相传继续也。"统，意为领，本义为茧的头绪。段玉裁《说文解字注》载："众丝皆得其首，是为统。"其意可以引申为纲目、纲领等。美国社会学家爱德华·希尔斯从广义的角度来理解"传统"，在《论传统》一书中指出："传统——代代相传的事物——包括物质实体，包括人们对各种事物的信仰，关于人和事件的形象，也包括惯例和制度。它可以是建筑物、纪念碑、景物、雕塑、绘画、书籍、工具和机器。它涵括一个特定时期内某个社会所拥有的一切事物，而这一切在其拥有者发现它们之前已经存在。"他认为，"传统"就是指历经衍传而持久存在或一再出现的东西，这不仅是从历时的角度来理解传统，更重要的是指那些过去或现在创造，并能传承至今或在未来可以持久衍传的东西，并对其承载者有一定的存在价值。因此，所谓"传统"，就是指由前人创造的并世代相传的精神、制度、风俗、艺术等文化存在形式。

(二) 何谓"中国"

"中国"是中华人民共和国的简称，今天是一个主权国家的专有称谓。当然现在"中国"一词的含义并非自古有之，其内涵经历了一个逐渐扩展变化的过程。"中国"一词的内涵经历了从古代的天下中心之义，到近代的与世界各主权国家并存的民族国家的演变，是一个漫长的发展与演变历程。对于"中国"一词内涵的演变历程的追溯，有助于我们深刻理解中国历史及其文化。

　　"中国"作为一个古汉语，出现的历史较早，一般认为在周初已有"中国"一词，如青铜器《何尊》铭辞记曰："余其宅兹中国，自之辟民。"古代传世的典籍《尚书·梓材》中记载："皇天既已付中国民，越厥疆土于先王……"以后《诗经》《孟子》《左传》等先秦典籍也不断出现"中国"一词，词义基本都是一致的。冯天瑜在《"中国"词义考》一文中指出，"中国"一词最初有"中央之城"之意，即周天子所居京师（首都），是与"四方"对称的，如《诗经·大雅·民劳》云："民亦劳止，迄可小康，惠此中国，以绥四方。"《毛传》释曰："中国，京师也。"《孟子·万章》中曾讲到舜深得民心、天意，"夫然后之中国，践天子位焉"。这些古文献中出现的"中国"，均指居天下之中的都城，即京师，诚如刘熙为《孟子》作注所云："帝王所都为中，故曰中国。"

　　当然"中国"一词不仅是指周王所居的都城，更是指周王统治下的黄河中下游地区，也就是我们一般所说的中原地区，也是早期华夏族生活的地方。可见"中国"一词最初仅为一个空间概念，所指称的地域范畴较为有限。晚周以降，"中国"一词从地理中心、政治中心派生出文化中心的含义，意指处于中原地带的诸夏国，他们是以务农为生的农耕民族，其所对应的概念是周边生产力水平相对较低的"四夷"，如《诗·小雅·六月序》中记载："《小雅》尽废，则四夷交侵，中国微矣。"

　　隋唐以后，"中国"一词用来指称定都于中原的王朝国家，有的王朝也自称为"中国"。此时的"中国"不再是一个空间的中心或文明程度较高的族群概念，而是经过空间人文化，成为一种王朝国家正统性与政治合法性的符号，一个王朝称之为"中国"，无疑是其在空间上居于中原，并具有正统地位的象征。一个王朝被称之为"伪中国"，实质上是在质疑其统治的合法性，以及不具有正统性。应该说，此时期"中国"只是一个王朝国家统治合法性的政治符号，并不是王朝名称或国名。在古代中国，没有那个朝代是以"中国"为国名的。2013 年 3

月 11 日《北京日报》在《解密:"中国"一词含义经历的曲折的变化》一文中指出,"中国"作为与外国对等的国体概念,萌发于宋代。如北宋理学家石介著《中国论》,此为首次出现的以"中国"为题的文章,该文称:"居天地之中者曰中国,居天地之偏者曰四夷。"当然,主权国家意义上的"中国"概念,是在与近代欧洲国家建立条约关系时才正式出现的。

明末清初,来自西方的传教士始称明清王朝为"中华帝国",简称"中国"。明朝末年来华的耶稣会传教士利玛窦、艾儒略等带来世界地图和五洲四洋观念,其中以利玛窦的《坤舆万国全图》影响最大。西方秉持与传统中国人不同的世界观,他所绘制的地图中有五大洲和四大洋,有万国林立的世界格局,中国在世界格局中仅是一个组成部分,并非是世界的中心。瞿式耜《职方外纪小言》云:"按图而论,中国居亚细亚十之一,亚细亚又居天下五之一。"利玛窦的《万国坤舆全图》传入中国,对于中国人传统的世界观产生了较大的冲击,使中国人开始认识到中国不再是天下的"中心",而只是世界万国中的一个国家而已,这改变了中国人对自己国家的认知从而产生了一定的影响。

冯天瑜在《"中国"词义考》一文中指出:欧洲自 17 世纪开始形成"民族国家",并以其为单位建立近代意义上的国际秩序。清政府虽然对此并无自觉认识,却因在客观上与这种全然不同于周边藩属的西方民族国家打交道,因而需要一个正式国名与之相对,"中国"便成为首选之名称。诚如黄兴涛所说:"……尤其是晚晴时期通过预设彼此承认主权的现代条约国关系的建立,'中国'便成为列强承认的主权国家之名称。"清康熙二十八年(1689 年),清廷与沙俄签订《尼布楚条约》,中国首席代表索额图的全衔是"中国大皇帝钦差分界大臣议政大臣领衔侍卫内大臣",这是以"中国"作为主权国家的专称并用于处理国际事务的滥觞,这里的"中国"是与俄罗斯相对应的国名。

至 19 世纪中叶,西方殖民主义列强打开清朝封闭的国门,古典的

"华夷秩序"开始被近代以来的"世界国家秩序"所取代，"中国"愈加普遍地作为与外国对等的主权国家的国名来使用。冯天瑜指出，在第一次鸦片战争期间，中英两国来往照会公文中，提及中方，就有"大清""中华""中国"等几种提法，其中"中国"一说使用最多。林则徐曾在《拟谕英吉利国王檄》一文中就有"中国所行于外国者"的表述，这里的"中国"就是相对于当时英国的国家称谓。将"中国"一词首次正式写进外交文书，首见于中英两国 1842 年 8 月 29 日签署的《南京条约》。该条约中依然将"大清"和"中国"等名称与"大英"和"英国"等名称对称使用，并且出现了"中国官方""中国商人"等新提法，其时在国际上中国已经开始成为一个主权国家的名称。此后清朝在与西方国家多次签订的条约中，大多都是以"中国"的名义。中华民国建立后，"中国"正式成为中国的国家称谓。1949 年 10 月 1 日成立的中华人民共和国，简称"中国"，是世界诸多国家中的一个主权国家。

（三）何谓"中国传统文化"

我们所谓的中国传统文化就是在中国的土地上由中国人所创造的文化，而文化创造的主体——中国人即中华民族。中国自古以来就是统一的多民族国家，中华民族是中国五十六个民族的集合体。中国传统文化即中华传统文化，是我国五十六个民族共同创造的文化集合体，中华民族是中国传统文化的创造主体。

从文化产生的时间看，我们现在所讲的中国传统文化，其实指的就是五千年中华文明。可以说，这也是中国文化历史悠久和源远流长的原因所在。旧石器时代、新石器时代的文化暂且不提，从彩陶文化算起到现在，中国文化至少已有五千多年的历史，形成了世界上内容最丰富的文化类型。

五、中国传统文化的历史发展脉络

中国文化历史悠久，源远流长，从其发生到形成，经历了一个漫长的发展历程。关于中国传统文化的历史演变，钱穆在《中国文化史导论》中提出"先秦""汉唐""宋元明清"的三分法，他对中国文化史的分析较为笼统，缺乏对阶段特征的具体细分；李宗桂在《中国文化概论》中将中国文化的分期分为孕育期、雏形期、定型期、强化期、转型期等五个阶段；赵吉惠在《中国传统文化导论》中基于中国思想文化史的角度，提出殷周、春秋中期至晚期、战国、秦汉、魏晋至唐宋元明、明清、近代等七个历史阶段，这一分法适合于中国传统思想文化史抑或中华文明史，但对于中国文化史就不适用了；张岱年和方克立主编的《中国文化概论》，将中国文化史分为上古、殷商西周、春秋战国、秦汉、魏晋南北朝、隋唐、两宋、辽夏金元、明清等九个历史阶段，这种分法符合中国文化自身的特点，既有文化历程的全观视角，也有对每个角度的具体透视。基于此，对中国传统文化的发展历程，本书尝试作出以下十个阶段的划分。

（一）中国文化的渊源——上古时期

文化是自然的人化，人类创造的一切精神和物质产品都应是文化，因此人类的文化史是一个漫长的历程，伴随着人类的产生就开始有了文化创造的动机。中国文化的历史开端于中国人的最早历史，也就是说，自从中国大地上有了最早的人类，这里就开始了最早的文化创造。一般而言，中国人的历史可以追溯至上古时期。上古是指几百万年以前至有文字记载以前的历史阶段。我们可以把上古界定为：170 万年前至殷商时期的 4000 多年前这段时期。美国人类学家亨利·摩尔根在《古代社会》一书中将人类社会史分为蒙昧、野蛮、文明三个时期。依此视角，中国文化的上古时期则处于摩尔根所说的人类社会史的蒙昧、野蛮阶段，也就是马克思关于社会形态五阶段之一的原始社会阶段。根据考古学家考古发现，在中国发现的最早的人类是云南的"元谋猿人"，科学家研究，元谋人生活在距今 170 万年前。元谋人更像古猿，还不具备人的一些特征。他们在密林中采摘果实，追猎野兽，还能蹲蹒直立行走，这是中国人历史的最早开端。

关于上古时期，学界有旧石器时代和新石器时代两个阶段之分。旧石器时代相当于人类历史上从原始群到母系氏族公社出现的时期，共经历了二三百万年。其主要特征是中国猿人使用的工具是简单加工的石块，另外北京猿人已经能熟练地使用火，火的使用标志着人与猿的最后诀别。新石器时代，开始于公元前7000年。中国早期的人类广泛使用经过磨光或钻孔加工的工具器型有石斧、石刀、石铲、石凿等，粗糙的陶器也开始出现，这是人类从原始社会步入文明社会的过渡阶段。

在上古时期的漫长历史进程中，中国古人在严酷的自然环境中，也开始有了观念文化的创造诉求，我们可以从今天出土和发现的一些原始彩陶、陶绘、雕刻、岩画中找到历史的痕迹。原始先民的观念文化主要可以从原始宗教崇拜的对象和原始艺术上看出来。通过先民遗留下来的崇拜物和艺术品可以看出原始先民观念文化的痕迹。在原始先民宗教崇拜的对象方面，大致分为自然崇拜、生殖—祖先崇拜、图腾崇拜三大类。同时，早期人类由于生存能力有限，他们往往采取群居的方式，也就形成了早期人类社会组织的初级形式，即依据血缘关系为纽带形成了氏族，也经历了母系氏族社会和父系氏族社会两个阶段。氏族的进一步扩大以实现不同地域人群的联合而成为部落，部落超越了氏族的血缘关系纽带，将早期中国古人的社会组织扩大至以地缘关系为纽带。中国上古时期神话传说中的黄帝、炎帝、蚩尤等，就是当时不同部落的首领。这些部落间不断冲突，相互兼并，建立更大的部落联盟，如黄帝和炎帝联合打败了蚩尤部落，后黄帝又打败了炎帝。原始社会中的部落内部权力更替实行禅让制，这是一种原始民主政治，如尧传位于舜，舜传位于禹。后来禹传位于其子启，自此禅让制被家天下的世袭制所替代。

上古时期也是早期人类活动的时期，这段漫长的历史由于缺乏文字记载而变得模糊不清，现只能依据考古学、人类学、民俗学等资料，大致描绘当时的社会历史情景。学界一般将中国上古时期的文化格局划归为三大文化集团：第一，华夏文化集团，包括仰韶文化和龙山文化分布区，它发祥于黄土高原，后沿黄河东进，散布于中国的中部及北部的部分地区，黄帝、炎帝就生活在这个区域。第二，东夷文化集团，大致在今山东、河南东南和安徽中部一带，即大汶口文化、龙山文化和青莲岗文化江北类型分布区，神话传说中射日的后羿就生活在这个区域。第三，苗蛮文化集团，主要活动在湖北、江西一带，即大溪文化、屈家岭文化分布区。东部的河姆渡文化、良渚文化也可归入此文化区。

（二）孕育和胚胎时期——殷商西周时期

狭义上的中国文化史其实就是中国文明史，中国文明史一般用华夏五千年来表达，也就是走出上古时期，中国文化步入了古代文明阶段，这既是中国文化的一大历史飞跃，也是五千年中华文明的孕育和胚胎时期，塑造和奠定了中国文化的独特性。这一阶段主要是在商周时期。

商部落原是活动在山东半岛从事畜牧业生产的一个部落，大约在公元前 14 世纪，长期流动不定的商部落数次迁都。到第十代君主盘庚时，迁都至殷（今河南安阳小屯村），商王朝因此又被称为"殷商"。商朝文化较前有所发展，开始有了甲骨文字，此外历法、天文、青铜器、古都建筑等，都标志着殷商文化发展到了一定的文明高度。商朝文化的最大特点在于"尊神重巫"，表现出强烈的神本文化特点。一方面是巫在社会中的地位较高，是人与神沟通的中介，是当时社会中不可缺少的职业，巫在社会中的作用主要在占卜和主持祭祀。比如，国家大事都要由巫师占卜决定。据《尚书·洪范》记载："七、稽疑：择建立卜筮人，乃命卜筮。"同时商人频繁举行大规模的祭祀活动，尤其是每有军事行动，祭祀既是占卜凶吉，也有祈神护佑之意。所谓"国之大事，在祀与戎"。祭祀是商人神本文化的实践，是有一定仪礼的，祭祀时主要用牲畜，有时也有用活人祭祀的现象。

随着周部落的兴起，以及周武灭商建立起周朝，殷商之际的神本文化开始向周朝以人为本的文化过渡。周部落原本世代生息于陕西渭河流域，其始祖为后稷，臣属于商朝。及至周文王姬昌时，周部落开始强大起来。当时商纣王残暴统治，招致国内众部落的反抗，周武王时与八百诸侯会盟，兴兵灭商，建立了周朝。周朝存世约800年，共传30代37王，在历史上又可分为西周和东周两个阶段。周王朝在继承原有文化传统的基础上，进行了一系列行之有效的文化维新，在中国文明史上具有分水岭的意义，对后世产生了深远的影响。一是确立了宗法制，二是确立了周礼，这为当时的周王朝确立了一套新的典章制度。其中，周礼的内容丰富多彩，规定了王朝内部君臣等不同阶层的礼仪规则，形成了西周时期的一套礼乐文化。周王朝的文化维新，把人们的关注点从神本回归到以人为本的基点，其更关注的是，现实世界中人与人的关系，以及社会秩序的构建与世俗矛盾的调和。

（三）初步发展和理论化时期——春秋战国时期

公元前770年周平王迁都洛阳，及至秦统一中国的这段历史，史学界一般称之为春秋战国时期。自春秋时期，周王室开始衰微，诸侯崛起，诸侯国间的兼并战争在春秋战国时期连年不断。据史书记载，仅战国时期就发生大小战220余次。随着周王朝的衰微和礼崩乐坏，春秋战国时期中国历史进入了一个动荡与变革的"无序"时期，也就是在这个动荡与变革的"无序"时期，中国文化迎来了历史上的第一次大繁荣。在春秋战国时期，中国观念文化得到了相当程度的发展，士阶层空前活跃，他们立足现实、著书立说、阐扬观点，一时之间，学派林立、百家争鸣，如儒家、道家、墨家、阴阳家、法家、农家、纵横家等，形成了中国文化大繁荣的第一阶段。尤其是在中国传统观念文化层面出现了思想的交锋与争鸣，不同的思想家站在各自的学术立场，在宇宙论、人性论、教育论等方面，阐发了他们治国安邦、维持社会秩序、处理人际关系等方面的思想学说，表达了他们学以致用的学术理想，奠定了中国传统思想观念文化的系统化、理论化、定型化的格局。

（四）动荡与形成主体多元格局时期——秦汉时期

经历了春秋战国的百家争鸣，中国传统文化一度出现了历史辉煌，但多元文化的并存，只是春秋战国这一特定时期的产物，而中国文化的主导思想尚未确立起来。随着秦始皇建立起大一统的封建专制中央王朝，政治上的大一统，也要求在思想文化方面要有与之相适应的统一。于是出现了秦始皇时发生的"焚书坑儒"事件，这种学术思想上的统一实践，对中国文化的发展产生了深远的影响。西汉时期，汉武帝采纳了董仲舒"罢黜百家，独尊儒术"的建议。自此，儒家在百家中脱颖而出，在封建统治者的支持下，儒家取得了合法的正统地位，一跃成为正统思想，成为统治阶级维护统治的理论工具。此时儒家已与先秦诸子时代的儒家有所不同，儒学已经吸收了道家等诸家思想，并开始了在内容上的互补重构。在中国历史上，经学是中国两千年封建专制制度下的官方哲学，从汉武帝至西汉末期，传经之学和注经之学成为当时社会中的显学。而西汉时期，经学内部学术派别不一，遂有古文经和今义经两大流派的并存。汉武帝立有"五经"博士，"五经"指《诗》《书》《礼》《易》《春秋》这五部著作，"五经"博士是指专攻这五种经学文本的儒士。以后历代王朝将经学内容各有增加，如东汉时期又增加了《孝经》《论语》两部先秦儒家经典，合称为"七经"。经学传统一直传承至清末，影响深远。

（五）融合与演变时期——魏晋南北朝时期

自魏晋以来，至南北朝时期，统一的封建王朝发生分解，中国历史上又出现了一个混乱时期，王朝分裂，军阀割据，战争频仍，政权更替频繁，北方少数民族不断进入中原，南北两地先后建立起了十六国。战乱和割据打破了封建中央王朝一体化的政治与集权式的地主经济体制，随之而来的便是自西汉以来确立的以儒学为核心的名教崩摧，思想文化的大一统被多元思想文化取而代之。魏晋时期玄学崛起成为一股新的文化思潮，"有晋中兴，玄风独振"。玄学是儒道思想合流的产物，也是魏晋时代主要的社会文化思潮。当时的哲学家们信奉的经典有儒家的《周易》、道家的《老子》和《庄子》，并称为"三玄"。魏晋时期的玄学家们以独样的人生姿态，展现出了越名教任自然的魏晋风采；魏晋名士追求玄、远、清、虚的生活情趣，表现出了独特的人生追求。如魏晋时的名士陶渊明及竹林七贤，他们远离官场，回归山林，饮酒作乐，纵情山水，放任个性，淡泊名利，超凡脱俗，被后世称为"魏晋风度"或"魏晋风骨"。魏晋玄学将关注点从现实存在推及到关于人的存在意义和价值的探讨，追求在情感之中达到对无限的体验，形成了重自然、轻雕饰的美学观。

东汉时期，产生于印度的佛教开始传入中国。魏晋南北朝时期，佛教最初依附于玄学，最终转而代替了玄学的地位。佛教传入中国，经历了与中国主流文化的思想碰撞后，主动开始了中国本土化的历程，及至唐朝，中国化的佛教开始形成。道教产生于东汉时期，是扎根于中国土壤的土生宗教，在与儒、玄、佛等宗教及学术的碰撞与互融中，道教取得了较大的发展。魏晋南北朝时期，随着北方少数民族进入中国，农耕民族与游牧民族间的交往交流交融步伐加快，如鲜卑族进入中原，在孝文帝推行的汉化改革中融入汉族，这只是一个典型，还有匈奴等北方少数民族进入中原，都是如此。总之，此时是中国传统文化大融合的一个关键时期。

（六）中国传统文化的繁荣时期——隋唐时期

隋唐时期，结束了魏晋南北朝时期的混乱局面，中国又开始了统一的局势。隋唐时期，国家统一，国力鼎盛，经济繁荣，文化昌盛，在中国文化史上，隋唐时期以空前的恢弘气度和大国气象，展现出了一个文化繁盛的空前时代，文学艺术出现了大繁荣，尤其是在中国文学史上，唐诗以其空前的辉煌彰显着唐朝文学的高度。唐朝统治阶级在意识形态上推行三教并立政策，对外来文明实行文化宽容的姿态，以至于中国文化呈现出了兼容并蓄有容乃大的文化气派。对于域外文明的吸收唐王朝有着宽广的胸怀，在宗教层面，佛教、祆教、景教、摩尼教等先后传入中国；在科技层面，南亚和中西亚的天文历法、建筑、艺术、科技等不断涌入中国，长安成为域外文化汇聚的中心。同时，多元文明的碰撞、交汇和交融，使得隋唐时期的中国文化迎来了空前的繁荣景象。

（七）中国传统文化的发展时期——两宋时期

自唐以后，出现了五代十国的局面。北宋时期，多国局面结束，出现了局部范围的统一，北方少数民族建立的政权与北宋王朝并立，如辽、西夏等；及至南宋时期，金、西夏与南宋政权并立存在。两宋时期，中国文化沿着两条线发展，一条是中原文化持续发展。相对于隋唐时期的中国文化，两宋时期的中原文化是一种相对封闭、内敛和色调淡雅的文化类型。其最具代表的特色在于，在文学上宋词这一文学样式空前繁荣；在思想史上有理学为形式的"新儒学"的建构，实现了儒释道三教的互黜互补及融合更新。宋代中国科技取得了很大的成果，古代四大发明中有三项是宋代创造的，中国文明取得了较快的发展，诚如陈寅恪在《宋史职官志考证序》中说道："华夏民族之文化，历数千载之演进，造及于赵宋之世。"另一条线是辽、金、西夏等少数民族文化的发展。作为游牧文化的代表，他们一方面与中原农耕民族不时存在着战争与冲突，但是民族之间的交往交流交融始终存在，并成为文化发展的主导趋向。这些游牧民族或其政权积极向中原学习，吸收中原的文化。在长期的民族交往交流交融中，契丹、党项等民族逐渐融入汉族中。

（八）中国传统文化的大融合时期——元朝时期

元朝是蒙古族建立的一个统一的多民族国家，元朝时期的中国，地域辽阔，民族多元，在蒙古统治者发动的三次西征中，大量的中西亚人大规模迁入并定居中国。元朝文化的代表是元杂剧，是元代下层文化形式的体现。元朝对外部世界的大规模开放，使得域外科技文化输入中国，而中国文化西传的速度空前加快，如中国的四大发明及中国传统的瓷器、绘画、丝绸、茶叶等持续传入西方，古丝绸之路被恢复和贯通起来，中西交通得以畅通，中西文化的交往交流开始频繁。随着国家的统一，多民族共处于统一的大家庭中，各民族间的融合加快，游牧文明和农耕文明的交融达到了空前的高度，中国传统文化进入大融合大发展的时期。

（九）中国传统文化的反思与总结时期——明清时期

明清是我国封建社会的晚期，也是封建国家社会转型的重要时期，传统的封建国家向权力高度集中的专制主义过渡，国家权力进入一个高度集中的时期。明清时期是中国封建君主专制制度登峰造极的时代，文化专制体现在通过科举制度大量地笼络士人，通过大兴文字狱崇正宗灭异端，如清朝纪昀等主导编撰的《四库全书》即为典型。《四库全书总目提要》的凡例中说道："今所采录，惟离经叛道、颠倒是非者，掊击必严；怀诈挟私、萤惑视听者，屏斥必力。"这就是在维持封建专制主义集权体制。同时，明末清初出现了李贽、黄宗羲、顾炎武、王夫之等一批进步思想家，他们从不同侧面展开了对中国传统理学的反思与批判，有的批判锋芒直指封建君主，在当时具有一定的思想启蒙的历史价值。他们将中国的历史兴衰与传统文化的利弊联系起来，把批判的锋芒直指封建专制主义和宋明理学，认为封建专制主义是中国社会的万恶之源，这在当时的社会中是少有的，因此他们中就有人被视为异端，如明朝思想家李贽就是一例。他们承继王阳明对程朱理学的批判精神，反省中国传统文化的缺陷与不足，是中国历史上最早的思想启蒙实践，尽管在当时的环境中还不具备出现所谓的思想启蒙运动的条件。明清两朝，中国传统文化开始了总结时期，如大型图书的政府编纂、科学技术的出现、学术文化的整理与考据等。

（十）中国传统文化的转型时期——近代以来

1840 年成为中国近代史的开端，也拉开了中国传统文化现代转型的序幕。第一次鸦片战争后，中国一些先进知识分子在惨痛的战争失败中总结现实经验，开始意识到闭关锁国国家落后的危害以及学习西方先进科技的必要性。于是在"师夷长技以制夷"的口号下，他们放眼看世界，自觉投身于学习西方先进科技的运动中，起到了思想启蒙的作用，及至洋务运动的出现。19 世纪 60—90 年代的洋务运动，力求在维护中国文化本位的前提下，学习西方先进的近代科技工艺。于是西方科学技术大量被中国人引进，洋务派创办了大批近代军事和民用工业，直接带动中国社会开始进入大变革时期。1898 年，康有为、梁启超、谭嗣同等人推行戊戌变法，企图在制度文化上学习效仿西方的君主立宪制，以变革中国传统的封建君主专制。但是变法在旧势力的攻击下，最终以失败告终。当物质和制度层面的学习，无足于实现中华民族独立与解放的目标，中国资产阶级开始自觉从思想文化层面展开学习，将西方民族主义意识形态引进中国，作为资产阶级的革命旗帜，以期建立富强民主的现代民族国家。1911 年辛亥革命的胜利推翻了封建君主专制，实现了中国政治制度的历史变革。1919 年前后的新文化运动，其倡导者以"民主""科学"为旗帜，对传统礼教进行猛烈抨击，拉开了中国传统文化思想观念层面的变革与现代转型的序幕。

六、传承与发展中国优秀传统文化

中国传统文化是古人创造并世代相传的丰厚文化遗产，是中华民族对全世界人类文化的伟大贡献。中国传统文化历史悠久，源远流长，内容丰富，包罗万象，彰显了中国文化的多样性特质，既是中国文化的特殊性所在，也是中国人世代传承的文化基因，是所有中国人最基本的文化认同，也是中国文化走向世界的资本。

近代以来，中国社会经历着从传统到现代的社会转型，中国传统文化遭受到前所未有的西方现代化冲击。这一场社会转型实为一个漫长的发展历程，从 19 世纪中叶开始，历经整个 20 世纪，进入 21 世纪依然是一个社会转型急剧加快的时代。与漫长的传统社会相较，现代社会的到来仅仅只是短暂的片段，但是却导致了"中国三千年未有之变局"的历史巨变。在中国社会由传统走向现代的社会转型中，一方面传统文化在西方现代文化的冲击中快速消失，另一方面传统在现代转型中被赋予了新的存在形式。

就中国传统文化所面临的现代冲击而言，自 1840 年以来，中国的有识之士开始自觉向西方学习，西方文化自此源源不断传入中国，从器物学习，到制度学习，再到思想文化学习。早期有识之士秉持"中学为体，西学为用"的原则，只对西方文化进行有限的学习和借用。但是自近代以来，随着西方列强对中国的侵略不断加剧，导致中国一步步陷入半殖民地半封建社会，军事和政治上的不利境遇对当时中国人的观念产生了深刻的影响。一方面他们将中国的强大寄托于对西方现代化的学习，这使得传统中国自觉走上了现代化的道路；另一方面将自己军事和政治上失利的原因归结到传统文化，认为中国近代以来的被动和落后都在于传统文化，只有全面学习西方文化，抛弃中国传统文化，才是中国走向富强的必经之道。自 20 世纪初期的新文化运动开始，中国国内开始出现一股反传统的文化思潮，尤其是新文化运动的旗手们个个以反传统的姿态出现。通过对中国传统文化的批判，他们试图找出中国落后于西方的文化症结，甚至有人主张全面西化，对中国传统文化采取文化虚无的态度，这样的代表人物有胡适和陈序经等。

近代以来的现代社会转型，必然会对中国传统文化造成强烈的冲击。尤其是 20 世纪 80 年代以来，随着中国改革开放，发展社会主义市场经济，中国社会的转型日益加剧，西方现代文化越来越多地被引入中国，日益影响着中国人传统的思想观念，传统文化在中国的生存举步维艰。同时社会现代化的全面推进，以及中国城市改造进程的全面掀起，传统文化的生存空间开始空前缩小。《北京日报》2011 年 5 月 27 日刊载了冯骥才的一篇文章——《随意废弃老地名是文化强拆》。文章指出：

> 600 多个大中城市的老城区老建筑大部分已被拆光；历史记忆较深厚、民间文化遗产较丰富的村庄只剩下 2000 多个，比 2005 年减少了 3000 个……上世纪 90 年代至今，中国民族民间文化保护面临最严重的考验。

大量的优秀传统文化在现代化浪潮的冲击中开始消失，一些传统文化也在风雨飘摇中苟延残喘，越来越多的传统文化面临着失传的危机。同时我们也无时无刻不受到西方文化的影响，以至于我们的生活方式也受到了一定的影响，一些年轻人推崇西方节日，而中国的重阳、七夕等传统节日则遭到冷落。凭着作家、学者的使命感和名人感召力，冯骥才呼吁全社会行动起来保护祖先留下来的文化遗产。

在时代发展的今天，保护和传承中国优秀传统文化成为一个重要的时代任务。2018 年，中共中央办公厅、国务院办公厅联合印发了《关于实施中华优秀传统文化传承发展工程的意见》（以下简称《意见》），《意见》指出，实施中华优秀传统文化传承发展工程，是建设社会主义文化强国的重大战略任务，对于传承中华文脉、全面提升人民群众文化素养、维护国家文化安全、增强国家文化软实力、推进国家治理体系和治理能力现代化，具有重要的意义。《意见》要求各级党委和政府要从坚定文化自信、坚持和发展中国特色社会主义、实现中华民族伟大复兴的高度，切实把中华优秀传统文化传承发展工作摆上重要日程，通过各种措施，支持中华优秀传统文化传承发展，为当前重视保护和传承中国优秀传统文化吹响了时代号角。

七、学习中国传统文化的意义

传承和发展中国优秀传统文化，这是当前一个较为棘手的现实问题。作为高等院校，需要承担好中国优秀传统文化的教学和科研任务，并将其设置为一门通识性课程，将学习主体扩展至全国各类高校的大学生，发挥好中国传统文化课程的人文教化功能，增强我国大学对中国传统文化的了解，增强大学生对中国传统文化重要价值的认识和自觉。当前我国高等院校要开展好中国传统文化课程，让大学生群体学习中国传统文化知识有着重要的现实意义。

（一）学习中国传统文化有助于更加准确地认识我们自己

中国是古代四大文明古国之一，中华文化也是唯一传承和发展至今的古代文明之一。中华文明历史悠久，内容丰富，有着独特的魅力，在很长一段时间，在世界文明舞台上独树一帜，独领风骚，是世界其他国家主动前来学习的对象，尤其是中国的儒家文化广泛地影响到了日本、朝鲜等东南亚国家，形成了以中国为中心的东亚文化圈。在中国社会日益现代化的今天，学习中国传统文化，有助于了解中国历史，掌握中国文化的特征，更好地明确中国文化的特性，这是当前中国人在实现中华民族伟大复兴征程中，在全球化时代，始终保持中国文化特色、明确中国身份的关键。

（二）有助于继承中华优秀传统，创造美好未来

学习中国传统文化，不仅仅只是了解中国传统文化的丰富内涵，更要懂得为什么会有这种文化类型的存在，以及中国传统文化的优秀之处何在。在全球化时代，中国传统文化的传承与发展在抵御全球文化一体化、捍卫世界文化多样性上有着积极的作用。通过系统的知识

学习，要增进大学生对中国传统文化的全面了解和认识，增强对中华文化的自信心，要懂得在全球化时代，文化的多样性必然建立在各国人民对本国文化的传承和发展的基石上，只有各美其美，美人之美，才能美美与共，天下大同。只有认真学习和了解中国传统文化，才能自觉承担起传承和发展中国传统文化的责任，才能使 21 世纪的中国，在实现政治、经济富强的同时，有属于自己值得自豪的民族文化，这也是支撑中华民族屹立于世界之林的文化基石。

（三）有助于全面提高人文素质

一个社会中个体及群体文化素养的提高，对于社会经济发展有着重要的推动作用，关系着社会能否可持续发展。青年是祖国的未来、民族的希望，青年大学生学习中国传统文化，可以提高他们的文化素养，更好地适应社会主义现代化建设的需要。中国儒家讲求的"内圣外王"即是这个道理，一个人走向社会单凭扎实的专业技术是不够的，更要具备良好的道德素养。中国传统文化中包含着大量的人文教化和提升道德素养的传统资源，是老祖宗留给后人的珍贵文化遗产。当今我们正努力为实现中华民族伟大复兴的中国梦而奋斗，需要加强中华民族大团结，其长远和根本在于增强各民族对中华文化的认同，因此更需大力实施中华优秀传统文化传承发展工程。对于中国大学生来说，应自觉学习中国传统文化，从优秀传统文化中汲取营养，不断锤炼自己的道德品质，提高自己的道德水准，才能更好地具备社会主义现代化建设者的基本要求，为促进中国社会的发展作出自己应有的贡献。

（四）有利于增强和提升对中华文化的自信

中国文化是人类文明的重要部分，是人类创造的优秀文化之一，诚如李宗桂先生所说："中国文化是东方文化的集中表现，有着独特的价值系统和思维方式，是人类文明发展史上的一块瑰宝。"在相当长的一段时期，中国文化一直处于世界的领先地位，为世界文明的辉煌历史作出了巨大的贡献。学习中国传统文化，可以振奋我们的民族精神，增强民族自豪感和民族自信心，有助于弘扬爱国主义精神，增强中华民族的凝聚力，奋力推进中国特色社会主义现代化建设的伟大事业。

（五）有利于增强对中华文化的认同

中华民族一家亲，同心共筑中国梦，这是全体中华儿女的共同心愿，也是全国各族人民共同奋斗的目标。实现这个心愿和目标，就需要增强中华民族凝聚力，铸牢中华民族共同体意识，实现中华民族大团结。青年学生学习中国优秀传统文化，有助于了解中国传统文化的丰富内涵和文化特质，领略中国文化自身的魅力，增强对中国文化的自豪感和认同感，实现对中华文化的认同，有利于铸牢中华民族共同体意识，为实现中华民族伟大复兴中国梦提供重要的思想保障。

参考文献：

1. 陈书禄.中国文化通论[M].南京：南京师范大学出版社，2015.

2. 曾加荣.中国传统文化十讲[M].北京：高等教育出版社，2012.

3. 于春松.中国文化简明读本[M].北京：中国社会科学出版社，2017.

4. 陈荣杰.中国文化导论[M].北京：高等教育出版社，2011.

5. 金元浦.中国文化概论[M].北京：中国人民大学出版社，2012.

6. 龚贤.中国传统文化概论[M].北京：世界图书出版公司，2011.

7. 张建.中国传统文化[M].北京：高等教育出版社，2007.

8. 林耀华.民族学概论[M].北京：中央民族大学出版社，1997.

9. 冯天瑜，周积明，何晓明.中国文化史[M].上海：上海人民出版社，1990.

10. 赵吉惠.中国传统文化导论[M].南京：江苏教育出版社，2007.

11. 张岱年，方克立.中国文化概论[M].北京：北京师范大学出版社，2017.

12. 黄兴涛.重塑中华——近代中国"中华民族"观念研究[M].北京：北京师范大学出版社，2017.

13. 葛兆光. 宅兹中国——重建有关"中国"的历史论述[M]. 北京：中华书局，2017.

思考题：

1. 你是如何理解文化与文明的异同的？

2. 结合学习的知识，谈谈当前学习中国传统文化的意义。

第一章　中国传统文化孕育和发展的土壤

第一节　孕育中国传统文化的自然土壤

一、自然是孕育文化之母

世界的一切物种和生命都生活在特定的自然环境中，不可能脱离自然环境而独立存在。自然环境是人类生活的承载空间，也是人类文化创造的直接土壤，人类从古至今，其文化创造的历程，都必然是在特定的自然空间中进行的。人地关系是人类诸多关系中的首要关系，其解决的是人类生活于自然空间，依托于自然空间提供的基本生存之需，使得人类在对自然的适应中，获得了基本的生存资料的同时，也开始让自然逐渐地人文化。自然是孕育人类文化之母，而人类有目的地认识和改造自然的实践，便有了文化的产生。因此，地理—文化—人这三者间构成了一个紧密的关系，自然环境就是孕育文化的土壤，而人类认识和改造自然的实践就像在土壤里埋入的一粒种子，文化则是这粒种子生根发芽春华秋实的果实。

人类生活的自然环境具有多样性，生活于不同的自然环境中，必然会孕育出多元的人类文化。人类文化是丰富多样的，这种多样性来自人类对不同自然环境适应的结果，人类文化总是产生、发展于特定的地理空间，每一种人类文化都和特定的地理环境密切相关，文化必然要打上地理环境因素的深刻烙印，人类文化也才具有鲜明的地域性特征。这是人类文化多样性的一个重要原因，它不随人的意志为转移，是自然之道，是不可扭转的普遍规律。生活于同一自然环境的人们，他们有着创造具有共同性文化的生态基础，当他们走出原有空间，在新空间中其原有的文化形式，不免在文化适应中会有新的变化。总之，文化的实质是自然的人化，人类认识和改造自然的活动，就是文化创造的实践。

二、中国传统文化得以孕生的自然地理环境

(一) 中国复杂多样的地理环境

中国位于东亚大陆，疆域辽阔，自然地理环境有其独特性，从东部到西部，从南疆到北疆，自然地理环境呈现复杂性和多样性，如地形地貌复杂、气候类型多样，各种不同区域地理条件差异明显，整体地理环境独立封闭，这是我国地理环境的显著特征。

从地形地貌类型看，我国地形从东到西可划分为东部平原地带、平原向高原过渡地带、高原地带三种类型。地形地势西高东低，高度由西向东依次递降，呈现三大阶梯式的地形地貌特征，从西部的高山和高原到东部的平原地带，海拔悬殊，差距达到 9000 多米，在地理学上习惯称其为"三大阶梯"。正是这样一种地形地貌的多样性，由此影响并形成了我国自然地理环境的复杂性。

从气候气温方面看，地形地貌的多样性决定了我国气候类型的多样，生活在同一片土地上，却能感受到气候和气温的地区差异悬殊，如在我国东部季风气候区内，以秦岭—淮河一线为界，可将中国分为南北两大区域。以秦岭为起点向北方延伸，也就是我们通常所说的北方，越往北走，东部季风气候区特征就愈加不明显了，唐诗中描绘的"春风不度玉门关"实为真实的写照。淮河以南则称为南方，南北两区气候特征差异明显。具体来看，气候带由北向南可分为亚寒带、寒温带、温带、暖温带、亚热带和热带等六种类型，不同地带气候及其气

温差异较大，特征明显。从东北的黑龙江流域到南部的南沙群岛，两地气温在冬夏两季相差悬殊，一个四季分明，一个四季如春。在年降雨量方面，由于受季风气候的影响，我国的降雨量由东南向西北呈现递减趋势，其以我国 400 毫米等降水量线为界，划开了两个不同的区域，是我国半湿润区与半干旱区的界线，这条区域分界线可以视为我国季风区与非季风区的界线，是我国地势第二阶梯、第三阶梯的分界线，也是我国游牧文化区与农耕文化区的分界线。而这条分界线大致与著名的黑河—腾冲线（胡焕庸线）重合，以此线为界，南部的多雨地区和北部的干旱地区的降雨量悬殊较大，多雨的南方地区年降雨量可达 1600 毫米以上，而某些西北干旱地区年降雨量不足 300 毫米。

地形地貌的差别，气候类型的差别，海拔高度以及降雨量的差别，等等，必然构成多样化的地理气候区域环境，形成了我国多种经济文化区，继而形成各地多样的生产方式、生活方式及风俗习惯等，从而形成中国传统文化丰富性与多元性格局的存在形态。

（二）相对封闭与完整的地理空间环境

中国是坐落于亚洲东部的大陆性国家，其地理环境三面环山，一面邻海。西北起自帕米尔高原以及高原以外茫茫无际的沙漠戈壁，正北面是干旱的大草原和广阔的沙漠，西南面是世界屋脊青藏高原和艰难险阻的横断山脉，东南面为一望无际的茫茫大海。这块中国人生存的大陆上，四周都是自然屏障，把中国与外部世界在空间上天然地隔离开来，形成了一个相对封闭隔绝的自然环境，其内部却是一个各地区间紧密相连的完整体系，使中国在世界范围内成为一个相对独立的地理单元。中国地域广阔，由南到北，从东到西，在空间上相距万里，有海角天涯之感。在这样一个广阔的空间中，其内部虽有历代王朝的行政区划，但是政治上的区划没有分割开中国地理版图各个区域间的紧密联系，中国的地域向来是一个完整的地理空间，是中华民族繁衍生息的空间与家园。

（三）优越的农耕地理环境

中华文明最为重要的发源地是黄河流域，此处经黄河水域的长年滋养，土地肥沃，温带气候的适宜条件提供了农耕经济得以产生的先天土壤，成为中国农耕文化的发源地之一，黄河也由此被称为中华民族的"母亲河"。长江流域气候温暖，空气湿润，雨量充沛，土地肥沃，为农耕经济文化类型的形成和发展提供了良好的自然条件，是中国农耕文化重要的发源地之一，长江无疑是中华民族的第二条"母亲河"。此外，还有遍布于中国各地的河流与湖泊等，它们分布的空间，都是以农耕经济为主的重要经济生产区域。总体而言，大致上是以胡焕庸线为界，区分出了中国的农耕与游牧两大文化区。

三、特定地理环境造就的中国传统文化的基本特点

（一）中国传统文化的丰富性与多样性

中国传统文化的丰富性和多元性与中国地理环境的复杂性和差异性直接相关。比如，按我国地形地貌及气候差异区分的文化类型，有河谷型文化、草原型文化、高原型文化、海洋型文化等，这些文化类型各有其特点，代表着我国地域文化类型的多样性特征。这些不同的文化类别，以地理环境差异为特征，表现为不同的生产方式和生活方式等，并最终形成不同区域人们在衣、食、住、用、行等风俗习惯、思维方式、价值观念等方面的显著差别。如果再从地理环境更小范围区域出发，则可以把中国地理区域环境所涉及的、带有明显地方区域个性差异的文化现象，细分为齐鲁文化、吴越文化、巴蜀文化、西域文化、中原文化、荆楚文化、关东文化、岭南文化等等。实际上还可以将这些地区文化细分为不同层次的地域亚文化，其丰富性可想而知，这也形成了中国传统文化多姿多彩、类别丰富的特点。

（二）中国传统文化的封闭性与独立性

中国传统文化生长发育在一个四周封闭的地理环境中，这种封闭

性的地理环境，容易造成与外界的地理隔绝，以及与外界交流与沟通的不畅，这影响并形成了我国古代农耕民族的一大特点——重乡土观念，自给自足，知足常乐，去外界探险和开拓的诉求不高，从而也形成了中国传统文化中的封闭性和独立性特征。诚如历史学家钱穆指出："中国文化不仅孤立，而且亦比较特殊，这里面有些可从地理背景上来说明。"这种封闭性主要表现为文化的传播障碍和输入障碍，外来文化对中国文化产生的影响恰恰因为与外部世界处于封闭隔绝的状态，使中国成为一个相对独立的地理单元，并由此造成中国传统文化独立发展、自成体系，具有极强的独立性和自我发展能力，展现出独具魅力的中国文化个性。

（三）中国传统文化的兼容性与连续性

中国文化孕生并成长于相对封闭的地理环境中，但文化的发展有其自身规律，并不会始终停留在一个封闭的孤立空间，而是不断地在与其他文明的接触、碰撞、交流中实现创新与发展。中国文化的形成也走过了这样一条道路，在对待外来文化时具有较强的包容性，持有兼容并蓄、海纳百川的心态，有力促进了人类文明间的交往与交流。如自秦汉以来早期中国人就开始探索与外界间的文化交流，开启了辉煌的古代陆路丝绸之路，掀开了中西文明交往的序幕，架起了中西文明交流的桥梁，外来文明开始大量涌入中国本土，并被有选择性地吸收，从而成为中国文化得以形成的丰富养料，这是中国文化兼容性与开放性的体现，由此也形成了中国文化生命力较强、连续不断的特点。与世界其他三大文明古国相比较，其他文明皆已中断，已成为历史记忆，唯独中国文化几千年生生不息，绵延不绝，连续传承未曾中断，显示出经久不衰的强大生命力。

（四）中国文化凸现以农耕文明为主体的显著特征

中国经济文化类型具有多样性特点，但农耕经济始终是中国经济文化类型的主导类型，尤其是中国文化在中原内地的形成板块，就是典型的东方农耕文明。中国文化得益于农耕经济的滋养而成长，最终形成了中国文化的一个突出特点。尽管中国文化存在多样性，但是农耕文化始终是中国文化的最主要类型，这是中国文化千年延续始终不变的一个显著特点。

四、农耕经济支配下的"天下观"

古代中国人有其独特的世界观和宇宙观，形成于古代特定的自然历史环境之中，是古代中国文化的特色所在。古代中国人凭着自己的经验与想象建构了一个兼有空间与价值体特性的"天下"，并成为古代中国人的世界观，表达着他们对世界的空间认知。在他们想象的世界里，他们所处的地方——中原，是世界的中心即中国，是文明之邦华夏族的居所，也是世界文明的中心。由中心向外延伸构成四边，是文明中心与边缘构成的差序格局，居文明之地最中心的是周王所在的京城，处中间的是华夏或者诸夏，而处在最边缘的则是被称为"夷狄"的群体，他们居于荒芜之地，缺少文明的熏陶和教化。

随着"中国"一词的出现，"中心"的原初内涵已被赋予并完成了其空间的人文化，成为一种族群及其文明程度高低在空间范畴的价值标准。诚如葛兆光所说，古代中国人的"中国"常常是一个文明的空间观念，而不是一个有明确国界的地理观念。由此，"中心"一词不是一个简单的空间范畴的表达，其被构造成为一种普遍主义的世界观，一种文明于他者的权力话语，在彰显自我文明的优越感时，形成了潜隐于古代中国人潜意识中的文化自我中心的"集体无意识"。古代中国人建构的"天下中心"地理观，包括这样三层含义：其一，中国人自己所在的地方是世界的中心，也是文化或文明的中心。其二，地理空间越靠外缘，就越偏僻荒芜，住在那里的民族也就越野蛮，文明的等级也就越低。其三，野蛮而不开化的周边四夷必须向具有高度文明的中原王朝称臣纳贡，接受中原王朝也就是接受中国的制约与管辖。

这样一种根深蒂固的"天下中心"的地理观念意识，制约了古代中国人的思维视野，且持续存在了几千年。第一次对中国人"天下中心"观念带来震撼的，是明朝末年来华的意大利传教士利玛窦。利玛窦参与绘制了一张反映欧洲文艺复兴地理学成就的地图，名为《坤舆万国全图》。图上的中国并不处于世界中心，仅仅是在世界的一部分即亚洲的某一部分。几十年以后，曾被中国皇帝称为"僻居荒远"的英国，用坚船利炮打开了古代中国的大门，一系列割地赔款耻辱条约的签订，让中国人不得不接受这样一个事实，中国不再是天下的中心，不再是世界上最强大的天朝上国。中国社会几经变革阵痛以后，最终由传统开始向现代转型。

第二节　中国传统文化赖以生存的经济土壤

一、复杂的自然环境塑造出经济文化类型的多样性

"经济文化类型"是一个重要的文化概念，用来认识和概括人类经济生活的基本类型。任何一个民族或群体的经济模式都形成于特定的生态环境之中，自然环境为人类提供了维系生存的基本生存资料，人类基于特定的生存环境而创造出与之相适应的"经济文化类型"，这才有了人类经济生活类型的多样性。而人类经济文化类型的多样性正是基于人类所处自然环境的复杂多样，生活在热带环境中的人，其经济生活与寒带有所不同，生活在高原上的人，其生活习惯和经济生活与平原上的人群大为不同，等等。中国民族学家林耀华在《民族学通论》一书中用"生态环境"和"生计方式"分别取代了苏联学者"经济文化类型"理论中"自然地理条件"和"社会经济发展水平"这两大理

论的构成要素，给"经济文化类型"作出了这样的定义："经济文化类型是指居住在相似的生态环境之下，并有相同生计方式的各民族在历史上形成的具有共同经济和文化特点的综合体。"

经济文化类型是表述人类经济生活多样性的一个概念，将这一概念具体落实到人类多样性的经济生活中，可以看出在不同生态环境中人类生存适应的状况，对于人类多样性的经济文化类型，依据不同的标准可分为不同的类型。中国民族学家林耀华将中国人的生计方式分为渔猎采集经济文化类型、畜牧经济文化类型和农耕经济文化类型等三种类型，并指出这三种类型之下存在较多的亚类。其中农耕经济文化类型是中国传统的经济生活模式，历史上曾以长城为边界区分出了农耕与游牧两种不同经济文化区。当然这条边界区分标准多样，如著名的胡焕庸线和我国300毫米等降水量线等。考古学家童恩正在上世纪80年代提出"半月形文化带"之说，认为在中华版图之中存在着一条从东北至西南的边地半月形文化带。这条地带，自新石器时代晚期以来，"一直是畜牧或半农半牧的民族繁衍生息的场所"。它既是历史上华、戎集团文明分野之界，同时又是多元民族群体彼此交往交流交融的文化传播带。其中，农耕经济区大致分布在从帕米尔高原东坡到台湾，从黑龙江到海南岛的辽阔地域里，这样一个广阔的空间孕育形成了中华民族的农耕经济文化类型。

农耕经济使得人与土地间建立起了最为紧密的关系，土地是人生存的衣食父母，土地依赖于人的开发而呈现其养育人类的价值，即人类试图以改变某种生态系统的方式增加流向人类方向的能量，土地成为真正意义上人类的衣食父母。基于我国地理空间的差异性，农耕经济文化类型亦有丰富的地域特征，其内部包括山林刀耕火种型、山地耕牧型、山地耕猎型、丘陵稻作型、绿洲耕牧型和平原集约农耕型等七种亚类，每种经济文化类型都有其自身的特征。

二、经济文化类型的多样性塑造了中国文化的区域多样性

中国文化是中华民族创造的一种有代表性的文化类型，存在于960多万平方公里之内，并延续了数千年，内部具有多民族多类型的文化存在形式，其所形成的中国文化是多样性文化的集合体。正是经济文化类型多样性的客观存在，决定了中国文化的区域多样性。鲁奇艺在《中国历史的空间结构》一书中提出了中国历史发展的五条区域性道路，即五种文化类型，本书在这里对其进行概括，主要有以下五种。

（一）中原文化

在中国历史上，中原不仅是一个地理空间的概念，更是古代中国政治文化的中心，但将中原文化等同于古代中国文化，是不足以概括古代中国文化的多样性的，但是中原文化却是古代中国文化最主要的构成部分，从某种程度上代表着中国文化的形象。学界关于中华文明的起源，长期以来占主流地位的是"中原中心说"，认为中国文明起源于中原一地，然后才传播至周边地区。但是正如中国著名考古学家苏秉琦提出的，中原文化不是中国文化的唯一来源，他认为应该对中国文化按区系类型进行理论分析，对中国文化的起源、中国文明的起源与发展进行系统性、阶段性和多样性的分析，中国史前文化应是一个"满天星斗"的多元性和广泛分布。在多文化区的分布格局中，中原文化区无疑是中国文化最为重要的一个文化区。中原文化区是我国旱地农业的发源地，其文化发展水平较高，地理位置优越，能够有效利用中国农耕经济发展的优势，使其较早地创造出灿烂辉煌的古代农耕文明，即中原文化。中原文化的又一称谓即是农耕文化，其文化建立在农耕经济的基础上，带有典型的农业民族文化特点，其以二牛抬杠的耕作方式、四方格局的庭院以及高度发达的封建中央集权制为符号，是古代中国文化最具代表性的文化类型，彰显着中国作为文明古国的文化底蕴，使中国文化在相当长的一段时间处于世界领先地位。

（二）南方文化

南方文化也是中国文化的一个重要区域组成部分。在中国古代历史上，南方并非王朝国家的政治文化中心，其文化的影响力要低于中原文化。南方文化作为一个区域文化整体，其以稻作农业为区域经济文化类型的主要特点，其内部亦有不同的亚文化板块。严文明先生将稻作农业经济文化区分为浙江文化区、长江中游区、闽台区、粤桂区、云贵区等五个亚文化区。如果再细分，又可以将这五个稻作农业经济亚文化区分为若干个亚文化类型。生活于南方稻作农业经济文化区的人们，其饮食、居住、服饰、生活习惯和宗教信仰等方面，与中原人有所差异，尤其是中国历史上南方没有像北方那样长时间居于政治中心，秦汉以来南方一直处于被建立在北方的中央王朝进行统治的状态。鲁奇艺在其《中国历史的空间结构》一书中指出，隋唐以来中国经济重心虽有南移，但这未改变南北间在政治文化上的中心与边缘的格局，以王朝更替为核心线索的叙述与解释框架，并不适应于对南方社会经济演变的分析，这是古代南方文化的一个显著特点。

（三）草原文化

中国是草原资源较为丰富的国家之一，草原主要在北方，有东北草原区、蒙宁甘草原区、新疆草原区、青藏草原区等。草原作为一种独特的自然地理环境，孕育了我国古代的游牧民族，也孕育出了我国独具特色的草原文化。从河西走廊到内蒙古和华北，大致可以画出一条黄金制品传播的草原之路，贯穿着中国非农耕的草原文化带，也和分割农耕与游牧两种生活方式的万里长城的修造路线大致吻合。在中国历史上，北方的蒙古草原一直是我国游牧民族繁衍生息的空间，秦汉以来，古代游牧民族匈奴、突厥、回鹘、乌桓、鲜卑、契丹、蒙古、女真等先后在北方草原活动，并活跃于人类文明的舞台。游牧民族居无定所，逐水草而居，是马背上的民族，放牧是其本业，毡房、蒙古包、马鞍、奶茶是草原文化最具代表性的符号，也是他们特有的经济生活模式。活动于北方的游牧民族历史上也曾建立过区域性的游牧帝国，但他们与中原的封建王朝在政治体制上有较大的差异。历史上曾有历代中原王朝修筑的长城将农耕民族与游牧民族人为地隔开，两个民族间的战争时有发生，但是始终没有阻挡住农耕民族与游牧民族交往交流交融的步伐。

（四）高原文化

高原环境是我国自然地理环境的一大景致，其以高海拔的地形地势，素有"陆地大舞台"之称。高原不是人类生存的绝境，也有民族生活于其中，并创造出特色鲜明的高原文化。在我国，主要有青藏高原、帕米尔高原、蒙古高原、黄土高原、云贵高原等五大高原。生活于高原环境的人们，其经济文化类型带有游牧和农耕二元文化特征，尤其是我国的青藏高原和帕米尔高原。如青藏高原就有高山草原和河谷田园并存的自然地理环境，游牧业与农业在青藏高原并存；帕米尔高原依然是高山与河谷并存的自然环境，游牧业和种植业始终并存。这也决定了高原文化的一大特点，尤其在农牧并重的经济生活方式中，高原民族在居住形态上有定居与迁移相结合的特点。他们的饮食结构兼有游牧民族和农耕民族的特征，如青藏高原的藏族喝酥油茶、吃糌粑；帕米尔高原的塔吉克族，处于牧区的民族的饮食以奶类和面食为主，处于农耕区的农民则以面食为主。他们的服饰多以棉衣为主，戴棉帽，用以抵御高原的寒冷。

（五）绿洲文化

绿洲是浩瀚沙漠里的沃土，是指沙漠中有水草的绿地。绿洲多分布在有河流和有冰雪融水灌溉的山麓地带，土地肥沃，灌溉便利，农牧业较为发达。在我国新疆、甘肃、宁夏、内蒙古等地都有不少绿洲分布，其中新疆最多。从河西走廊到塔里木盆地和准噶尔盆地的边缘，由于昆仑山北坡与天山南坡融雪形成的溪流提供了充足的水源，在这里冲积而形成了大面积的沙漠绿洲，给当地人提供了生存的沃土。

在古代这里繁衍生息着较多的民族，他们依靠绿洲得天独厚的自然环境，较早地发展起了绿洲灌溉农业和园艺业，并饲养了各类家畜，形成农牧并重的二元经济生活类型，这也是我国北方绿洲文化的一个特点。

三、农耕经济孕育了古代农耕文化

中国是传统的农业国度，传统中国的主体既是寄生于土地的农民，他们是中国人的主体，也是中国农耕经济文化类型的创造主体。中国有着悠久的农业文明历史，黄河中下游地区农业文明的发生历史悠久。据考古发现，属于新石器时期早期文化的河南裴李岗文化和河北磁山文化，就是当前已知的最早的农业文明区域。在这些地区先后出土了大量的农业生产工具，尽管制造简陋，但仍是我国农业文明早期历史的见证。

到了新石器时期晚期，在黄河流域和长江流域，在两条母亲河的滋养下，形成了青莲岗文化、大汶口文化、龙山文化、河姆渡文化、屈家岭文化等古文化遗址，在这些遗址都能找到我国原始农业的历史痕迹。到了夏商周时期，我国农业生产有了较大的发展，农业水利灌溉技术开始使用，农业生产工具实现了从木制到铁制的飞跃，农作物种植种类增多，人们对农业的重视度逐渐增高。从战国开始，及至魏晋南北朝时期，我国古代精耕细作农业基本成型，大型水利工程的兴修，新型农业耕作技术的普遍推广，使粮食产量有了大的提高。从隋唐至元代的 690 年间，历代统治者鼓励农耕，兴修水利工程，大力发展灌溉农业，黄河和长江水更有效地得到了利用，农业技术更加完善，一些关于农业生产经验总结与推广的书籍陆续出现。明清时期，我国的农业持续发展，历代统治者都秉持以农为本的国策，奖励垦荒，大力发展农业生产。此时的耕作技术更加提高，对土地的有效使用率增高，全国各地开荒土地增多，全国土地耕种面积较前有所增多。

　　土地是人类最基本的生存资源，为人类提供了最基本的生存保障。土地对于从事农耕的民族来说就是衣食父母，他们依地而生，土地既是他们种族延续的基本保障，也是他们生存资源的基本来源。《元史·食货志》载："国以民为本，民以食为本，衣食以农桑为本。"这是农耕民族与土地关系的最佳诠释。中国是一个有着悠久历史传统的农业国度，在广袤无垠的乡土社会，种地是中国老百姓基本的谋生之道，农民是中国老百姓基本的职业符号，面朝黄土背朝天，这是中国老百姓世代传承不息的祖业。职业对于一个群体来说，是在劳动实践中培育起一种深厚的职业情感，农民的情感朴素而真挚，这种情感来自于他们生存的本能，以及在劳动创造中基于养恩意识的自然塑成。

　　没有哪一个民族能够像中国老百姓对土地怀揣着此等情感，他们对于土地有着深深的依恋，成为一个民族千年历史中衍传不衰的群体情结，也培育出了他们勤劳的民族性格。勤劳务实，自给自足，这是中国农民的基本特点。他们与土地建立了一种持久的依赖关系，土地成为他们剪不断的生存脐带，也赋予他们"土气"的特质。自古以来，土地都是中国老百姓最为珍贵的财富，拥有土地就拥有了生存的资本，拥有了定居于特定空间的权利。而种地则是一种天经地义的祖传职业，农民身上散发的"土气"则是其身份最为朴素的表达符号。同时对土地的认同，对家乡的依恋，往往形成农耕居民极强的乡土凝聚力，把这种乡土凝聚力放大，最终内化演变成强大的民族凝聚力。

　　农耕民族最大的特征就在于依赖土地而生存，人与土地间构成了一种持久稳定的依赖关系，农民一旦选择了某一块土地，就将自己的生命之根扎于土地中，在日久天长的农业根植中，不久便培育起一种深厚的家园情结。这是农耕民族基于土地而与生俱来的集体意识，也是农耕民族本性难移的"土气"性格。在"土气"十足的农耕社会中，土地的拥有是一种生存资源的获取，更是一种在特定空间平等中的生存权利的获取。占有土地便是土地的主人，也是农耕民族文化语境中财富的拥有者。他们依地而生，安居乐业；他们安土重迁，世世代代在单一的、传统的生产方式中重复劳动，必然形成农耕社会因循守旧的传统和墨守成规的封闭意识。

另外，农耕民族安于故土，知足常乐，不轻易流动，年复一年，与世无争，缺乏进取和开拓精神。同时，农耕居民因定居而形成知足常乐的心态，他们出于对现有生活的满足而知足常乐，他们崇尚和为贵的和合文化，不尚武力，热爱和平，与人为善，安土重迁，有着深厚的乡土情结，这是中国人的一种集体心理素质。

四、游牧经济孕育出古代游牧文化

对于游牧经济的认识，我们最直观的感受来自于北朝民歌《敕勒歌》："天苍苍，野茫茫，风吹草低见牛羊。"广阔的草原，成群被放牧的牛羊，这是对游牧生活最直观的表述。游牧经济与农耕经济共同组成了中国复杂多样的经济文化类型，这也决定了中国文化内部的多样性，如中国文化可以分为中原文化、南方文化、高原文化、草原文化、沙漠—绿洲文化等五种类型。如果说，中原文化、南方文化和沙漠—绿洲文化带有典型的农耕文化特点，那么，高原文化和草原文化中的游牧文化色彩就更重了。游牧经济与农耕经济大致以我国著名的腾冲—瑷珲线为界，线以南是我国广阔的农耕文化区，线以北是我国传统的游牧经济文化区。游牧经济在我国也有着悠久的历史，其与农耕经济长期并存，在交往交流交融中构成一种互补关系。游牧民族在历史上活动于北方的蒙古草原，也建立过地区性的游牧政权，如鲜卑、回鹘、契丹等游牧民族都建立过地方政权，更有蒙古人和女真人入主中原，建立起统一全国的元朝和清朝。从历史的发展趋势看，游牧民族与农耕民族的交融始终是历史发展的主流，这也成为中华民族多元一体格局形成的经济纽带。

游牧经济是一种较为简单的人地关系，它不需要人为的劳动生产和土地开发以获取资源，只需要以骑马移动的方式利用水草资源，获取基本的生活资料。游牧经济最大的特点就在于流动性，是与农耕经济截然不同的经济生活，它与农耕经济间相互补充，彼此交融，拉近了游牧民族与农耕民族的关系，历史上他们之间的交往交流交融始终存在。而两种经济形式间的互补关系，构成了中国文化形成的一个重要纽带，也构成了农耕民族与游牧民族间谁也离不开谁的相互依存关系。

与农耕民族相较，建立在游牧经济上的游牧文化有其自身的基本特征，这在历史上体现得较为明显。首先，游牧民族流动性较强。游牧民族的生活本身就漂泊不定，流动不息，居无定所，逐水草而居，这也必然造就游牧民族外向性与开拓性的群体文化性格。离开家园，而无乡土之恋，哪里有水草，哪里就是家园。其次，游牧民族具有强悍好勇的群体性格。游牧生活充满拼搏和危险，在此环境中容易养成游牧民族强健的体魄和强悍的性格，并且形成游牧民族讲究体力、重视骑射的群体性格。最后，游牧民族由于流动性较强，不能形成高度发达的文明体系。游牧民族频繁地流动，缺乏稳定的生活，不能像农耕民族一样，在稳定的生活环境中致力于文化创造。游牧民族早期都没有文字，没有对其历史进行文字记载的方式，不能形成自己稳定的文明体系，容易被其他文化类型所吸收，尤其是被中国农耕文化所融合。

五、农耕文化与游牧文化长期融合

在长达数千年的历史发展中，农耕民族与游牧民族没有被人为修建的长城阻隔，他们间有过冲突，发生过战争，但是始终没有阻拦住农耕民族与游牧民族交往交流交融的进程，从而最终形成今天各民族间你中有我、我中有你、谁也不开谁的共生关系，也为中华民族多元一体格局的形成奠定了重要的基础。尤其是农耕文化，通过不断吸收游牧文化为自己输入新鲜血液，不断融合更新，增强文化生命力，铸就了中华民族强大的凝聚力和文化根基。历史上中原农耕文化与北方游牧文化主要通过以下四种方式交往交流交融。

第一种方式是战争。战争是矛盾冲突不可调和的产物，历史上游牧民族和农耕民族间爆发过多次战争，它们或大或小，给深处战争中的老百姓造成较大的伤害，但是战争客观上却起到了促进二者相互交往交流的效果。历史上游牧民族经常入侵中原，进行劫掠，中原王朝为了抵御游牧民族的侵扰，出兵抵抗，这样的战争在历史上多有存在。如秦始皇曾派大将蒙恬率兵在河套地区抵御匈奴；又如西汉建国初，北方匈奴乘机南下侵扰中原，汉高祖刘邦率大军御敌，后被围困在白登。汉武帝时为了解除北方匈奴的侵扰，多次发兵远征匈奴，驱赶匈奴至大漠。以后隋唐和两宋以及明朝时期，中原王朝与北方游牧民族间的战争时有发生，但他们间的经济交往更加频繁，经济关系更加密切。自秦以后，两汉、隋、辽、金、明都曾大规模不断修筑长城，以抵御北方游牧民族。其中明代的长城最为宏大，明朝曾先后18次修筑长城，最终完成了西起甘肃嘉峪关，北至鸭绿江，全长达12700多里的长城。有形的长城始终没有阻隔游牧民族与农耕民族间的经济文化交往，它们彼此间的交往交流交融始终存在并不断加快着进程。

第二种方式是贸易。游牧经济和农耕经济作为两个不同类型的经济形式，两者间存在着一定的互补性与依赖性。游牧民族的经济生活主要是放牧，他们的资源就是成群的马匹和牛羊等；农耕民族的经济生活是种地，他们通过种地生产出粮食和茶叶等，他们可以生产先进的丝织品和铁器。对于游牧民族来说，中原生产的粮食和茶叶以及手工制品等是他们所需要的，而游牧民族饲养的马匹等又是中原地区老百姓所需要的，彼此的需求只有通过双方的交换才能实现。这也是历史上为何北方游牧民族较早就同中原农耕民族互相贸易、互通有无的原因。中央王朝常在一些与游牧民族交接地带设立榷场，为北方游牧民族与中原农民的商品交换提供了便利，游牧民族以畜产品同农耕民族交换粮食、茶叶、布匹、铁器等，在西南地区历史上就有"茶马互市"的贸易活动，通过经济往来，大大地促进了双方文化的交往交流交融。

第三种方式是迁移。民族迁移是中国历史上始终存在的一个普遍现象，北方的游牧民族和中原的农耕民族不断迁徙流动。古代封建王朝为了开垦土地，将中国的农耕民族迁徙至与游牧地区接壤处，使得大量汉族被安置到北方游牧民族生活的地区。游牧民族在历史上也多次南迁进入中原地区，他们迁入中原与当地汉族相互杂居，在生活方式、风俗习惯、宗教信仰等文化形式上互相影响，一些游牧民族最终融入汉族之中。如自东汉以来，至明清时期，那些进入中原的匈奴人、鲜卑人、契丹人、党项人等，随着民族间的交融，都悄然融合并消失在人们的视野中。而在历史上的统治者中，元朝是蒙古族建立的政权，清朝则是满族人建立的政权。这两个朝代都是北方游牧民族武力征服中原建立的封建王朝国家，但是他们进入中原无不学习中原文化，民族间文化交往交流交融的步伐难以阻拦。

第四种方式是通婚。这种现象自古有之，也是中原民族与游牧民族文化交往交流交融的一种形式。历代帝王为了边疆的安宁，有时候不得不采取"和亲政策"，通过皇室公主与少数民族首领联姻的方式，有力地促进了中原与边疆少数民族的交往。西汉建国初年，汉高祖刘邦就采取和亲政策，曾将宗室女嫁给匈奴首领；以后的汉文帝、汉元帝都采取过和亲政策，其中最有名的是昭君出塞。隋唐时期，朝廷为了与边疆少数民族政权维持和平稳定的局面，也采取过和亲政策，唐朝皇帝也曾将皇女嫁给突厥族、吐蕃族首领。唐时文成公主与松赞干布通婚，是汉藏两大民族友好交往的历史见证。文成公主入藏时，带去大量生产工具、蔬菜种子、医疗器械以及经、史、诗文等典籍，并把中原地区的养蚕技术、造酒技术、造纸技术传入西藏。这种和亲政策在清朝依然存在，如清朝皇室采取满蒙联姻的政策，建立了世代姻亲关系。总计入关前后的整个清朝，满蒙联姻达 586 次。毫无疑问，和亲政策对缓和民族矛盾、促进民族友好以及经济文化交流都起到了一定的作用。

此外，还有南方文化与中原文化间的交融，这也是形成中国文化多元一体格局的重要纽带关系。南方山地游耕民族主要分布在中国西南部和南部。南方山地游耕文化具有不同于中原农耕文化的诸多特征：一是在耕作方式上刀耕火种。二是过着迁徙不定的游动生活。三是在社会生活的各个方面尚处于不成熟的状态。这两种文化交融的方式主要是移民和教化。由于中国历代王朝大多建都北方，相比之下，双方的冲突、战争较少，之间的接触也不大多，因此，在文化上相互影响和融合的迹象并不明显。但是通过相互移民和朝廷的人文教化，双方也有一个文化补充过程。南方少数民族的文化对汉族影响最大的，是元代黄道婆的纺织技术和西南少数民族的音乐及歌舞。

六、我国少数民族对中国传统文化的贡献

中国自古就是一个统一的多民族国家，各民族在历史上对统一多民族国家的形成都作出了贡献。中华文化是中国各民族文化的集合体，少数民族文化也是中国文化的重要组成部分，其丰富了中国文化内部的多样性，对中国文化的形成作出了一定的贡献。如在饮食、服饰、生活习惯、文学、艺术、史学等方面，我国现有的三大史诗都为少数民族所创造，如藏族的《格萨尔》，蒙古族的《江格尔》，柯尔克孜族的《玛纳斯》等，这是我国少数民族对中国古代文学的一大贡献。

第三节　中国传统文化所依托的
社会政治土壤

中国传统文化存生于特定的社会政治结构之中，这也塑造了中国传统文化特有的文化存在形式。对中国传统社会政治结构的了解，有助于我们更好地了解中国传统政治文化的内涵。了解中国传统政治文化的特点，须从中国传统的宗法制度说起，它构成了中国传统文化的政治结构，并影响着中国传统文化的形成与发展。

一、宗法制度的产生与发展

何谓"宗法制度"？先从单个字的含义来理解。"宗"在古代汉语中是个会意字，许慎在《说文解字》中说道："宗，尊祖庙也。"也就是说，"宗"其实就是"祖庙""族""祖"的意思。所谓"宗法制度"，即一种以血缘关系为纽带，尊崇共同的祖先以维持血缘亲情，内部区分长幼尊卑，并规定家族中财权继承与分配的规则与制度。从宗法制度最初创建的目的看，更多的是通过对血缘关系的制度性强化，以达到凝聚族人强化家族认同为根本目的。《礼记·大传》中说道："人道亲亲也。亲亲故尊祖，尊祖故敬宗，敬宗故收族，收族故宗庙言，宗庙言故重社稷，重社稷故爱百姓。""亲亲"，即建立在血缘关系基础上的血亲认同，其目的是通过"敬祖"的手段达到"收族"的效果，这也是中国传统家族认同方式的创设。西周以后，宗法制度逐渐完备，并被周王室提升到一项国家政治制度的层面，宗法制度又被赋予新的内涵，由此变成了一种资源分配规则的政治制度，是关于处理权力、财产继承和分配的原则，以维护世袭统治秩序的一种制度。春秋以后，列国纷起，诸侯争霸，周王室衰微，具有完整意义上的西周宗法制度开始瓦解，出现礼崩乐坏的局面。随着秦始皇灭六国统一全国，建立起统一的封建中央集权的国家,宗法制被新的制度取而代之,继而难以维持。如秦始皇统一中国后,采取了废分封、行郡县、统一货币、统一度量衡、统一文字的诸项措施,这对于血缘宗法制度的维系产生了实质性的冲击。自汉代以来,宗法制度不断延续,并与专制制度相融合,形成了新的存在形式,极大地影响了中国传统社会结构及社会生活。西周确立的宗法制度主要有以下三方面内容。

(一)嫡长子继承制

在一夫一妻多妾现象的古代中国社会,所谓嫡长子,就是古代正妻所生的第一个儿子,所谓嫡长子继承制就是王位的继承人应该是周天子的正妻所生的第一个儿子,这也就规定了周天子权力合法的继承者。具体规定为:"立嫡以长不以贤,立子以贵不以长。"当然嫡长子继承制也体现在社会确立的各个等级中,西周时期的分封制确立了周天子、诸侯、卿大夫、士等四个社会等级。周天子处于国家权力的顶层,其王位由嫡长子来继承,称其为天下大宗,其他弟兄们则受封为不同层级的诸侯,诸侯被相应称为小宗,但在其分封的诸侯国里,其王位由其嫡长子来继承。诸侯王的其他儿子则再分为卿大夫,是诸侯国里的小宗,如此类推,不同权力层级的继承,规则明确。《礼记·昭公七年》中载:"天子有天以处其子孙,诸侯有国以处其子孙,大夫有采(采邑)以处其子孙,是谓制度。"既然是制度就不可随便逾越,否则便是僭越,这也最终为西周社会确立了一个等级森严的社会制度。

西周社会划分了天子、诸侯、卿大夫、士四个阶层,每个阶层的权力继承都受宗法制度的约束。应该说,嫡长子继承制有效地规范了权力继承的规则,但其产生的负面效应也客观存在,尤其是权力继承的固定规则,使得一些贤能者失去了继承权力的机会,故而不乏通过武力斗争的极端形式来实现,由此在中国历史上也出现过较多的皇权之争,唐朝的"玄武门之变"等,都是通过武力将这一制度打破的历史案例。

（二）分封制

分封制是古代西周国家权力分配的一种制度，以周天子为国家最高权力者，将国家权力分封给诸多同姓或异姓诸侯，让诸侯承担起替周天子守卫疆土的义务，即所谓的"溥天之下，莫非王土"。分封制始于西周建立之初，为控制广大被征服地区，周天子把王族或功臣分封到各地做诸侯，即所谓"故天下建国，诸侯立家，卿置侧室，大夫有贰宗，士有隶子弟，庶人工商各有分亲，皆有等衰。是以民服事其上，而下无凯觎"。这些受分封的诸侯国中既有同姓封国，又有异姓封侯，并依据宗法制实现其权力分配，这是周王室为了巩固其权力的一种历史创举。周初封国有五个等级，如有公、侯、伯、子、男等五个等级的封国，每个等级的封国其领土面积大小不等，相对而言，它们的总面积都很小，每个封国管辖的土地是有限的。这些封国围绕在京师的四周，一方面便于中央对封国进行控制，另一方面各封国拱卫京城，保护周王室的安全。

（三）宗庙祭祀制

将宗法观念予以强化的形式就是宗庙祭祀制度。宗庙是包括天子在内的各级大宗供奉祖先灵位的空间，是维护宗族团结而形成的一种制度，制度的核心在于强调尊祖敬宗，巩固家族本位。据《礼记·王制》记载："天子七庙，三昭三穆，与太祖之庙而七。诸侯五庙，二昭二穆，与太祖之庙而五。大夫三庙，一昭一庙，与大之庙而三。士一庙，庶人祭于寝。"可见宗庙祭祀制度是依照一定的次序来祭祀先祖，所谓"昭穆"就是要明确家族中的辈分关系。汉代经学家郑玄曾注："自始祖之后，父曰昭，子曰穆。"《周礼·春官·冢人》中又云："先王之葬居中，以昭穆为左右。"同时在祭祀的形式和规则上也是有层级差异的。宗庙祭祀制度，就是规定了应该如何来祭祀祖宗的一项制度。

宗庙祭祀制在历代王朝都有所传承，有的朝代宗庙的数量有增减，其内容不断丰富，延续至今，构成了传统中国人显著的祭祀文化范式，宗庙祭祀制也开始逐渐下移至民间社会。自秦汉以来，一些强宗大族开始在自己家里建庙来祭祀先祖，这是对周礼的一个重要突破。宋代随着理学的兴起，理学家们倡导对祭祀制度进行革新，并予以重构。如关学创始人张载提出把普通人家的正厅改为祭祀场所，一般不允许居住人，这也开创了祭祀制度的一个新传统。程颐则第一个旗帜鲜明地破除祭祀制度的等级性，对周礼进行了彻底的革新，主张平民百姓有权力建立家庙，以祭祀祖先，并建议将庙与家分开，建庙于家宅之外，使得庙逐渐变为一个专门祭祀的空间，这一传统一直持续至今日。朱熹则重新编制了家礼，制定了一个中国各阶层群体普遍适用的日常礼仪规则，奠定了以后祠堂制度的基本样式。

这种宗庙祭祀制度，对维护宗族团结、维护宗法制度起到了一定的作用，影响了一代又一代中国人的宗族观念。现在一些大户人家仍有设堂室祭祖的习惯，同样宗庙祭祀制度也影响到周边国家和地区。

二、 宗法制度对中国传统文化的影响

(一) 家天下长期延续

宗法制度的核心旨在强调权力继承主体的合法性问题，规定了由谁来继承，谁有资格来继承的问题，尤其是在王权的继承问题上，以血缘关系亲疏远近和嫡长子继承制为标准，形成了家天下的这样一种中国封建权力继承模式，在中国历史上长期存在并延续，直至中国最后一个封建专制中央集权政府清朝被推翻才得以终止。

家天下这种权力继承模式，它的特点是一家一姓统治国家，权力继承的合法性也只是仅限于一家一姓内部，以防止统治阶级内部其他成员对皇位的争夺，维护一朝一姓嫡派子孙的统治合法性。这也形成了中国传统的权力继承的"正统观"。欧阳修在《正统论·下》中说："夫居天下之正，合天下于一，斯正统矣。"梁启超在《论正统》中说："言正统者，以为天下不可一日无君也，于是乎有统。又以为天无二日民

无二王也，于是乎有正统。统之云者，殆谓天所立而民所宗也；正之云者，殆谓一为真而余为伪也。"这一观念在中国几千年的封建社会中不断被予以强化，成为古代中国人的一种集体观念。如罗贯中的《三国演义》中就贯彻着家天下的传统观念，从站在刘姓王朝正统观的立场，带有明显的尊刘贬曹的意味，认为三国中只有刘氏宗亲刘备建立的蜀汉才是正统，才是国家权力合法的继承者，其他政权皆为僭越刘氏皇权的乱臣贼子，如对于曹操就有"托名汉相，实为汉贼"的贬斥，认为其权力获取是不正当的，这是一种典型的封建社会传统正统观影响下的思维模式。

（二）封国制度连续不断

西周时期的分封制是我国传统政治制度的一大创举，是西周时期基于特定环境下的一种传统发明。分封制作为西周宗法制度的一个重要内容，是周天子政治权威性的体现，"溥天之下，莫非王土。率土之滨，莫非王臣"，这也是维护周王室作为天下"大宗"的权威性的一个有效机制。分封制与宗法制是紧密相连的，也是宗法制存在的一个重要体现。自秦朝统一中国以来，建立郡县制，废除了周朝的分封制。西汉建立以后，又恢复了分封制。以后的历代封建王朝，不乏沿用分封制的，当然这时的分封制与西周时期的分封制除了称谓不同，在现实具体的权力运作机制上也是有所差异的。但是西周的分封制开创了一种权力如何再分配的传统，尤其是皇亲国戚对于皇家权力的享受，他们是历史上分封制或封邦建国制特权拥有的主体。历代皇帝几乎无一例外地都把自己的家族和亲戚成员分封到地方为王，或者封为边疆大吏，这是封建专制主义特权思想的体现，使得分封制现象在中国历史上始终存在，及至清朝灭亡才走向终结。

（三）家族制度长盛不衰

宗法制度从本质上是一种家族制度，它是中国处于不同阶层的人群，如上至周天子、诸侯、卿大夫，下至底层的士阶层，为维护他们权力和财产分配秩序而创设的一种制度。这种制度归根结底是为维护社会上层的家族权力分配而形成的中国早期的家族制度。

秦汉以来，随着分封制被郡县制所替代，西周宗法制开始式微，西周时期的家族制开始呈现新形式，如强宗大族和门阀制度开始出现，成为中国古代社会一直存在的一种非正式的社会组织形式。中国历史上不乏存在着一个个大家族，他们政治地位高，身份显赫，经济力量强，家大业大，人丁兴旺，在当地具有一定的社会威望，他们往往会借助自身的优势将他们的族人建构成为一个个强宗大族。这些大家族不断致力于家族建设，强化家族认同，同时注重培养人才，积极入仕，使其家族累世公卿，及至魏晋南北朝时便形成了有世代显贵家族为形式的门阀制度。有的豪门望族掌握并垄断国家和社会人才选拔的机制，造成当时社会存在"上品无寒门，下品无士族"的现象。这些古代的豪门望族为了维护家族的社会地位，不断修家谱、建祠堂、置族产、设族长、订族规，增强了家族凝聚力，强化了家族认同。

自两宋以来，随着宋明理学的兴起，理学家大都开始对家族制度进行必要的革新与完善，使得中国的家族制度开始有了新的发展，家族制度与封建特权和封建礼教结合在了一起，那些豪门大族依旧存在，上至朝廷，下至民间，他们拥有着一定的社会身份与地位，如古典小说《红楼梦》里面写到的四大家族。同时家族制度开始从单一的大传统依附中剥离，家族依附的主体更多走向民间社会，走向古代中国民间大众，在民间社会中一些居族而居的家族开始出现，家族制度逐渐走向了大众化和基层化时代，家族作为一种以血缘关系为纽带的社会群体而普遍存在，一直延续至今。家族制度的存在，使中国传统社会具有人情社会的特质。

（四）家国同构的特征

宗法制度创设了中国封建社会结构的一个显著特点，即家国同构。宗法制度让"国"与"家"之间产生了最为密切的相生关系，并实现了共同特征的功能同构，"家"作为组成社会的基层单位，由"家"构成的国家其实也是一种大家，"家"与"国"之间存在着一种本质上的共同性。

家庭、家族和国家在组织形式上的共同性，"家"即是"国"的组成细胞，家庭关系是国家关系的基础。《礼记·大学》中载："所谓治国必先齐其家者，其家不可教而能教人者，无之。故君子不出家而成教于国。"孔子的弟子有子曾说："其为人也孝弟，而好犯上者，鲜矣；不好犯上而好作乱者，未之有也。君子务本，本立而道生。孝弟也者，其为人之本与！"在家中，父为"家主"；在社会中，君为"国主"。他们处于不同的社会层次，却在伦理道德的层面有着互为表里的对应关系，忠与孝在传统伦理层面其本质上是相通的。在家中一个人只有孝顺父母，才是一个仁人君子，这种家庭宗法伦理走向社会就转化为忠于君主或国家的政治伦理。《孝敬·广扬名》中载："君子之事亲孝，故忠可移于君。"

这种将"孝"与"忠"辩证演绎的社会观念，形成了中国古代家庭和社会教育的本质特点，整个社会将"孝"的观念提升到了一个高度，社会教育和家庭教育对一个人的施教首先是从学会孝敬父母做起。中国社会传统道德观念以孝为荣，以不孝为耻，将孝与不孝作为判断一个人在道德层面合格与否的最重要标准。在科举制度出现之前，国家选拔人才是以推荐为形式的察举制，而推荐须经过考察，其考察的标准之一就是看是否孝顺父母。察举合格并考试，将录用的人才谓之"举孝廉"。历史上有些朝代统治阶级甚至倡导"以孝治天下"，这是中国封建社会家国同构社会结构的一个重要体现。忠与孝的完美结合，最终意在培养忠于国家和君主的人才，因为忠孝不能两全，人们更多舍孝而取忠义。在中国历史上不乏这样的英雄人物，他们为国捐躯，为朝廷献身，了却君王天下事，赢得生前身后名。

三、专制制度对中国传统文化的影响

(一) 何谓专制制度

政体是指国家政权的组织形式，政体是与一定的国体相适应的，比如奴隶制国家和封建制国家多采用君主制、君主立宪制等。在中国历史上不同的国家形态曾存在过不同的政治体制，在近代共和政体出现以前，长达两千年的中国是以封建专制主义为政体的。何谓专制制度？专制制度属于上层建筑，是政治体制的组成部分，是以皇帝集权、君主专制和中央集权等为内容的一种官僚政治体制。中国的君主专制有以下三个特点。

一是皇帝的权力至高无上，并最终使君主专制中央集权走向极端。在国家政治体制中，皇帝处于权力巅峰，国家的权力皆由皇帝一人掌握，"天下事无大小皆决于上"（见《史记·秦始皇本纪》），皇帝的意志代表国家的最高意志。自明代以来，及至清朝雍正皇帝设立军机处，国家权力高度集中于皇帝一人手中，封建君主中央集权达到了巅峰。

二是君主专制制度的经济基础是农耕经济，历朝历代曾进行过一系列土地制度和赋税制度的改革，其目的是为挽救和巩固封建君主中央集权。

三是封建中央集权制度致力于对社会的控制，尤其是中国古代对平民百姓的人身控制，其主要是通过严密的户籍制度和颁布有关法令来实现的，如均田制度、两税法、一条鞭法、摊丁入亩等。历代的户籍制度和法令，把农民牢牢地固定和束缚在土地上，使农民失去了流动的可能，国家便可以按郡县、乡里、什伍等系统来征收税赋、摊派徭役和兵役。帝王的指令很畅通地达到每一个家庭或个体，对每一个人的控制就轻而易举地实现了。

（二）中国封建君主专制的形成与发展

1. 君主专制的最早出现

中国封建君主专制起始于秦朝，公元前221年秦始皇统一六国，建立了统一的封建中央集权国家，秦始皇自称始皇帝，国家一切政事皆由其独断。他在政治上设立三公九卿制和郡县制，在思想文化上焚书坑儒，巩固中央集权的专制制度。

2. 君主专制的演变与发展

汉朝继承了秦朝的封建中央集权制度，并进一步采取措施加强封建中央集权，在思想领域内"罢黜百家，独尊儒术"，实现思想的高度统一，在政治上削弱相权、强化皇权。唐朝时期，也有加强封建中央集权的措施，如在中央创设三省六部等。"安史之乱"后唐朝出现藩镇割据，五代十国时期国家处于多种政权并存的局面，但是都实行封建专制制度。宋初，宋太祖杯酒释兵权，削弱地方权力，重文轻武，加强了中央集权。

3. 君主专制制度的顶峰

明清时期，君主专制日益强化。明朝废除丞相，权分六部，六部长官直接对皇帝负责。同时设立厂卫特务机构，由皇帝直接领导，负责监视大小官员的行为。废除行省，设三司，使权力互不统属，相互制衡，便于中央对地方的控制，这些措施目的是为了强化封建中央集权。及至清朝，雍正皇帝设立军机处，大事皆由皇帝一人处置，军机处的设立标志着我国封建中央集权达到了巅峰。

（三）封建君主专制对中国传统文化的影响

在传统社会政治结构中，君主专制制度对中国文化的影响是巨大的，其积极影响在于，封建君主专制强调国家利益、君主利益至上及忠君爱国的观念，在长期历史过程中对于中国人的国家观影响较大，从而形成了中国重整体而轻个体、舍小家报大家的集体主义精神。

以宗法制度和专制制度为主要特征的中国传统社会政治结构，对中国文化的负面影响也是相当大的，主要表现为：专制主义缺乏民主，使古代中国人存有严重的服从心态，古代中国人往往对统治者的权威和权力存有盲目的崇拜心理，"官本位"思想根深蒂固，权威意识过强，人治思维较重，长期以来一直是困扰中国社会政治、经济和文化发展的严重阻力。著名历史学家黄仁宇在《中国大历史》一书中针对专制制度的消极作用，从其观察角度进行了总结，他指出，"直到最近中国仍缺乏一种司法体系"，可谓一针见血。

以上内容介绍了中国文化产生的特殊历史背景和发展环境，包括地理环境、经济基础和政治结构三个方面，研究这三个方面对中国传统文化发展的影响，有助于我们了解中国传统文化的特点，掌握中国传统文化特点的形成缘由。此外，在中华文明产生与发展的漫长历程中，中国文化与域外文化有着千丝万缕的关系，尤其随着西汉以来丝绸之路的打通，西方文明和西域文明源源不断地传入中原，及至1840年，先后有三次中西文化交汇，外来文明的进入为中国传统文化的形成与发展提供了有益的外部滋养。

参考文献：

1. 干春松.中华文化简明读本[M].北京：中国社会科学出版社，2017.

2. 金元浦.中国文化概论[M].北京：中国人民大学出版社，2012.

3. 龚贤.中国传统文化概论[M].北京：世界图书出版公司，2011.

4. 张建.中国传统文化[M].北京：高等教育出版社，2007.

5. 张岱年，方克立.中国文化概论[M].北京：北京师范大学出版社，2017.

6. 苏秉琦.满天星斗：苏秉琦论远古中国[M].北京：中信出版社，2017.

7. 鲁西奇.中国历史的空间结构[M].厦门：厦门大学出版社，2017.

8. 〔美〕威廉·麦克尼尔.西方的兴起：人类共同体史[M].孙岳等译，郭方等译校.北京：中信出版社，2016.

9. 黄兴涛. 重塑华夏[M]. 北京：中国人民大学出版社，2017.

10. 季羡林. 三十年河东　三十年河西[M]. 北京：当代中国出版社，2006.

11. 田广林. 中国传统文化概论[M]. 北京：高等教育出版社，2014.

思考题：

1. 宗法制度包括哪些内容？

2. 宗法制度对中国传统文化产生了哪些影响？

第二章 中国传统文化的架构、思维方式及价值观

第一节 中国传统文化的基本架构

中国传统文化历经几千年发展历程，是一个不断发展变化的过程，其间交织着文明的碰撞、交流和互融，最终打造起中国文化的基本结构，形塑出中国文化的自身特质。中国自古以来便是一个统一的多民族国家，由于特定的地理空间、大一统的政治、文化认同和经济间的互补等纽带，由此形成了中华文化的多元一体格局，这是中国文化的显形结构。这样一个文化结构的塑成必然有一个文化隐形结构在起凝聚与维系作用，它将多样的文化形式融会在一起，编织成一个整体。那么，中国传统文化的特征究竟基于怎样的隐形文化结构？这就要深入中国传统文化的深层结构，去寻找在一个农耕经济为主体的传统国家中，传统的儒、佛、道等多元文化如何互补同构，以至于形塑起中国传统文化的基本架构。

一、中国传统文化的基本架构

（一）儒家是中国传统文化的主导结构

在中国传统文化的多样类型中，儒家思想是其中最为重要的一种类型，它不仅是一种思想学说，更是一种价值观念、人生追求，是体现在现实中的生活方式和礼仪规范等。毋庸置疑，儒家思想在中国思想文化史上，不仅是中国思想文化的主流学说，更是长期被封建统治

者尊为国家的正统思想，对于影响中国传统文化的走向，形成中国传统文化的独特性起到了重要的作用，以至于在学术界儒家向来被看作是中国文化的主流学说，是构成中国传统文化的主导结构。有学者就认为，中国传统文化是以儒家思想为主体的文化，如现代新儒学代表人物牟宗三在《政道与治道》一书的序言中说："中国文化的核心内容，是以儒家为主流。"这种学说，将儒家摆在了中国传统文化的核心位置，其地位是其他学说不能替代的，即儒家是中国文化的魂，这种观念在当前的学术界一度占主流。当然这种说法也有其合理之处，但其不足是过高地估计了儒家文化的位置，而忽视了其他思想学说在中国文化整体中的存在价值，如道教文化和佛教文化等。如果仅用儒家思想一枝独秀来概观中国传统文化的结构，无疑是遮蔽和忽视了中国思想文化多元的事实，当然中国传统思想文化的一体并非对等于儒家。海外新儒学代表人物哈佛大学的杜维明教授就认为，中国文化是丰富的、多元的，思想是多样的，他个人并不接受儒学是主流的观点。

（二）道家是中国传统文化的主导结构

还有一种观点与前一种观点截然相反，认为道家是中国传统文化的主干或主体，代表人物多借鲁迅先生说过的"中国根柢在道教"而持这种观点。同时他们也引用英国汉学家李约瑟博士在《中国之科学与文明》一书中所说的："中国如果没有道家，就像大树没有根一样。"这种观点有其合理之处。如果将中国传统文化分为大传统和小传统，儒家处于精英文化层面，是中国文化的大传统，那么道家文化则以道教文化等民间文化形式更多存生于民间社会，是中国传统文化的小传统，鲁迅和李约瑟对中国道家文化地位的理解大致是从民间文化的层面出发的。但是如果将道家文化视为中国传统文化的主干，无疑是不合适的，一是道家对中国大传统的影响并不如儒家，儒家的独尊地位一直支配着中国思想文化史上千年，只有儒家文化的影响深入到了中国大传统和小传统之中，这是道家文化所远远不及的；二是道家对中国传统文化的影响更多停留在民间信仰的层面，从未上升至主流思想文化层面。

（三）中国传统文化"儒主道从佛客"的结构类型

这一观点看到了中国传统文化存在着儒释道三种文化因素，但是这三种文化类型在中国传统文化中的地位与影响是不一样的，这在中国历史上是客观存在的。中国台湾地区新儒学代表人物蔡仁厚在《新儒家的精神方向》一文中表达了这一观点。他认为，在中国传统文化整体中，其组成要素的儒释道三种文化地位不等，儒道两种文化的关系是一种主从关系。儒家文化是主位的，是构成中国传统文化的主导结构；道家文化则处于从属地位，是不能影响中国传统文化的发展走向的。同时他还认为，佛教是客位的，是一种外来的宗教文化，这种观点看到了中国传统文化的多元结构，却忽略了各结构间的相互交融，尤其是忽略了佛教中国本土化的历史事实。实际上佛教已成为中国传统文化的组成要素，而且其在与儒道文化的互补同构中，影响并构成了中国思想文化的存在类型。

（四）儒道文化的互补同构性

这一观点的代表人物是陕西师范大学已故教授赵吉惠，他更多看到的是，在中国传统文化体系中，儒道两种文化的地位和价值，他打破了儒家或道家单一为主体的观念，将儒道两种文化的互补同构作为中国文化的主干。在专著《中国传统文化导论》中，他指出，中国文化是儒道互补型的，儒家和道家共同构成了中国传统文化的主体。更具体更清楚地说，中国传统文化是以儒家文化与道家文化为一体的主体结构。除此之外，中国文化还有法家、墨家、阴阳五行家、名家等。赵吉惠教授看到了中国文化的多元性，儒道文化互补共同构成主体，其他文化也是中国传统文化的构成要素，却难以与儒道文化产生的影响同日而语。

（五）中国传统文化的主体是儒释道文化

还有一种观念认为，中国传统文化的主体是儒释道文化。这种观点将中国传统文化视为一个由儒释道三种文化互补同构的文化体系，在中国传统文化中三种文化的地位是对等的，它们对构成中国文化类型起到了同样重要的作用，即中国传统文化就是儒释道三种文化互补同构形成的文化类型。如果将中国文化视为一个房间，儒释道三种文化则为中国文化这一房间内部的三个套间，它们构成了中国文化的整体性。林语堂先生就持这一观点，在他看来，儒家、道家、佛教各有特点，他们既有积极因素，也有消极因素，各美其美，美人之美，都为中国文化提供了一种价值。儒家为中国社会提供了一个理性的社会秩序，道家满足了一部分人的精神需要，佛教有抚慰人心的功能。南宋孝宗在《原道辨》中就曾说道，中国文化是以佛治心，以道治身，以儒治世。这也概括地指出了三种文化在中国传统文化中的位置以及在中国传统社会中的各自功能。

以上是对学界关于中国文化基本架构的几种观点的评述，基于此，我们得出了对中国传统文化主导结构的四点认识，也就是说，在认识中国传统文化的基本架构时，必须把握三个前提：第一，中国传统文化的基本架构是一个多文化构成的文化模式，其构成要素都为中国传统思想文化提供各自的价值。第二，构成中国文化基本架构的文化类型贯穿于中国文化的始终，影响着中国文化的形成及特质。第三，一种文化是否是组成中国传统文化的基本架构，一个重要的标准是，它对中国文化的形成和发展是否起到过实质性的作用，如民族心理素质、价值观念、行为方式、生活方式、文学艺术等。第四，中国传统文化基本架构的组成是一个多文化互补与同构的结果，毋庸置疑，各文化间的地位和作用是不对等的，如儒家对中国文化形成的影响最大，其与释道等文化的融合与同构所形成的新文化类型才是中国传统文化的基本架构。

二、中国传统文化的类型

人是一种文化动物，人创造了文化的同时，文化反过来又反哺于人，塑造出具有共同文化特质的人群。美国人类学家鲁思·本尼迪克特指出，每个民族或群体的文化中都存在着一种文化模式，作为文化的主导和支配力量，在给人们的行为赋予象征意义中，也会塑造出具有相似文化人格的人群。中国人独特的民族性格和群体气质的形成，无不与其文化中占支配力量的文化模式，即中国文化的深层结构有着直接的关系。以儒释道等为基本架构的中国传统文化，以其强有力的文化塑造力，打造起中国文化的整体结构，赋予传统中国人特有的文化性格，生活于其中的人们，其群体人格、精神气质和行为实践无不打上中国传统文化的烙印。

中国文化的基本类型是什么？或者说，中国文化是一种什么样的文化？要想弄清楚中国传统文化的基本特质，既要深入中国文化的深层结构中去主位理解，也要在与他国文化的横向比较中予以把握，他者就是一面镜子，可以为理解我们自身提供一个有价值的参照系。当然理解中国文化的类型，就要借助西方文化等多面镜子。从中国文化内容、社会功能和精神走向等方面看，一般认为，中国文化属于伦理政治型的文化类型，而西方文化则属于认知型的文化类型。

国学大师梁漱溟专门从事中西文化比较研究，他站在一个东方文化学派的角度，剔除了西方传统与现代二元对立观念的影响，认为印度文化和中国文化并非落后，而是具有早熟特征。虽然现在中国要吸收西方现代文化，但西方文化在世界范围已经发展到尽头，世界未来的文化就是中国文化的复兴。1921年，梁漱溟在《东西文化及其哲学》一书中把世界文化分成三种类型：西方文化是意欲型的，中国文化是调和的、持中的，印度文化是反身向后型的。梁漱溟以房子漏雨为例，解说三种文化的区别：西方人会把旧房子全部拆掉，新建一座房子；中国人会选择修补旧房子，让它不漏雨；而印度人则会自行消解新建或产生修补房子的欲望。梁漱溟根据不同民族对待意志的不同态度，所提炼出的中国文化类型具有调和、持中的文化特质，概括出了中国传统文化讲求中庸、和谐的文化特征，但是这并不全面，相比而言，伦理政治型才是中国传统文化基本类型的高度提炼和准确定位。

何谓伦理政治型？是指中国传统文化的内容是以伦理思想、伦理规范为主，即中国社会是以伦理为本位的社会，其以关注社会现实、借助礼文化资源发挥社会调节作用，重在强调调整人际关系，这也是中国传统文化具有人文主义的特征。所以中国传统文化的一大特点在于，关注现实社会中的人际关系和社会秩序，但缺少对形而上层面的精神诉求，这是以儒家与道家互补同构的中国传统文化的一大特点，主要体现在儒家和道家等学派的思想中。如儒家非常强调秩序，认为人们学习礼，就是为了遵守礼，礼是维持人与人、人与社会关系的基本纲常伦理，这是社会实现和谐的基础。如《论语·颜渊》中，孔子说道："政者，正也。子帅以正，孰敢不正？"《论语·子路》中，孔子说道："其身正，不令而行；其身不正，虽令不从。""苟正其身矣，于从政乎何有？不能正其身，如正人何？"可见，儒家强调身正，就是以儒家道德规范修炼个人的品德，身正才能人正，人正也就政正，才能实现社会的安定与和谐。

道家的主张表面看与儒家是相反的，但是这种差异只是对如何让社会和谐维持社会稳定的两种不同路径。儒家看似积极有为，道家似乎自然无为，但道家同样重视人的道德修养，倡导圣人要有道德品质，好的道德修养才能转化成好的政治作为，即所谓的"无为而无不为"，这与儒家提倡的内圣外王在本质上是相同的。有道德的圣贤才是治国之法宝，这也是"治大国若烹小鲜"的真理所在。也有其他学派对社会中人际关系伦理规范的强调，这里就不再一一介绍。伦理政治型文化深深影响着古代中国社会，以至于中国传统社会被称之为礼治社会，而中国传统文学、哲学、戏剧等亦受此影响，带有浓厚的伦理政治色彩。

三、中国传统文化的特点

中国传统文化根植于中国土壤，有其自身特点，与西方文化相比，其特点较为显著。中国文化的特点是中国文化特色的体现，彰显了中国传统文化的独特性。具体说来有以下三个特点。

（一）重视人道

在跨文化的比较视野中，中西文化各有特色，如在对天人关系的理解上，西方文化中天人关系是相分的，而中国文化中天人关系是合一的。中国古代的天人合一思想，产生历史较为久远，早在先秦诸子时代，道家就有重天道的倾向，而儒家则重视人道。道家的天道思想，在汉武帝"罢黜百家，独尊儒术"的举措下，影响力日渐减弱，而儒家重视人道的观念，无可厚非地成为中国学术思想的主流，因为人道思想主要关注现实生活，致力于思考人事之道，是一种思考如何让人遵守社会秩序、让社会秩序保持和谐的状态。这种价值观符合统治者的统治需要，自然会得到支持。儒家从诸子百家中脱颖而出成为中国思想的正统，无不与其重人道、关注人事密切相关，儒家将目光投注在世俗的人世间，这也影响并塑造了中国文化重人道和关注现实生活的倾向。热衷于人际关系是中国人的民族性格，传统中国社会也是典型的人情社会。同时，对于人道的热衷，使儒家缺乏对天道的热情，这也是中国古代为什么探讨人际关系的学问如此发达的原因。而关注自然现象探索自然规律的学人不但很少，整个社会的热情度也不够高。

（二）重视礼治

中国自古以来就是礼仪之邦，并有着深厚的社会历史积淀，是几千年来中国文化传统影响的结果。礼治，即人治，是中国儒家的政治思想，也是儒家管理社会的一种模式。对于儒家来说，礼既是一种行为规范，是一种社会价值，也是一种理想化的社会秩序，这种秩序被称为"礼治秩序"。礼治秩序靠人们对"礼"这样一种行为规范的遵从，它建立在人们对"礼"的道德内化的基础上，并自觉以"礼"来约束自己的行为，这样一种礼治的模式是以道德为准则，而不是以法律为规范的。一个人在社会中其行为表达受制于其内心的道德监督。礼既是习惯、是文明，也是一种制度、一种生活方式、一种价值理念。对于礼治的推崇和实践，则使中国传统社会成为一个礼治社会，而法治在古代中国发育缓慢，其作用得不到应有的发挥，往往都是以礼治替代法治。中国古代社会的法制化建设向来发展缓慢，这与中国传统文化较为重视礼治有直接的关系。

（三）重视集体的观念

中国传统文化带有崇尚集体的思想观念，这也是古代儒家文化的一大特点。儒家重人道，目的是为了营造一种和谐的社会秩序，这样一种社会秩序的建立，基于个体对社会群体秩序的遵从，就是要培养一种个体服从社会整体的自觉意识，始终将群体利益放置到第一位。为了维持群体利益，个体的欲望和诉求就会被压抑，儒家主张克己复礼，实质上就是用"礼"来约束个体人的自由意志，使个人的行为和观念符合儒家所倡导的礼仪规范和准则。儒家强调现实中个人对于"礼"的维护和服膺，主张非礼勿视，非礼勿言，非礼勿听，非礼勿动。当人们践行"礼"的时候，就必须以牺牲个体的欲望和诉求为代价，以符合社会群体的文化诉求与利益，这是中国传统文化重群体轻个体的价值理念的体现。

第二节　中国传统文化的思维结构

一、辩证关系的整体思维

辩证思维是一种认识世界和理解社会现象的思维方式，古代中国思想学说中就有着辩证关系的整体思维。辩证关系的整体思维，体现的是一种用变化发展的思维方式来看待一切事物，强调事物的整体性、流动性和关联性，认为世界万物都是相互联系、相互影响的，并且一定条件下相互转化，这是一种动态的理解事物发展变化的思维方式，相对于形而上学的静态僵化的思维模式。

中国古代的辩证思维有着对事物生成、发展与变化规律的解释。郭齐勇就指出："中国哲人观察宇宙人生，以一种'统观'、'会通'的方式，即着眼于天地人我、人身人心都处在不同的系统或'场'之中，肯定各系统、要素之内外的相互依存、密切联系。"中国古代的阴阳五行学说中蕴含着丰富的辩证关系和整体思维。阴阳五行学说是中国古代朴素的唯物主义哲学，它并未将矛盾的双方视作绝对的对立关系，而是相互补充、相互渗透、相互依赖、相互转向、彼此共生的关系。

所谓的"阴阳"，指世界上一切事物中具有的既互相对立又互相联系的力量，即"阴阳者，阴中有阳，阳中有阴，动静无端，阴阳无始。一阴一阳之谓道"。五行即指"金、木、水、水、土"等五种元素，这五种元素在属性上不同，是相互对立的，甚至是相克的，但它们间不乏相互依赖、彼此共生的关系。阴阳与五行两大学说的合流形成了中国传统思维模式的原始框架。中国古代的五行思想，强调在世界形成中五行即五种元素间相克与相生的关系。如水生木、木生火、火生土、土生金、金生水的相生关系，如金克木、木克土、土克水、水克火、火克金的相克关系。

先秦典籍《周易》当中包含着丰富的辩证思维。何谓 "易"？《周易·系辞上》中说 "生生之谓易"，即事物生生不息的发展变化。《周易》所讲的 "八卦" 以及八卦相叠而为六十四卦的学说，就是从正反两方面的矛盾对立统一来说明事物的变化和发展。《周易》所说的 "无平不陂，无往不复"，即是说 "平" 与 "陂"、"往" 与 "复" 的对立统一关系。对于《周易》中的辩证思维，当代学者郭沫若给予了高度的评价："从《易》的纯粹的思想上来说，变化而透辟地采取着辩证的思维方式，在中国的思想史上的确是一大进步。"

老子的《道德经》中也充满了辩证思维，是中国传统整体思维的典范之一，可以说，一部《道德经》就是一部辩证思维的著作。如《道德经》第四十章讲道："天下万物生于有，有生于无。"第二十四章讲道："天下皆知美之为美，斯恶已；皆知善之为善，斯不善已。故有、无相生，难、易相成，长、短相形，高、下相倾，音、声相和，前、后相随。"老子所说的 "有、无相生，难、易相成，长、短相形，高、下相倾，音、声相和，前、后相随" "祸兮福之所倚，福兮祸之所伏" "反者道之动，弱者道之用"，讲的都是矛盾双方既相互依赖而存在、相互对立而统一，并且矛盾双方又可互相转化的道理。

辩证思维注重整体统一，这是中国传统思维方式的特征之一。它坚持从整体原则出发，强调事物间的相互联系和整体功能，以求得天、地、人的和谐统一。这种思维方式视天道与人道、自然与社会乃至万事万物为有机整体，使人们要从整体上、全局上把握认知对象。这一独特的思维方式对于保持人类的生态平衡、促进社会的和谐稳定具有十分重要的意义。

中国传统医学更是充满着辩证思维，中医以 "天人合一" "天人感应" 等思想观念为理论依据，并将这一整体思维观念具体化、实践化。中医医学理论将人体看成一个有机联系的统一整体，认为人体内部各个组成部分及各个组成要素之间既是相互联系的、不可割裂的，又是互相制约、互为作用的。中医反对简单的"头痛医头，脚痛医脚"，强调全面诊断、辩证解释。

二、直觉体悟的思维方式

直觉体悟是与"逻辑思维"相对的一种思维方式，其重直觉悟性思维，轻理性逻辑思维。这种思维方式的特点在于，它不须借助概念、判断、推理等逻辑形式，不对外界事物进行逻辑分析，也不借助任何中介，完全凭借主体的内心体验，瞬间把握事物的内在本质。张岱年、方克立主编的《中国文化概论》中说道："中国哲学认为，对于宇宙本体，不能依靠语言、概念、逻辑推理、认知方法，而只能靠直觉、顿悟加以把握。"如老子所讲的"涤除玄览"，庄子所讲的"以明、见独"，孟子所讲的"尽心、知性"乃至佛教追求的"顿悟"和后来程朱理学讲求的"格物致知"，陆王讲求的"求理于吾心"，等等，都具有直觉思维的特点。直觉思维的本质是对逻辑思维的超越，是一种利用悟性和非理性思维获取知识的方式。

在中国古代思想史中，道家最先提出并且在实践中运用直觉思维。在道家看来，"道"是宇宙万物的本体、世界的本原，但"道"的存在是不可闻见、无以名状的，是不能用人的理性思维去把握、用人的感官去描述的，只能靠直觉或体验加以感悟或体认。作为先秦道家学派重要代表的庄子，他倡导"心斋"和"坐忘"的修身方法。所谓"心斋"，就是排除一切现有的知识后，保持内心的虚静，从而对"道"予以全面把握、整体感悟。所谓"坐忘"，就是毁弃四肢百体、屏黜心智，超然物外，以便全面把握、整体感悟超然之"道"。

儒家也很重视直觉思维。先秦时期，孔子所说的"默而识之"，孟子所说的"尽心、知性、知天"以及"良知、良能"，都具有直觉思维的显著特点。宋明时期，程朱所说的"格物致知"，陆王所说的"求理于吾心"，等等，更是在认识论角度对直觉思维的具体展演。梁漱溟指出，"孟子所说的不虑而知的良知，不学而能的良能，在今日我们谓之直觉"。贺麟进一步指出，"陆王所谓致知或致良知，程朱所谓格物穷理，……是探求他们所谓心学或理学亦即我们所谓哲学或形而上学的直觉法"，都是对直觉思维的实践。

佛教也重视直觉思维，尤其是中国化的佛教禅宗。中国佛教所讲的"般若"，即是一种直觉思维的形式。佛教的直觉思维有其特点，既排斥感性认识，又排斥理性认识，强调通过"般若"的虚静智慧来洞察宇宙万物的真理。中国禅宗吸收了玄学的方法，并与佛性的本体论相结合，提出了"顿悟成佛"理论，把中国古代的直觉思维发展到了极致，成为中国传统直觉思维最鲜明的代表。

可以看出，直觉思维是思维过程省去了中间推理和探究阶段，不需要严密的逻辑辩证分析便可得出结论，这不同于常见的重思辨的逻辑思维，是中国传统思维的一个显著特征。当然直觉思维具有逻辑思维不能替代的优势，但直觉思维重灵感、轻逻辑，重体验、轻思辨，容易导致思维的不严密，其不足之处也是客观存在的。

张岱年曾指出，宋代理学家朱熹所说的"置心在物中，究见其理"，其实就是一种直觉思维，这种直觉思维"只是一种主观的神秘体验"，可惜的是，"中国传统中缺乏近代的科学实验方法"。蔡元培也曾指出，直觉思维"必须同逻辑思维相结合，以逻辑思维为前提，才能发挥其创造性作用"。遗憾的是，"中国的直觉思维恰恰缺少逻辑思维作为前提条件，因而具有整体的模糊性和神秘性"。因此，直觉思维欲获得客观的认识，须借助逻辑思维的加工和整理，才能经受住实践的最终检验。

三、中庸的思维方式

中庸之道是中国传统思维方式之一，是一种不偏不倚、折中调和的处世态度，反对偏离常态、走极端。《论语·庸也》中说道："中庸之为德也，其至矣乎。"中庸之道是中国古代哲学思想，出自儒家的典籍《中庸》。《中庸》对"中庸"的定义如下："喜怒哀乐之未发，谓之中；发而皆中节，谓之和。中也者，天下之大本也；和也者，天下之达道也。"意思就是人的内心没有发生喜怒哀乐等情绪时，称之为"中"；发生喜怒哀乐等情绪时，始终用"中"的状态来节制情绪，就是"和"。"中"的状态，即内心不受任何情绪的影响，保持平静、安宁的状态。始终保持和的状态，不为情绪影响和左右，则是人生的最高境界。总之，所谓"中"，其确切含义即孔子所说"过犹不及""无可无不可"。古代中庸思想其实是一种辩证法的思维，它的本质就在于把对立的双方统一起来，反对走极端。《礼记·中庸》中说道："君子中庸，小人反中庸。君子之中庸也，君子而时中。"

中庸之道是一种处世态度，是一种认识论和思维方式，它关涉个人、群体、社会，是协调人际关系的价值准则，其以追求平和、协调、统一为目的，讲求人的思维和行为等不偏不倚，追求矛盾的调和统一，不注重矛盾的对立面。中庸思维有利于人们和谐相处，促进社会的和谐稳定和人类的和平发展。

四、知行合一的思维方式

知行关系是中国古代哲学讨论的一个重要命题，"知"与"行"是两个不同的概念范畴，两者不是对立而是统一的，互为表里，相辅相成。所谓"知行合一"，是指客体顺应主体。"知"是指良知，"行"是指人的实践。"知"与"行"的合一，既不是以"知"来替代"行"，认为"知"即是"行"，也不是以"行"来替代"知"，认为"行"即是"知"。可以说，"知行合一"是一个认识论和实践论的命题，涉及道德修养、道德实践方面的话题，也影响并形成中国古人普遍具有的一种思维方式，是人们行为取向的一种价值尺度。在古代哲学家看来，知行是同样重要的，只有"知"和"行"合一，才能称得上"善"，知行合一被赋予了道德属性。

明朝心学大师王守仁集中阐释了"知行合一"理论。在他看来，"知行合一"是一个重要的哲学命题，先有致良知，而后有知行合一。明武宗正德三年（1508 年），王守仁在贵阳文明书院讲学，首次提出"知行合一"学说。王守仁所讲的"知行合一"，不是指一般的认识和实践关系。"知"，指人的道德意识和思想意念；"行"，指人的道德践履和行动，两者处于不同的层面和范畴，但彼此间是统一的。

可见，王守仁所讲的知行关系，实质上是道德意识和道德实践的关系，这也是儒家思想学说的一大特点。王守仁的"知行合一"思想包括以下两层含义。一是知中有行，行中有知。王守仁说道："知行原是两个字，说一个工夫。"二是以知为行，知决定行。王守仁说道："知是行的主意，行是知的工夫；知是行之始，行是知之成。"道德是行为的意念产生的起点，合乎道德准则的行为是"良知"的体现。古代"知行合一"思想深刻影响着中国人的观念，形成了一种根深蒂固的思维方式。

第三节　中国传统文化的价值结构

在任何一种文化系统中，价值都是文化的核心部分，也称为文化的深层结构，是文化形而上的层面，是决定一种文化发展方向的主导结构。中国文化亦有其自身的价值体系，这也是中国文化独特性的体现。以古代儒家的价值观为主导，融会不同学派的价值观，以此形成中国传统文化的价值结构。那么，中国传统文化的价值结构有着怎样的丰富内容？一般认为，中国传统文化具有重人道而轻天道、重整体轻个体、重义轻利等特点，其实也就是围绕着人与自然、人与社会、义与利等关系的一种社会评价标准，展现出独特的价值取向。

一、关于人生价值的不同取向

人生价值观是价值体系的组成要素，是关于对人生和生命问题的一种根本看法，具体可指对人生目的和意义的理解与态度。人生价值观处于社会意识层面，基于不同的认识，就会形成不同的人生价值观。人生价值观又是世界观的一种体现形式。中国古代的思想家基于不同的世界观，形成了对人生不同的态度和认识。在春秋战国的百家争鸣时代，不同学派的思想家围绕着人与社会的关系，就如何实现人的人生价值，站在各自的立场上阐发自己的人生价值观，其中儒家的人生价值观是中国传统文化的主导价值结构。

（一）儒家以志士仁人为追求的人生价值取向

儒家思想的核心是"仁"，"仁"的理念既是抽象的，也是具体的，体现在现实生活中，"仁"则成为一种社会价值观，一种道德境界，更是一种人生理想和追求。

"仁"在《论语》一书中出现了百余次，是《论语》一书的高频词。何谓"仁"？孔子对"仁"的解释为"仁者爱人"，可见在孔子的眼里"仁"是人性的最高体现，是人的美德的最高范畴，是社会需要弘扬的道德标准和社会价值观，也由此形成了儒家以志士仁人为追求的人生价值观。儒家的志士仁人以仁义为理想，有舍弃自我利益成就他人的崇高境界，是一种典型的利他主义精神品质。"夫仁者，己欲立而立人，己欲达而达人。"当然儒家眼中真正的仁者是以仁义为最高道德追求的，以仁义为人生价值实现的最高道德评判标准，主张杀身成仁、舍生取义。这样一种崇高的价值追求，激励着一代代中国人为实现人生理想而不懈奋斗。

儒家的仁人志士并非停留在口头层面，而是一种建立在人格修养基础上的精神提升，并最终以入世的积极人生态度来表达，这也就是儒家强调的"内圣外王"。所谓"外王"，是指治国平天下的事功。

"内圣",则是指通过内在的道德修炼,具备仁人志士的品质,在治国平天下的实践中实现人生价值。但是儒家首先关注"内圣"层面的道德培养,而"外王"则是"内圣"后的志士仁人的必然结果。儒家仁人志士追求的价值取向,在中国传统价值体系中居于主导地位。

（二）道家自然无为的人生价值取向

道家是典型的自然主义价值观的倡导者和践行者,提倡自然无为,是一种听其自然顺其自然的价值取向。道家的人生价值观表面看消极无为,提供给人们一种消极避世的人生态度,但其内在却蕴含着一种积极的人生态度,这需要透过现象看本质。道家也关注现实,不回避现实问题,也有自己的人生追求,鼓励人要实现自己的人生价值,但实现的路径与儒家则大相径庭。道家主张人要顺应自然规律,不能逆自然规律而行事,其所主张的无为是对道法自然价值观的体现,在个人的道德修炼上,其实就是处理好"利"与"义"、"理"与"欲"的冲突,主张要克制私欲,助长公心,反对个人纵欲妄为,盲目逐利。道家主张采取一种自然无为的人生态度,这种无为表面看似乎是无为,实则可以转化为有为。《道德经》中说"无为而无不为","不与人争,莫能与之争"。这是道家的一种人生追求,也是道家人生价值取向的集中表达。

（三）墨家"兼相爱,交相利"的人生价值取向

墨家的人生价值取向可以用"兼相爱,交相利"来概括。与其他学派一样,墨家也无法回避现实中"利"与"义"的关系,如何来处理二者间的关系,集中体现着墨家的人生追求和价值取向。墨家不回避现实中的利欲问题,并正视现实中利欲与义理间的冲突,但是墨家将利欲分为私利和公利两个层面。墨家认为,私利是人间不相爱的根源,也是一切灾难的根源,社会的和谐建立在人相爱的基础上,这就需要放弃私利、选择公利,这也成为墨家的最高价值标准,也是墨家人生追求的理想境界。

（四）法家功利主义色彩浓厚的人生价值取向

与其他学派相比，法家对利义关系这一问题的讨论，带有较为明显的功利主义色彩。法家是世俗主义者，也是现实主义和功利主义者。在法家看来，追名逐利，实现人的利益最大化，是符合人性和人的需要的，人生最大的现实莫过于"功"和"利"，这也是人在现实中人生价值实现的具体形式。韩非子说"计功而行赏"，"功多者受多，功少者受少"，功名是人的价值在社会层面的体现。可见，法家的功利主义价值导向，鼓励人们在现实中努力拼搏，建功立业，以获取功名利禄，实现自己的人生价值，是一种积极入世的人生态度。

二、关于人与自然关系的价值取向

人与自然的关系又被称为"天人关系"，这是中国传统文化始终关注的一个哲学命题。春秋战国时期，讨论人与自然的关系成为诸子百家思想争锋的一个焦点，他们站在各自的学术立场，对人与自然的关系进行理论阐述。中国传统文化中关于人与自然关系讨论的焦点在于，人应当顺应还是超越自然。这使得人与自然的关系在某种程度上成为一种哲学命题，被赋予了深刻的思想内涵和文化价值。

（一）儒家将自然人化的价值取向

儒家对于人与自然的关系，有自己的一套理论解释。在儒家看来，人与动物是不同的，《论语·微子》中载："鸟兽不可与同群，吾非斯人之徒与而谁与?"人是一种文化动物，有创造符号的能力，并赋予符号以文化意义。由此，自然是一种前文明的状态，将自然转化为文化或文明，就需要发挥人的主观能动性和创造性。这是一种超越自然的价值取向，将人类赋予了充分的创造能力，人的一个重要使命就在于，人应该通过自然的人文化，努力地认识和改造世界，在实现文化的创造中，使社会摆脱前文明时代的存在状态，以达到文明的程度。

（二）道家顺应自然的价值取向

道家在对待人与自然的关系上，与儒家截然不同。儒家在于人对自然的超越和改造，道家却在于对自然的自觉回归与顺应，并成为一种价值取向。这种价值取向的逻辑起点在于，道家将自然赋予了一种理想的价值赋予，自然不是一种相对于文明的状态，而是一种尽善尽美的完美状态，本身就具有文明的内在属性。自然的这种完美属性，一旦经受人的肆意改造就会被破坏。因此，道家对自然赋予的这种理想价值，决定了人与自然间的关系应是人对自然的自觉回归和顺应，也就是"法自然"，即人要努力去探寻自然规律，去协调人与自然的关系，而不应是一种超越，道家对自然的人文化是持批评态度的。应该说，道家的这种价值取向，反对人去破坏自然，这有积极的一面，但是如果将一切有价值的创造活动都予以否定，其中的消极性就不言而喻了。

三、关于群体与个体关系的价值取向

个体是组成人类社会的最基本单位，若干的个体组合起来就形成了群体，也形成了社会本身的存在形式。作为社会的存在主体，个体与群体各自承担着怎样的社会功能，如何处理好个体与群体的关系，并对二者间的关系予以界定，在中国古代就有不同的认识和理解，其中儒家的观点最具代表性，在中国传统文化中是关于群体与个体关系的主导价值取向。

（一）儒家认为个体应有社会担当的价值取向

儒家对待个体与群体的关系，是将其放置于社会整体的框架中去讨论，儒家倡导个人的社会担当，强调个体的社会责任，从不否认个体的存在价值，相反对于个体的存在价值予以肯定。儒家是在对个人主体性予以认可的基础上，来探讨人的社会价值如何实现。因此，在儒家看来，一个人的社会价值能否实现，首先建立在个体道德层面的自我完善与提升，也就是儒家所说的"修己已安人"。"修己"，就是儒家倡导的"内圣"，这种道德上的自我完善是面向大众的，每个人只要能做到修身养性的功夫就可以内练圣人品质，都可以走向社会实现自己的人生价值。

可见，儒家是关注个人的社会主体性价值的，如孟子所说的"人人有贵于己者"，"贵己"是实现个人人生价值的基础，但不是根本路径，个体真正地实现人生价值的路径在于其社会担当。儒家为每一个个体寻找到了一个人生的支点，指明了实现人生价值的路径。这就要求个人必须走出狭隘自私的"独善其身"，应有一种家国情怀，自觉将个人利益和诉求融入社会整体中，要做一个有使命感、有社会责任感的人。北宋时期的理学大师张载提出了"为天地立心，为生民请命，为圣贤继绝学，为万世开太平"的名言，其实就是儒家强调个体应承担社会责任的价值取向的集中诠释，这也深刻地影响了一代又一代中国人的传统价值观。

（二）道家关注人的个性自由的价值取向

儒家重视个体与群体这两个维度，并将关注点放在了群体上。道家的自然主义价值观决定其与儒家有所不同，它的关注点主要在于个体。道家对自然的人文化持有批判态度，道家也关注人的自身价值的实现，但是其实现人生价值的路径不是走向社会，或者是如同儒家一样主张"内圣而外王"。道家所理解的人，并非以群体的形式出现，而是表现为处于独立状态的自我。道家将个体从社会群体中独立出来，消除个人身上的社会性，再将人回归到自然人的层面，以提升个人的自我认同。道家在处理个体与社会的关系上，张扬个体生命的主体性存在，以唤醒个体生命存在的主体意识，关注个人的个性自由。

道家也重视个体在道德层面的修养。儒家的个体道德修养就是个体自觉内化于社会道德，以社会道德规范个体行为。道家的个体道德修养，追求的是人的一种朴素本性的保持，这就要使个体从世俗社会中挣脱出来，保持超然物外的人生态度，不以满足世俗的物欲为追求，不以物累，清心寡欲，与世无争，返璞归真，过一种逍遥自由的生活。

四、关于义利关系的价值取向

义利关系是中国传统文化讨论的一个重要命题。"利"指社会利益和价值，"义"则指社会伦理道德。如何协调二者之间的关系，孰轻孰重，先秦诸子各家都有论述，它们从不同立场阐发了自己的见解，其中以儒家、墨家等最具代表性。

（一）儒家重义轻利的价值取向

儒家的关注点在于如何通过社会道德的功能发挥，使人守礼、安分守己，以维持和谐的社会秩序。但是过分追名逐利，放纵欲望，就可能出现价值混乱，不利于社会和谐。儒家以"仁"为最高道德标准，以"礼"为社会道德准绳，通过"克己复礼"对过分追逐私利的行为进行有效的限制，符合"礼"的行为是正当的，不符合"礼"的行为是应该予以抑制的。在儒家看来，仁义是社会最高的道德准则，是一个人和群体追求的最高境界。杀身成仁，舍生取义，这是儒家的理想人格，而见利忘义、苟且偷生等则应该是令人嗤之以鼻的丑陋行为，由此也形成了儒家重义轻利的价值取向。在利义面前，"义"是第一位的，而"利"则是第二位的。为义可以舍利，但是不能为利而舍义。儒家重义轻利的价值取向影响了中国传统的经济价值观，具体表现为"重农抑商"的价值选择，这也是中国古代的一贯传统，与儒家重义轻利的价值取向直接有关。

（二）墨家关于义利关系的价值取向

墨家也关注义利关系。墨家重"义"，将"义"赋予道德层面的神圣品性。如果说，儒家强调的是"义"的内在价值，并剔除了"义"的外在功利基础，墨家则更看重"义"的外在价值的实现。墨家认为，义利的关系是统一的而不是对立的，作为社会道德标准和价值准则的

"义"，本质上并不排斥逐利，反而认为功利是有其合理价值的。在墨家看来，义利合一可以用来协调道德规范与功利关系的问题。

参考文献：

1. 李宗桂. 中国文化概论[M]. 广州：中山大学出版社，1988.

2. 赵吉惠. 中国传统文化导论[M]. 南京：江苏教育出版社，2007.

3. 张岱年，方克立. 中国文化概论[M]. 北京：北京师范大学出版社，2017.

4. 田广林. 中国传统文化概论[M]. 北京：高等教育出版社，2014.

5. 李宗桂. 中国传统文化探讨[M]. 广州：花城出版社，2012.

6. 彭华. 中国传统思维的三个特征：整体思维、辩证思维、直觉思维[J]. 社会科学研究，2017(3).

思考题：

1. 试析中国传统文化的基本架构是什么。

2. 试析儒家和道家的人生价值取向是什么，各自有何特点。

第三章　中国传统文化的基本精神

每个民族都有其特有的一套文化体系，包括外在"形"的层面和内在"神"的层面两个部分，其中内在神的层面体现了文化的精神特质，既是相对于文化的外在具体表现层面而言，也是塑造文化特殊性的内在动力和思想基础。关于中国传统文化之基本精神是什么，学界向来见仁见智。对这一问题的讨论，首先建立在对其概念的了解和掌握的基础上，张岱年认为，所谓文化的基本精神是"文化发展过程中的精微的内在动力，也即是指导民族文化不断前进的基本思想"。李宗桂则指出："所谓中国文化的基本精神，就是中华民族特定价值系统、思维方式、社会心理以及审美情趣等方面内在特质的基本风貌。"

学界对文化基本精神的理解在具体内容上有所差异，但是对于概念的基本观点是一致的，认为中国传统文化的基本精神就是推动中国文化前进发展方向的文化精神，是影响和塑造着中华民族的精神气质、生活性格的基本力量。可以说，中国传统文化的精神方向集中地表现为中华民族的文化精神，即民族精神。

第一节　以人为本的人文精神

人文主义或人文精神，是一种以人为本，重视人的价值，关注人的尊严等方面的价值理念。中国传统文化中不乏人文精神，这也是中国文化的一大特点，也是中国文化精神的主要内容，对于塑造中国文化类型及其特征有着重要的影响。理解中国文化的基本精神，其以人为本的人文精神就具有一定的代表性。

一、何谓人本主义

人本主义或人文主义作为一种思想哲学，在不同的文化传统中有多样的思想内涵。西方语境中的人本主义或人文主义，是指西方文艺复兴时期所惯用的一个概念，是当时西方新型资产阶级反封建反教会斗争使用的一种思想武器，它的本义是相对于宗教而言，否定神的地位和价值，肯定人的价值，尊重人格独立，尊重人权，把人从神权中解脱出来。依据西方语境中人文主义思想内涵为参照系，有人认为中国文化缺乏人主义，这种观点有失偏颇，缺乏对中国文化中所蕴含的人文主义传统的深刻把握。尤西林在《人文科学导论》一书中就指出，依据西方文艺复兴解放自然人欲方向的人文主义来理解中国古代的人文内涵是不合时宜的。

实际上，中国文化中不仅包含着浓厚的人本主义、人文主义传统，而且这种重视人文主义的传统发生的历史较为久远，深刻地影响着中国人的价值观念和行为方式。这就需要我们回归到中国古代典籍，从中寻找和理解中国传统以人为本的人文精神的历史渊源及其特质。中国文化中的人本主义与西方的人本主义相比，因其所形成的自然和人文土壤有其特殊性，因此体现了人文主义在中国文化传统中的独特性。总体而言，中国文化中的人本主义，就是以人为考虑一切问题的出发点，其关注现世人生，在人神之间以人为中心，在天地之间以人为贵。

二、中国文化中以人为本的精神理念

中国传统文化关注的一个哲学命题就是天人关系，这也是中国传统哲学思想的一大特点。在关于天人关系的讨论中，中国传统哲学强调天人合一思想，也就是人与自然的统一性，一方面人事实为"天"的意志的体现，另一方面人事也能感动天意。人的活动需顺从自然的普遍规律，但人亦有认识自然规律的主观能动性，因此，中国古代的天人关系，虽重视天意，但也看重人的主体性，其中较为突出以人为本的人文精神。张岱年、方克立等主编的《中国文化概论》一书中指出："一方面，用'人事'去附会'天命'，把人的行为归依于'天道'的流行，以获得一个外在的理论架构。另一方面，人又往往把主体的伦常和情感灌注于'天道'，并将其人格化，使其成为主体意识的对象化和外在体现。"在天人之间，始终是以人为主导，中国古代哲学都带有鲜明的人生哲学色彩，这蕴含在中国古代思想家的理论学说中。

中国古代的儒家就是人本主义立场的坚持者，儒家是反对以神为本的，他们将学术的关注点投向现实生活，不热衷于讨论彼岸世界的超验神秘话题。孔子是相信天命的，但不关注鬼神等方面的话题，对于怪力乱神是敬而远之的。这也是中国古代儒家思想在形而上层面的理论缺失，儒家向来不讨论本体论和发生学等哲学命题，只有在宋明理学时期儒释道三教合一后才得以弥补。孔子的目光始终关注现实生活，关注着人与人如何处理好关系，以及现实社会如何维持和谐的秩序。

孔子思想的核心是"仁"，所谓"仁"就是一种人如何去爱人的思想。这是一种人际关系学，为了实现对他人的仁爱，就必须放弃自己的利益去成全别人，如何才能做到限制个人的私欲，以达到对他人的仁爱？这就需要借助"礼"这样一种道德资源，孔子倡导用"礼"来规范人们的行为，"礼"的基本内涵就是调整人际关系的礼义、礼节、制度规范。同时孔子主张在待人时要有礼有节，讲求分寸，不能过分，表现爱人之心要充分尊重他人的人格与尊严，"三军可得帅，匹夫不可夺志也"。孟子继承了孔子的儒学思想，在对于如何做一个有理想人格的人时，他倡导"富贵不能淫，贫贱不能移，威武不能屈"，明确主张个体的人格独立，尊重个体的人格与尊严。由此可见，中国古代儒家思想中就有浓厚的以人为本的精神传统。

道家思想中也透射着对人的价值与尊严的人文关怀。道家与儒家是两种不同的学说，儒家有为，道家无为。与儒家积极认识和再造自然、使自然人文化相对，道家反对肆意妄为、违背自然本性的做法，倡导自然而然、顺应自然、无为而治，认为君王不能过多地"有为"，这就是圣人之治的模式，也就是顺乎自然。"无为而治"反对采取强制手段，戕害生命，强人所难，保障个体生命，以达到社会治理的目的，这里面也包含着一定的人文主义精神理念。道家对个人的价值是充分肯定的。庄子曾给出人们获得幸福的方法，就是充分而自由地发展人们的本性，追求一种精神自由的逍遥无为生活，反对过多地干预人们的生活，也是人本主义精神理念的重要体现。

墨家也提倡如何去爱人的思想，不过墨家的特点在于提倡兼爱，这种兼爱思想中就有浓厚的人文主义色彩。所谓兼爱就是每个人都应该同等地、无差别地爱一切人，这是一种典型的泛爱思想，是墨家对处于战乱中饱受战乱之苦的人们的一种人文关怀。这种兼爱思想的基础就是以人为本的人文精神，出于对人的生命尊严与价值的关怀，墨子提出了兼爱的思想，旨在实现一种互利互爱、相互关怀的理想目标。

法家的人本主义思想首先体现在"民"与"法"的关系上。法家提倡以道正己、圣人治国的政治理念，要制民之产、强国富民。同时法家鼓励人们大胆去追求功名利禄，在建功立业中实现个人的人生价值。法家的这种人生价值的实现，是面向社会上一切的人。这种对人生价值的肯定，倡导在建功立业中彰显人生价值，是法家以人为本的人文精神的体现。

三、以人为本的人文精神对中国传统文化的影响

人文主义在中国文化发展过程中产生了重要的影响，对于塑造中国文化的精神特质及独特类型都起到了重要的作用，这种影响具体体现在以下三个方面。

　　首先，中国传统文化重视道德，并把道德实践提升到一定的位置，尤其是确立了道德自我主体的自觉意识。中国古代以道德教育代替宗教信仰，以道德自觉抵制宗教的影响，大大丰富了中国文化的人文精神。尤其重视倡导个体的道德修养，如儒家的"内圣外王"思想就是典型，就是通过个体的道德修炼，提升个人的精神品质，具备圣人的内在本性，最终走向社会，建功立业，实现自己的人生价值，这是古代中国人的一种集体意识。

　　其次，能够抑制无限的追求欲望的物欲主义与拜金主义。中国古代人文精神倡导注重的"人"和西方思想中关注的"人"有明显的区别，其看重社会中"人"的存在价值，也就是说个体在社会中的责任，即中国古代的人文精神不能脱离整体中的人；西方追求独立个体的发展，崇尚个性解放、个体价值的实现，这也带来了拜金主义和物欲主义的盛行。中国传统文化重视个体的价值与尊严，不鼓励人的价值的实现是以金钱和物质作为标准来衡量，应体现在个体通过承担社会责任，创造社会价值，服务大众，贡献社会。

　　最后，人本主义价值理念抵消了宗教对社会的影响，使中国始终没有形成像西方那样强大的宗教势力，因此中国历史上从未出现政教合一的统治局面。同时中国古代儒家文化提倡"入世"哲学，倡导中国人注重现世人生，追求在此岸世界个体或群体价值的实现，一定程度上抑制了宗教对人和社会的影响，这与中世纪的西方社会是截然相反的。

第二节　以民为本的民本主义精神

　　中国传统文化中蕴含着深厚的民本主义思想，民本主义思想是中国优秀传统文化的思想精华，其产生于夏商周时期，发展于春秋战国时期，定型于汉代，此后历朝其思想内涵不断演变，内容逐渐丰富，但民本主义思想的主旨始终保留不变。民本主义思想的产生与发展，深刻影响了几千年来的中国文化以及中国社会的价值观，在中国历史上，重民思想长盛不衰，这是中国文化中民本思想的集中体现。

一、何谓民本主义

民本主义是古代中国特有的文化土壤中孕育出的政治理念。所谓"民"就是人民群众，或者指社会劳动者，是针对一个整体称谓的概念，是一个国家的基本组成单位。"本"则指事物的本源、主体等含义。将两个字连起来理解，以民为本的政治理念，是针对社会中的统治者而提出的，也就是说，民本思想反映的是一种统治者对人民的态度和认知，即统治者在实施统治时如何对待人民群众，是厚民的态度还是轻民的态度。中国古代的民本主义思想主张以民为本，带有"宽仁厚民"的浓厚色彩。这一思想源远流长，影响深远。中国古代的民本主义思想大致归结为"民贵君轻""民为邦本""为政养民"等三种内涵。

中国古代的民本主义思想是一种传统的政治理念，孕生于中国农耕文明的土壤，具有鲜明的中国本土特色。民本思想与近代以来产生于西方的民主观念存在差异，西方的民主观念产生于近代西方资产阶级革命实践中，是西方资产阶级唤醒民众革命热情推翻封建专制的思想武器，其主体是人民，而古代中国民本主义的主体是统治者，人民则为客体。

二、孕育民本主义思想的社会土壤

民本主义产生于中国古代并不是无根之木，是有一定的社会历史渊源的，可以说，缺失了中国古代特有的社会文化土壤，民本主义思想是难以产生的。正是中国古代的农耕经济等经济土壤，尤其是古代农耕经济的生产方式决定了社会中的重农意识，为古代中国民本思想的产生提供了先天的文化土壤。

古代华夏族发源于黄河流域，他们所生活的中原地区，土地广阔，土壤肥沃，有黄河水的灌溉，适宜农业发展，从而孕育了中国古代农耕文明。古代中国人以务农为本业，长久以来积累的丰富的农业生产经验，为他们提供了稳定的生活。其居有定所，食物充足，知足常乐，因此塑造了中国人重农的思想观念，同样也产生了重视从事农业生产的劳动者的思想，这符合古代封建统治者维护自身统治的需要。

在"民以食为天"的中国，土地是财富，对土地的利用和分配，始终是老百姓最关心的话题。古代中国人的生活诉求很简单，有土地可耕，有房屋可居，再就是能有个稳定的环境进行生产生活。正因为如此，中国古代的封建统治者为了稳固自己的统治，都会采取一些以民为本的政策，安抚人民，鼓励农耕，奖励生产，以维持社会稳定。

同时，民本主义思想也是古代统治者维护自身统治的需要。朝代的更替，社会的动乱，给统治者提供了足够的经验教训，得民心者得天下，失民心者失天下，得民心就需实施德政，宽厚待民，招揽人心，就要以民为本，以民为重，相反则会失掉民心，招致人民的反抗。商纣王因横征暴敛，最终使人民揭竿而起，推翻了商纣的统治，周王朝总结殷商灭亡的教训，将"皇天无亲，唯德是辅"作为准则以警示后继统治者，"德"作为一个新的政治概念被提了出来。"德"的范畴涵盖"敬天"和"保民"思想，是中国传统民本思想的一个重要概念。一个国君要获取政治威望，赢得民心，必须具备"德"与"礼"。其中"德"是指国君要轻徭薄赋，予民休养生息，做到"爱民""保民"，这是民本主义思想得以产生的现实需要。

三、中国古代民本主义思想

中国传统文化最早对民本的表述出现在《尚书》一书中，《尚书·夏书》中说道："民惟邦本，本固邦宁。"唐人孔颖达作疏解时说："民惟邦国之本，本固则邦宁，言在上不可使人怨也。"可以看出，这里表达的是一种重农思想，将民视为国本，认为只有本固，国家才能安宁。这句话针对的对象是统治者，意指作为统治者要想国家安定、统治稳固，就要重农固本。西周王朝建立后，周公旦鉴于商纣灭亡的教训，提出了"敬德保民"的主张。所谓"敬德保民"就是告诫统治者要实行德政，宽厚待民的德政的本质就是以民本主义思想为内核。

春秋时期出现了中国历史上百家争鸣的局面，各家各派围绕着如何治国和管理人民，尤其是围绕着统治者如何对待人民的态度，不断阐发各自的见解，其中道家和儒家等学派对民本主义思想的发展起到了重要的作用。道家在价值观上是自然主义，但是道家也关注社会，关注民生，尤其对如何维持社会和谐稳定提出了道家的方案，其遵循自然之道，秉持无为而治的理念。道家无为而治的思想包含着浓厚的民本思想，体现了道家的社会治理理念，也给统治者提供了一套如何对待老百姓的政治理念。"我无为而民自化，我好静而民自正，我无事而民自富，我无欲而民自朴。"这里的无为而治思想警告统治者不要干预民生，这才是治国之道。老子对人民是关心和同情的，对此他质问统治者："民之饥，以其上食税之多，是以饥。民之难治，以其上之有为，是以难治。民之轻死，以其上求生之厚。""民不畏死，奈何以死惧之？"老子是站在人民的角度，告诫统治者不要对人民施以暴政，反之，必然会遭到人民的反抗。

儒家学说是一种入世思想，这种学说关注现实，思考现实问题，尤其是关注如何构建和谐社会秩序的问题。儒家在思考这一问题时，其学说中也蕴含着一定的民本思想。儒家创始人孔子提出的"仁者爱人"思想，奠定了儒家学说中民本主义精神的理论基调。从以血缘为纽带的亲人间的爱，逐渐扩展至社会层面，形成了孔子所谓的"仁政"思想，对于统治者而言，实行"仁政"就是一种让统治者重民的体现，就是要求他们在治理国家时，要有宽容厚民的观念，多对人民实行仁政。

孔子的民本思想最终落实在了统治者的施仁政，由此孔子反对苛政，他认识到苛政之危害，以及给老百姓造成的痛苦。孔子关注民生，体恤民情，控诉苛政，在他看来，"苛政猛于虎也"。孔子理想的社会是一个施仁政的社会，统治者的态度是敬民、爱民、保民。

儒家代表人物孟子继承了孔子的儒家思想，并将其民本主义思想发扬光大，形成了系统的民本主义理论体系。孟子总结了历史经验，看到了民心的重要性，认为得民心者得天下。他在《孟子·离娄上》中说："桀纣之失天下者，失其民也；失其民者，失其心也。得天下有道；得其民，斯得天下矣。"《孟子·尽心下》中他最早提出了"民为贵、社稷次之、君为轻"的观点，强调统治者要"与民同乐"。如何做到重民？这是孟子给统治者提出的一个命题。孟子的贵民思想没有停留在理论层面，而是让统治者要体现在实践中，由此他主张制民之产，让人民有土地，有田产，如此才能生活安定，统治者才能得民心。在孟子看来，一个有品德的统治者应当让人民获取土地，拥有自己的财产。

战国时期儒家代表人物荀子也继承了孔子的民本主义思想，他从历史经验的对比中看到了贵民思想的重要性。他使用了形象的比喻，将统治者比喻为舟，将人民比喻为水，二者间的关系就是舟与水的关系。《荀子·王制》中讲道："君者舟也，庶人者水也。水则载舟，水则覆舟。"统治者维护其统治，必须要依靠民众的支持。民为邦本，固本则要赢得民心。荀子对于君与民关系的论述深深影响后世，他的这一形象比喻，也被后世的贤明君主奉为施政警言。

在中国历史上，民本思想能否被实践，直接关系着统治者能否争得民心，社会能否长久安定。因此，民本思想也被历代统治者所奉行，并予以实践，尤其是那些历史上的开明贤君，都会推崇民本思想，在他们的统治时期都会采取休养生息的政策，减轻农民的负担，恢复农业生产。西汉初年，统治者为恢复国力，采取休养生息的政策，轻徭薄赋，减轻农民的负担，最终出现"文景之治"的盛世。唐朝建立以后，唐初的统治者也都采取休养生息的政策，唐太宗对君民关系有着更为深刻的认识，他不忘前朝覆亡的历史教训，看到重农和贵民的重要性。他将人民比作水，将君主比作舟楫，并将"水可载舟，亦可覆舟"作为其施政的警句。他在贞观二年就曾对大臣说："凡事皆须务本，国以人为本，人以衣食为本，凡营衣食，以不失时为本。"正是唐太宗对民本思想的高度重视，在实践中关心农民疾苦，轻徭薄赋，减轻农民负担，缓和了当时社会中的阶级矛盾，有利于促进社会经济发展，促动了盛唐繁荣局面的出现。

民本思想在以后的历史中不断被重新阐释，也被赋予了一些新的思想内涵。北宋政治家范仲淹生于忧患死于安乐的呼声，就是民本思想被赋予新内涵的体现。他在散文名篇《岳阳楼记》中写道："先天下之忧而忧，后天下之乐而乐。"作为一个传统的儒家知识分子，身居庙堂之高，却不忘民间疾苦，处江湖之远，却心忧国家，这种忧国忧民的忧患意识，是儒家知识分子所具有的家国情怀和责任担当的体现。范仲淹将忧民与忧国并举，忧民实为忧国，只有关心人民疾苦，国家才能安定，这也体现了范仲淹民本思想的特色。

明清时期，民本思想的内涵开始有了新的发展，尤其是黄宗羲、顾炎武、王夫之等一批具有进步思想的知识分子的出现。他们在坚持传统民本思想的同时，也对此进行了有力的反思与批判。这些思想家极力批判封建专制思想，对君主专制给予猛烈抨击，这也决定了他们的民本思想与以往学者的不同。如王夫之提倡"君以民为基，无民而君不立"的观点，以此来警示统治者要以民为本，希望以此来抑制君主专权；清代史学家黄宗羲更是提出"古者以天下为主，君为客"，这种主客二分的观念，使民本思想的内涵有了实质性的发展，这种观点极大地发展了古代民本主义思想。

四、民本主义思想的历史影响

民本主义思想产生于中国古代社会土壤中，在中国历史上产生了重要的影响。在几千年的封建专制社会中，君权神授，皇权至上，社会等级森严，在这样一个社会中，民本主义思想具有一定的社会进步意义。中国古代民本主义思想要求统治者有重民和贵民意识，承认"民为邦本"，认识到人民对其统治的重要性。民本思想就是要统治者明确自己的角色，端正自己的态度，与民为乐，赢得民心，这是社会长治久安的基础。在中国历史上民本主义思想产生了一定的积极影响，当然也有其历史的局限性，它的提出本质上是为了巩固封建专制统治。

近代以来，在中国共产党领导的新民主主义革命实践中，中国共产党创造和发展起来了一切为了群众，一切依靠群众，以人民群众的利益为根本，从群众中来到群众中去的群众路线。历史的经验证明，什么时候党的群众路线执行得好，党群关系密切，我们的事业就顺利发展，反之亦然。中国共产党领导的人民解放战争之所以胜利的法宝之一，就在于忠实地实践了民本思想，以民为本，争取民心，顺应民意，深得人民的拥护和支持，最终推翻了国民党的反动统治。

第三节　自强不息、刚健有为的进取精神

中国文化的基本精神中就有自强不息、积极进取的内容，这种精神深深扎根于中国土壤，影响深远，积淀而形成中国人的一种群体性格和精神品质，成为中华文明连绵不断、生生不息的精神动力，使中国人在千年历史进程中，面对重重挫折和困难，始终保持一种积极进取的人生态度，是中华民族屹立于世界之林的精神支柱。

一、中国古代关于自强不息、刚健有为思想的论述

关于自强不息、刚健有为思想的论述，是中国古代思想家普遍关注的话题。早在先秦古典文献中就已有自强不息、刚健有为的文字论述，在中国传统文化中，自强不息、刚健有为思想表达的是一种积极有为的人生态度，是一个人如何处世的人生态度。

《周易·乾卦·象》中载："天行健，君子以自强不息。"这句卦辞指出自然运行之道就是刚健有为，作为人就应效法自然运行之道，具有不畏艰险、奋发有为、积极进取的精神品质，这是一个具有君子人格的人必须具备的精神品质。《周易》中亦有对刚健思想的集中论述，并对刚健精神予以赞扬。《周易·象传》中说"刚健而文明"，"刚健笃实辉光"。《周易》中将刚健品质与社会文明联系起来，足见刚健精神在现实中发挥的正能量。

先秦时期的儒家极力倡导自强不息的精神品质，道家思想中也有关于自强不息的论述，但最具代表性的还是儒家。儒家创始人孔子崇尚的君子人格，须具有自强自立的品格，一个君子应有远大志向，应为自己的理想敢于追求，不懈奋斗，不应好吃懒做，不思进取。《论语·述而》中说道："女奚不曰，其为人也，发愤忘食，乐以忘忧，不知老之将至云尔。"在孔子看来，人生短暂，时不我待，应抓紧时间，努力拼搏，不懈奋斗，最终实现自己的理想，这是一种积极进取的人生态度。孔子也特别重视刚健有为的品质，他的一生正好诠释了这一精神品质。孔子一生都在追求自己的政治理想，曾经周游列国，他的政治理念屡次不受重用，但他不气馁，知其不可为而为之，永不放弃信念，在困境中理想坚定，积极拼搏，展现了一种积极有为的人生态度。战国时期儒家的代表人物荀子也倡导自强有为，《荀子·修身》中讲道："以修身自强，则名配尧禹。"在荀子眼里自强是上古圣贤们必须具备的一种品质，作为后人应效仿并发扬光大。

中国历史上众多的典故都展现出中国人自强不息、刚健有为的进取精神。这种精神品质被一代代中国人所践行，展现出中国人特有的精神风貌。尤其是中国古代的儒家知识分子，更是将这种品质充分展现出来。古代儒家讲求"内圣外王"之道，即"修身，齐家，治国，平天下"，是对知识分子最高的要求和期望，所谓修身就是要修炼出一种敢于追求、不懈奋斗的精神品质，这在中国历史上对知识分子产生了深远的影响。

在中国历史上，面对困难不屈不挠、极有韧性是中国人自强不息、刚健有为观念的又一体现。孔子的"不怨天，不尤人"是积极乐观面对困难的生活态度。孔子一生，不断遭遇挫折和困境，每当遭遇困难和挫折，即使狼狈不堪，也始终不放弃信念，恪守初心，不畏艰难，锲而不舍，知其不可为而为之。儒家代表人物孟子更是如此，他曾在《孟子·告子下》中讲道："故天将降大任于斯人也，必先苦其心志，劳其肌骨，饿其体肤，空乏其身，行拂乱其所为，所以动心忍性，增益其所不能。人恒过，然后能改；困于心，衡于虑，而后作；征于色，发于声，而后喻。"在孟子看来，所谓的劳其肌骨、饿其体肤、空乏其身等遭遇和困难，只是一个人承担大任前必须经受的锻炼，要用平常心对待，只有经受住此番考验，一个人才能具备成长的基本品质，最终才能有所为。战国时期儒家的代表人物荀子在《荀子·劝学》中说："锲而舍之，朽木不折；锲而不舍，金石可镂。"锲而不舍与锲而舍之是两种对待人生和事业的不同态度，一个人要想取得最终的成功，就需具有锲而不舍坚持不懈的坚韧品质，否则将一事无成。司马迁是西汉著名的史家，曾为汉将李陵辩护，得罪了汉武帝，被施以宫刑，遭受了肉体与精神上的双重痛苦，但他用坚韧的品质战胜了一切轻生的念头，同时发愤图强，著书立说，完成了"史家之绝唱"的《史记》。

自强不息、刚健有为的观念也是儒家仁人志士君子人格的最高道德准则的体现。孔子理想中的君子，除了有仁爱的品质，更应有一种儒家知识分子应有的志气和品质。《论语·子罕》中讲"三军可夺帅也，匹夫不可夺志也"，这是儒家刚毅的生动写照。孔子的弟子曾参曾言："士不可以不弘毅，任重而道远，仁以为己任，不亦重乎？死而后已，不亦远乎？"在孔子眼里，儒家的知识分子要有弘毅的使命，更要有不屈不挠的品质。《孟子·滕文公下》有言："富贵不能淫，贫贱不能移，威武不能屈。此之谓大丈夫。"孟子所谓的大丈夫，就是指一种拥有刚毅坚韧品质的人。儒家所倡导的仁人志士，将刚毅品质诠释到了最高境界，认为儒家知识分子应具有一种气节，为了追求仁义，可以牺牲自我，即孔子所讲的杀身成仁、孟子所讲的舍生取义。这种观念深深影响了中国人，以至于在几千年的中国历史上，涌现出了一大批仁人志士。

二、自强不息、刚健有为思想的特点

（一）是一种积极有为的人生观

人生观是人们在实践的基础上形成的对人生价值、意义的根本看法，深刻影响着人们立身处世的态度。中国哲学中就显示出中国人独特的人生观，中国传统文化强调人生哲学，重视人的现世和生命，尤为关注社会性的人，突出个人对家庭、国家的责任。

古代中国人重视现实生活，关注个体的人在今世的价值实现，并积极追求人生价值的实现，这是中国人的一种积极有为的人生观，影响并形成了中国人的一种集体性格。这一人生观和价值观的形成，无不与中国古代自强不息、刚健有为的传统观念直接相关。从《周易》开始，至春秋战国时期，诸子学说中都对其进行了集中的阐释，尤其是儒家学说的论述，对于构建中国传统哲学思想的品质起到了关键的作用，也塑造了中国传统哲学思想的主要特征。毋庸置疑，中国传统哲学是一种入世的哲学，也是一种人生哲学，它关注现实，思考当下，关怀个人在承担社会责任时人生价值的实现，儒家将其概括为"内圣

外王"的人格，其中"内圣"要求人们拥有很高的自身修养和精神品格，"外王"则更多体现在其对社会的责任和功用，"内圣"是"外王"的基础，"外王"则是"内圣"结出的果实。

刚健有为、自强不息的精神，是积极的人生态度的最集中概括，对中国人人生观的塑造起到了关键的作用，不仅使知识分子，更使得一般民众形成了一套正确的人生观，积极对待生活、追求生活的美好，即使遭遇挫折和重大灾难，也要迎难而上。这也是中华民族屡遭磨难，却屹立不倒、奋斗不息的原因。

（二）是一种坚持独立人格的思想

坚持独立的人格是自强不息思想的重要表现。独立的人格指的是个体意识、人格，是个人行事准则、意愿的实现，它外在于社会中的权威力量，不为政治、经济等社会利益所左右，或为之所操控并与之保持距离，强调个体的自主性和独立思考的能力。古往今来，中国知识分子中不乏追求独立人格和自由精神的人。拥有独立人格的知识分子，具有持节尚志、不惧权贵、不为外物诱惑、穷当益坚的品质。

中国古代很多哲人、先贤都具有显著的独立人格，这也是他们拥有人格魅力的体现。孔子作为儒家的先师，他眼中的君子，可以为了实现自己的政治理想，不惜牺牲自己的性命。孔子说："志士仁人，无求生以害仁，有杀生以成仁。"他在自己的政治理想得不到国君认可时，不改初心，始终坚持自己的理想，这种自强不息的人生准则赢得了人们的敬重，他一生坚持人格独立、保持初心的高尚人格成为后世知识分子效仿的楷模。之后的孟子明确自己"舍生取义"的人生追求，并提出了"富贵不能淫，贫贱不能移，威武不能屈"的行事准则，这是孟子不为物质利益和暴力、诱惑所动摇，具有顶天立地的"大丈夫"品格的真实写照。此后的中国古代知识分子深受这种传统的独立人格思想的熏陶，有的人为了追求精神的自由和人格的独立，甚至隐而不仕，回归山林，远离世俗。魏晋时期的竹林七贤所展现的魏晋风度，则为一种知识分子追求精神独立、自由人格的体现，他们放纵不羁，率性所为，不为世俗所染，不为名利所动，拒绝与当权者合作，表现出了一种威武不屈、淡泊名利的人格品质。南北朝时期的诗人陶渊明身居官场，却"不为五斗米折腰"，辞官归隐，他躬耕田园，纵情山水，超脱世俗束缚，甘于清贫，追求人格的独立。

三、自强不息、刚健有为思想的历史影响

中国古人特别推崇自强不息、刚健有为的进取精神，并将其作为一种激励人们积极进取的精神动力，形成了古代中国人的一种集体性格、一种积极有为的处世态度，塑造了古代中国人的精神风格，也构成了古代中国人性格的一个显著特征。

在对个体的影响上，这一观念深深根植于中国人的心灵深处，是一种激励人前行的社会价值观，是一种人生奋斗的座右铭。它鼓励人们要树立远大的人生理想，要为人生理想目标而奋斗终生，在遭遇困境时不自暴自弃，不怨天尤人，要锲而不舍，敢于拼搏，积极有为。

在对中华民族整体的影响上，自强不息、刚健有为的观念激励一代又一代的中国人为追求理想信念，积极进取不懈奋斗，使得中华民族在遭遇一次次的困境时，能迎难而上，不屈不挠，勇于拼搏，努力前行，最终迎来胜利的曙光。尤其是近代以来，中国遭受西方帝国主义的入侵，一部中国近代史就是一部中国逐步沦为半殖民地半封建社会的历史，也是一部中华民族的屈辱史，更是一部中国人不懈奋斗、实现中华民族复兴的历史。面对国破家亡的生存危机，当时的有识之士自觉承担起了保家卫国、实现民族独立与解放的历史使命，他们传承了自强不息、刚健有为奋斗精神和爱国主义情怀，使中国人民在面对外来入侵时，总能激发强烈的爱国热情，开展不屈不挠的反侵略斗争，他们前赴后继，抛头颅洒热血，舍生取义，杀身成仁，捍卫中华民族独立自主的民族尊严。

1921 年中国共产党成立，就自觉承担起了追求民族独立解放的时代使命，一批批共产党人投身于革命实践，舍小家为大家，舍身忘我，视死如归，为新民主主义革命的胜利作出了巨大的贡献。最终在中国共产党坚强有力的领导下，中国人民经过艰苦卓绝的奋斗，最终推翻了中国人民头上的三座大山，实现了中华民族的独立和解放。

第四节　厚德载物、兼容并蓄的包容精神

中华文化在几千年的发展中，中国古人始终秉承兼容并蓄的包容理念，在与外来文化的交往交流中，始终以宽阔的胸怀和独有的文化自信，海纳百川有容乃大，吸纳外来文化并融合更新，为中华文化的形成提供了丰厚的滋养。这种兼容并蓄的包容理念实为中华文化的一个基本精神，这一基本精神的形成源远流长，是与先秦时期古人所提出的厚德载物的观念分不开的。

一、古代厚德载物观念的内涵

关于厚德载物观念的论述，最早见于先秦典籍《周易》之中。《周易·坤卦·象传》曰："地势坤，君子以厚德载物。"所谓的"坤"字，在《周易》中是一个卦辞，"坤"字的反义词为"健"字，其意为柔顺。《周易》中的说法是天的本性在于刚健，大地的本性则在于柔顺，"地"滋生万物，包容一切，可以弥补"天"刚健性格的不足。《易传·坤文言》赞美坤的品格："坤至柔而动也刚，至静而德方。"《易传·象转》说"保合太和。乃利贞"。可见乾与坤、刚与柔的关系既是对立的，又是统一的，体现了中国古人的辩证法思维。

《周易》中关于厚德载物的解释，其意义就是天地万物靠大地生长，大地承载万物、包容万物，大地是万物的承载者。所以君子应该效法大地厚德载物的美德，以宽厚的道德胸怀包容万物，对待事物有兼容

并蓄的胸怀。作为君子，就是要以良好的道德修养宽容吸纳别人不同的意见，要有尊重差异的基本品格。1914年冬，梁启超在清华大学演讲，以《周易》两卦辞为中心内容激励清华学子发愤图强，并作了如下的诠释："坤象言君子接物，度量宽厚犹大地之博，无所不载。"此后清华大学的校训以《周易》乾坤二卦为来源，浓缩为"自强不息，厚德载物"八个字，集中展现着中国文化的基本精神。

厚德载物观念的提出是中国古人智慧的结晶，体现了中国古人以自然为师从中提炼生存经验，并指导社会实践的方式。这种观念的形成，具有较强的理论阐释价值和现实指导价值，经过古代先哲的文化提炼，形成了一套完整的理论价值体系，深深根植于中华文化的土壤，对中国人的价值观产生了深远的影响，以至于中国古代文化交流和外交等方面，厚德载物观念衍生出的兼容并蓄的思想得到了鲜活展演。时至今日，兼容并蓄的思想依然熠熠生辉，其文化价值不容忽视。

世界是丰富多彩的，这些多元的色彩就是要得到尊重，所谓存在即有其价值，因此，"和而不同"显得极为重要。要学会尊重差异，欣赏差异，包容多样，这不仅是一种历练，更是一种境界，这一切都体现在厚德载物的思想中。几个世纪以来，厚德载物思想深深融进了中国人的生活世界，使得中华文化异彩纷呈。

二、兼容并蓄思想对中国文化形成的影响

中国文化是世界文明中的一个组成部分，这一文化类型的形成，是在兼容并蓄的文化包容理念下，中国文化充分吸纳了多种文明的滋养。这也充分体现了中国文化在历史上的开放性，尤其是对于外来文化的态度，始终坚持兼容并包、有容乃大，创造了中华璀璨的文明。习近平总书记指出："文明因交流而多彩，文明因互鉴而丰富。"五千年的中华文明史上，王朝更迭、世事沧桑，中华文化传承延续、文脉不断，兼容并蓄、海纳百川的中华文化基本精神始终伴随着中国文

而传承不衰。

在战国时期，赵武灵王提倡胡服骑射，他观察到北方游牧民族服饰上穿短衣，便于骑马射箭，于是指出"势与俗化，而礼与变俱，圣人之道也"。他积极主张向北方游牧民族学习，这种顺应时代的选择，展现出中华文化兼容并蓄、善于借鉴他者文化的兼容思想观念。多年以后，中国汉朝国力强盛，汉武帝时期派遣张骞作为汉王朝的使臣主动出使西域，打通了汉朝与西域的道路，开启了有历史影响力的"丝绸之路"，具有划时代的意义。在张骞通西域的影响下，外来文化也通过"丝绸之路"传入，佛教在汉代传入中国，与中华传统思想文化相互碰撞，相互借鉴吸收、相互融合，成为中华多元文化的一部分。中华文化的一大特点就是在中外文化碰撞的过程中汲取外来文化的营养，从不排斥而且将其作为中华文化形成的精神养分，使自身文化得以融合更新。

在中国历史上曾经出现过多次盛世，其中汉唐时期出现的盛世之象，被后世称为"汉唐雄风"。汉唐时期，国力强盛，政治开明，经济繁荣。在文化上，汉唐均是开放和包容的时代，对待外来的民族及其文化，一律表现出宽容和礼遇，显示出了汉唐时代的大国气度。唐朝时期最具典型性，唐代文化气象恢宏，兼容并包，唐朝在政治、经济、文化等方面均出现空前的辉煌气象，其开放和包容，对于中国文化的形成产生了一定的影响。唐人以博大的胸怀接纳外来文化，对于外来文化，唐人从不排斥。各种外来宗教传入中国并在中华大地上生根发芽。中国文化具有广博的胸襟和海纳百川的气概，各种文化在中华大地上交相辉映、兼容并蓄、融合更新。

唐朝时期西域文化广泛传入中原，长安作为当时的一个国际大都会，由西域等地传来了曲项琵琶、竖头箜篌、羯鼓等。舞曲有《剑器舞》《胡旋舞》《胡腾舞》。唐朝在处理少数民族和对待外来文明时体现出高度的包容和开放，致使周边邦国和少数民族对中原王朝十分尊敬，唐太宗被周边邦国和少数民族尊奉为"天可汗"。在对待东突厥汗国的政策上,唐统治者采取"全其部落,顺其土俗"之策。少数民族首领例由唐廷册封的制度,与吐蕃等少数民族政权采取和亲的政策等,增进了各民族间文化的交流与融合。

三、对中国人处理社会关系的影响

中国古人重视人际关系,在处理人际关系时,通过制定一定的价值规范,对人际关系予以调节,保持彼此和谐。中国古代的兼容并蓄观念,对中国人协调人际关系产生了深刻的影响,并积淀形成中国人对待社会关系的基本价值观和个体为人处世的基本价值准则。

《周易》中厚德载物的观念铸造了中华民族的民族性格。中国自古以来非常重视并强调"和"的价值,以"和"为人道追求的最高目标。儒家学说是入世哲学,其最为关注社会现实,观照个体在社会中如何去做人,如何做一个合格的人,儒家所倡导的君子,在处理人际关系时,要做到中庸之道,和为贵,求同存异,和而不同。孔子说:"君子和而不同,小人同而不和。"在孔子看来,一个具有君子人格的人在与他人相处时,以"同"和"和"为价值准则,听取各种不同的声音,独立思考并加以判断,而小人则相反。故此君子主和,小人则相反。孔子所谓君子的"和而不同"观念,其实就是对古代厚德载物的兼容并蓄观念的践行。

"和而不同"的思想经历儒家的加工和改造,最终进入了人类社会,成为协调人际关系、协调事物发展的价值准则。把这种协调个体间的价值准则放大至整个社会,尤其是对于如何协调民族与民族、国家与国家的关系,"和而不同"的思想依然有着一定的适用性,并成为今天世界各国普遍认可的外交准则。中华人民共和国成立后,在与世界各国的外交实践中,为了处理好对外关系,周恩来总理提出了求同存异的外交理念,在处理国与国之间的关系上,努力求同双方的共同点，存异就是正视并允许双方有一定的个性存在。1954 年 4 月，周恩来总理率领中国代表团参加在印度尼西亚万隆举行的亚非会议，在这次会议上，周恩来总理创造性地提出了以"和平共处"为核心的"五项原则"，被世界上绝大多数国家所接受，成为规范国际关系的价值准则。

四、对中国教育理念的影响

兼容并蓄的观念深深渗透到中国人的精神中，作为一种价值准则，体现在中国人的生活习惯、思维方式和价值观念等层面，是个体与个体、民族与民族、国家与国家交往交流互动的价值规范。在中国古代的教育理念中，包含着大量兼容并蓄的思想。孔子在教育中主张有教无类，把所有人都看成平等的教育对象，都是有资格接受教育并能成才的，有教无类的教育理念体现了孔子在教育理念上的兼容思想。孔子主张因材施教，对于不同的学生，要采取不同的教育方式，以达到教育的最佳效果。这种将不同性格和水平的学生聚于一室，有针对性地予以教育的理念，体现了孔子在教育思想方面的包容性。

近代以来，受西方现代学校教育的影响，中国现代高等教育逐渐兴起，这些现代意义上的大学的出现，以及如何办好现代大学，给当时的办学者提出了时代任务。现代大学从西方舶来，但是在具体办学过程中，要充分尊重中国传统文化，挖掘中国传统文化资源，培育中国特色的办学理念。当时就有一些办学者，冲破重重阻力，在这方面积极探索，不断开拓，成绩斐然。

20 世纪初的北京大学堪称典范，时任北京大学校长的蔡元培在办学中为了增强北京大学的学术活力，在对中国传统文化资源的挖掘中，获取为我所用的办学智慧，尤其对中国古代厚德载物的观念重新予以发挥，形成了他的兼容并蓄的教育理念。蔡元培在办学中鼓励"思想自由""兼容并包"，并将其作为办学方针，积极予以实践。在他看来，所谓大学是"囊括大典，网罗众家"的学府，应该广集人才，容纳各种学术和思想流派，鼓励思想争鸣。他说："对于学说，仿世界各大学通例，循'思想自由'原则，取兼容并包主义。""无论何种学派，苟其言之成理，持之有故，尚不达自然淘汰之命运者，虽彼此相反，而悉听其自由发展。"在兼容并蓄办学方针的指引下，当时的北京大学一改旧貌，焕然一新，不仅人才荟萃，更使"思想自由、兼容并包"的学术理念深入人心。不同学术思想在北京大学的交流、论争、碰撞，使北京大学一时成为当时中国学术思想的中心。

参考文献：

1. 李宗桂. 中国文化概论[M]. 广州：中山大学出版社，1988.

2. 冯友兰. 中国哲学简史[M]. 北京：北京大学出版社，2013.

3. 张岱年，方克立. 中国文化概论[M]. 北京：北京师范大学出版社，2017.

4. 葛兆光. 古代中国文化讲义[M]. 上海：复旦大学出版社，2012.

5. 张凯之. 中华人文精神[M]. 西安：陕西人民出版社，2007.

6. 邓晓芒，赵林. 西方哲学史[M]. 北京：高等教育出版社，2014.

7. 梁漱溟. 中国文化要义[M]. 上海：上海人民出版社，2011.

8. 饶尚宽译注. 老子[M]. 北京：中华书局，2006.

9. 梁漱溟. 梁漱溟先生论儒佛道[M]. 桂林：广西师范大学出版社，2004.

10. 黄兴涛. 重塑华夏[M]. 北京：中国人民大学出版社，2017.

11. 楼宇烈. 中国文化的根本精神[M]. 北京：中华书局，2018.

思考题：

1. 中国传统文化中的民本主义精神有何内涵？

2. 中国传统文化中的人文精神的含义是什么？

第四章 中国传统道德修养与
人格追求

第一节 中国有重视道德修养的传统

人之所以异于禽兽者，就在于人讲求道德，对自己和他人的行为活动有一定的价值判断，这也是人作为文化动物的体现。中国传统社会历来提倡伦理道德，重视道德伦理的社会建构，将培育一个人的道德修养视为一个合格的社会人的体现，即一个人的社会化的重要内容就是习德并内化为社会道德。所谓道德，属于社会意识形态的范畴，是社会理想规范的体现，蔡元培曾说道："人之生也，不能无所为，而为其所当为者，是谓道德。"可见道德就是一种社会价值或规范，它处于文化的核心层面，依文化发生学角度视之，这种文化传统早已形成并根植于中国古代的社会土壤中。中国古代特殊的社会结构，孕育了中国传统文化的自身特点，尤其是中国人自古以来就有重视伦理道德修养的传统，上至国家，下至民间，倡导和追求内圣的道德修养是中国古代社会的一大特点。

一、何谓道德修养

中国传统文化基本类型具有伦理政治性特征，在整个文化体系中，伦理道德占有重要的地位。在社会主流价值观中，对于一个人人生价值的实现，高度强调其道德修养的重要性，可以说，以道德的自我完善为人生价值的第一取向。因此，在中国古代，一个人的道德修养不仅是追求理想人格的路径，也是一个人安身立命的社会资本，这凸显了中国传统文化的一个显著特点。

何谓道德修养？道德属于社会意识形态范畴，道德修养是实现道德理念的实践，道德修养是人的道德实践的形式之一，是指个人以社会倡导的理想人格为目标，在意识和行为层面进行的自我道德修炼，从而达到社会所期待的理想境界。蔡元培说道："道德者，非可以猝然而袭取也，必也有理想，有方法。修身一科，即所以示其方法者也。"实际上，道德修养的理想目标具有相对性，在中国古代社会，儒家倡导的理想人格虽占主流意识形态，代表了中国古代人道德修养的价值取向，但是在不同社会和时代，社会上关于道德修养的目标、途径、内容和方法还是有一定的差异的。

二、中国传统伦理道德与道德修养

古代社会以婚姻关系为纽带的家作为构成社会的基本单位，这种血缘家庭不仅是最基层的社会组织形式，也是整个社会活动与互动关系的运行基础。一个社会最基本的关系在于"家"，如何来协调处理家庭、家族成员间的人伦关系？于是古人就从中创造性地提出了"孝悌"的伦理准则，并成为社会所推崇和认可的社会价值规范，规范着社会中人们的行为。其后古人又将这种家庭伦理进一步扩展上升并与国家伦理同构再造，创造了"忠孝"两全的家国伦理观。

伦理道德以社会生活为土壤并从中生根发芽，经过社会精英阶层的提炼、总结和沉淀，在内容上不断充实和发展，形成了一套自己的社会规范和价值体系。社会伦理道德的具体内容有哪些呢？一般而言，伦理道德作为文化的规范层面，是人类进入文化阶段的体现。中国古代伦理道德最早产生于先秦时期，经由不同时期的思想家阐述和理论化，最终得到统治者的认可和推崇，上升为国家的主流社会价值观。如古代儒家提出并归纳了五个最重要的道德标准：仁、义、礼、智、信。其实就在儒家提出这一道德标准的同时，古代思想家站在不同的角度和立场，提出了不同的社会道德标准和价值规范，阐发了他们各自的见解。春秋时期，道家思想也对伦理道德提出了自己的主张，尽管与儒家倡导的以仁、义、理、智、信为内容的伦理道德体系有所不同。老子也倡导"仁""信"等道德操守，只不过老子倡导的伦理道德资源不是人为创设，而是以自然为师所获取的。春秋初期，齐国政治家管仲提出了"礼、义、廉、耻"四个道德标准。管仲将这四个道德标准的重要性提升到了关乎国家存亡的高度，认为所谓"礼义廉耻"，实为"国之四维"，四维贯彻执行，国家的法令就能得到贯彻，国家就不会灭亡。

孟子继承了孔子关于五种道德的标准，将其归纳整合为"仁、义、礼、智"四个要素，并将这四个要素视为道德的基本标尺。他认为，所谓"仁、义、礼、智"不是外界给予人的，应是人拥有的一种内在本性或品德，是人与动物的差异性的本质体现。他在《孟子·告子章句上》中写道："恻隐之心，仁也；羞恶之心，义也；恭敬之心，礼也；是非之心，智也。仁义礼智，非由外铄我也，我固有之也，弗思耳矣。"由此可见，在孟子看来，"仁义礼智"这个道德标准，是一个人与生俱来固有的品质，是一个仁者或君子必须拥有的道德规范和准则，也是一个人最基本的人格素养。

西汉时期，董仲舒提出了"罢黜百家，独尊儒术"的主张，儒学经过董仲舒的重新发挥，变成了服务于统治阶级的官方哲学，儒家所倡导的道德标准也必然成为社会的主流价值观。董仲舒在继承儒家"仁、义、礼、智、信"五大道德要素的基础上，又将其整合起来重新予以阐释，提出"五常之道"的伦理道德思想，力求将其在社会中推展开来，以发挥儒家道德资源人文教化的目的。《汉书·董仲舒传》中写道："夫仁义礼智信，五常之道，王者所当修饬也。王者修饬，故受天之祜，而享鬼神之灵，德施于方外，延及群生也。"这是历史上第一次将"仁、义、礼、智、信"明确界定为"五常之道",也即社会所需的五大道德标准。西汉建初四年(79 年),董仲舒提出的"五常之道"被官方层面予以认定,成为国家倡导的道德规范和准则。同时董仲舒还提出了"三纲"的主张,即君为臣纲,父为子纲,夫为妻纲。其与"五常"并置,即"三纲五常",成为中国封建社会的道德规范和价值标准。

魏晋时期,社会动荡不安,以儒家道德构建起的名教秩序受到冲击,社会中礼崩乐坏,随着玄学的出现,儒家的权威地位受到冲击。及至北宋以来,关于当时社会道德标准也出现了不同的观点,持有不同学术立场的学者对儒家的"五常之道"给予阐述,并进行了新的创造与规范。他们将儒家的伦理道德与道家的自然价值观相结合,调和儒道思想上的分歧。理学家们致力于对纲常伦理的理论阐发,是为建立等级秩序的合法性而服务,他们将"三纲"上升为"天理",并将其神圣化,宣称"三纲"是社会乃至自然界的最高准则,"三纲"的权威性被确立。北宋以来,随着理学的出现,以程颢、程颐、朱熹等为代表的理学家对此展开了新的阐释,尤其是借用佛道两家的本体论等理论体系,对儒家的"五常之道"提出了新的见解。如二程兄弟将儒家的"五常之道"重新予以表述,提出了"五常全体四支"说的新思想。他们将"五常"视为"礼"的层面,而"仁"则是一个整体,五常是"仁"这一整体的组成者。朱熹则又提出了"仁包四德"的新论断,这样一种形象的比喻,是对中国传统伦理道德本质和特征的概括。随着理学家对"三纲五常"的理论阐发和其官方地位的确立,这套伦理道德逐渐深入民间,遂普及到社会各阶层中。

"三纲五常"被社会普遍推崇,其负面性也逐渐暴露。明清之际,其开始遭受挑战,以"三纲五常"为核心的礼教受到猛烈抨击,及至近代,礼教开始走向崩溃,传统伦理道德开始实现现代转型。

道德属于社会意识层面,古代社会重视道德并倡导以德治天下,道德对个人而言，不仅是一种规范，也是一种实现人格完善的社会期待，抑或个人社会化的主要内容。因此，从上而下形成了重视道德修养的传统。从本质上说，重视道德修养实际上是一种社会控制的形式，只是其以儒家的"礼"为资源，而"礼"则是一种公认的社会规范，是社会所倡导的价值导向。人人皆学习道德楷模，内化伦理道德，并将其作为规范自我行为的价值标准，这是中国古代的一种礼治模式，其营造出的是一种礼治秩序。

第二节　中华民族传统美德

在古代漫长的历史长河中，中国人围绕着人与自然、个人与个人、个体与社会间的关系，创造出了相对成熟的传统伦理道德，使得中国古代以礼仪之邦著称，也形成了一系列传承不衰的民族传统美德。中华传统美德是中华民族在历史发展中形成的，至今仍然具有较强生命力的道德品质、民族精神、良好的民族习惯的总和。它是我国人民两千多年来，在面对和处理纷繁复杂的人际关系实践过程中的产物。儒家自西汉以来成为国家的官方哲学，对于中国传统伦理道德的形成和发展起到了不可替代的作用，形塑了中华民族传统美德的内在品质。

一、孝老爱幼

中国传统文化崇尚孝老爱幼，这也是对一个人最基本的道德要求，儒家学说对此有专门的论述，并将其视为一个君子必备的基本品质。《论语·学而》中说"孝悌也者，其为仁之本欤"，指出"仁"的根本是孝悌，其中"孝"是指下一代对上一代的忠诚与服从，"悌"是同一代人中小的对大的要服从，孝悌的基本形式即父慈子孝、兄友弟恭。可以看出，古代儒家讲的孝悌是有前提的，不是无条件的，子孝的前提是父慈，弟恭的前提是兄友，这是两种相互的关系，不只是强调一方对另一方无条件的绝对服从。"孝悌"从本质上说就是强调和建构一种家族秩序，保护家庭成员间的和谐。

家庭是最基本的初始群体，对于中国人来讲，家庭是最为重要的。在传统中国社会中，血缘是连接社会成员关系的重要纽带，中国社会的伦理道德以家庭为滋育土壤，从构建家庭伦理道德开始，最终上升至社会和国家，实现家国同构。家庭中伦理道德的基本核心是"孝"，人与人之间的关系是相互依赖的，父母养育子女，子女长大后孝顺父母，这也符合人之本性。人类学家许烺光认为，中国亲属体系的主轴是父子，家庭中其他的亲属关系，如兄弟关系、夫妻关系等，都可以看成父子关系的衍生和补充。在家庭中长幼有序，前辈关心后辈，后辈也要尊敬前辈，这是天经地义的。

当然儒家除了强调尊老，对于处于幼年的儿童，更要给予更多的关爱。因为儿童年幼，身体和心智尚未成熟，更需要家人的关照，以使他们更好地成长。孟子就倡导"老吾老以及人之老，幼吾幼以及人之幼"。"老"与"幼"作为社会中的弱势群体，都是社会给予帮助和关爱的对象，一个人既要尊老，更要爱幼。同时儒家将孝老爱幼冲破血缘关系的界限，将其作为一种社会准则扩展至整个社会。儒家要求人不仅要爱与自己有血缘关系的亲人，也要爱全社会的人，这也使中国传统社会的风气更具人情味。

二、克己仁爱

儒家学说的思想核心即为"仁"，"仁"是儒家的最高道德标准，是儒家追求的理想人格的集中表达。千百年来，儒家的仁爱思想影响了一代代中国人，不仅是仁人志士毕生奋斗的目标，也成为一种泽被后世的传统美德，博大有容的仁爱思想构成了中华民族传统美德的主要内容。

何谓"仁"？简单来说就是仁爱。"仁"在《论语》中是出现频率最高的词，是孔子思想的精神内核，孔子在《论语·颜渊》中讲道："仁者爱人。"孔子的说教微言大义，一字便诠释了儒家"仁"的本质内涵。所谓"仁"即爱人，其实就是一种如何对待他者的态度，这种爱是一种基于"恻隐之心"的高尚情感，即一种发自内心的"同情心"，它根植于"家"内生活中的亲情，然后推己及人，派生出一种社会层面的"仁德"。克己复礼是人的出发点，爱人才是"仁"的终极关怀。儒家的仁爱观，既源于血缘亲情，又超越血缘，它要求在尊亲敬老的自然道德情感上，由己推人，由近及远，由内而外，层层外递。

一个人要做到仁爱，不应只停留在仁爱的理念层面或口头说教的层面，更应身体力行去践行仁爱的理念。这种仁爱的实践是有一定的前提条件的，就是要求自己先要做到"克己复礼"，即先要做到"内圣"，然后才可以以"仁"的态度去对待别人。这种"克己复礼"就是要求用社会既有的规范（即"礼"），来约束个人的行为，限制人的一些个人私欲，让人的行为符合社会道德规范。能做到"克己复礼"的人就是一种仁者，能够牺牲自我利益，成就他者。《论语·雍也》云："己欲立则立人，己欲达则达人。"这种把他人利益放在第一位，成全他人的精神品质，就是一种崇高的人生境界，是君子人格的基本品质。《论语·颜渊篇》云："君子成人之美，不成人之恶。"在历史中，克己仁爱的儒家思想被演绎成了一种生命哲学和政治信念，孔子的"杀身成仁"、孟子的"舍生取义"等，都蕴含着一定的积极因素，是中国仁人志士奋斗的至高目标，激励着一代代人为实现理想而努力奋斗。对于统治者来说，仁爱思想最终要升华为一种仁政理念，也就是要统治者体恤民生，爱惜民众，多施仁政。总之，儒家的仁爱思想，是一种被社会推崇的传统美德，至今依然熠熠生辉。

三、见义勇为

古代中国人将"义"视为一种社会美德，并赋予其"美"和"善"

的内在本质。古代的儒家非常强调"义"的社会价值，并将"义"视为一种至善至美的社会价值标准，属于社会倡导的道德规范。所谓"义"，是古汉语中的常用字，有礼仪、威仪之意，后不断引申，并有了正义的含义。在儒家的学理中，正义要符合"仁"和"礼"的要求，也就是说，"义"的背后有"仁"和"礼"的支撑，这种"义"才是正义，否则便是非正义。"义"在古代儒家观念中是判断是非善恶的一种标准，是一种具有正能量的道德行为和传统美德。

要做到"义"，就必须处理好与"利"的关系。古代儒家对于"义"赋予了一种自我认知，这种观念将"义"与"利"对立起来，二者代表了两种不同的道德层面和价值标准，被看作区分君子和小人的重要标准。在儒家看来，君子当重义轻利，小人却重利轻义。《论语·里仁》中讲道："君子喻于义，小人喻于利。"《论语·宪问》中云："君子义以为上，见利思义。"所谓重义轻利，就是一个君子的基本道德品质。儒家还主张，君子要见义勇为，敢于捍卫正道，所谓"见义不为，无勇也"。作为君子就要"君子杀身成仁，舍生取义"。为了"义"，不惜付出自己的生命，这是儒家崇尚的一种理想的人格。

总之，对义利关系的价值判断赋予了中国伦理道德基本的价值取向。对"义"和"勇"的崇尚，也被上升为中华民族的一种传统美德而被后人所弘扬。同时，鼓舞后世志士仁人为民族大义不懈奋斗，在邪恶面前，敢于捍卫正义，见义勇为，舍生取义。

四、知书达理

古代中国以礼仪之邦著称，"礼"是一种社会规范和准则，知礼和服礼更是当代社会倡导的一种美德。在古代中国，"礼"被提升为一种社会价值标准，一种维持社会秩序的道德资源。《左传·隐公十五年》说道："礼，经国家，定社稷，序民人，利后嗣者也。"可见，"礼"的重要性不限于个体的人，更关乎社会和国家，是治国安邦的社会手段。

作为伦理制度和伦理秩序，礼是"礼制""礼教"。《论语·学而》中说道："礼之用，和为贵。"礼的功能在于协调人与人、人与社会间的关系，作为待人接物的礼，是"礼节""礼仪"；作为个体修养涵养的礼，是"礼貌"；用于处理与他人关系的礼，是"礼让"。礼被强调成立身之本和区别于品格、修养的标准，更被上升到一个人是否是一个合格的社会人的标准，所谓"不知礼，无以立"。

"礼"的作用在于以人文资源追求社会和谐，但是社会和谐必须要靠"礼"来调节，于是"礼"被赋予了一定的强制性意味，被上升成为一种国家层面的道德准则和社会价值规范，并被推广至整个社会，"礼"被人们普遍所遵守，"礼"成为一种秩序。在古代中国，以人文资源形成的礼文化，是人区别于动物的一个符号标志。"礼"是社会等级制度、法律规定、伦理道德范畴的总和。视、听、言、动是人类的自然本能，非视、非听、非言、非动体现的是社会对人的自然本能的约束力。孔子倡导"克己复礼"，克己是对人的自然本能的压抑，复礼体现的是对他人与社会的尊重。尽管个人有自由，但要在社会规范内表达，经过对"礼"的学习，到达从心所欲但不逾矩的境界。这种通过自我道德内化形成的一种自我约束自我管理的方式，无疑是一种值得弘扬的传统美德。

五、诚实守信

讲求诚实守信是中国古代对人的一种道德要求，并成为古代中国的一种传统美德，是评价一个人是否具有高尚品德的重要价值标准。何谓诚信？《说文解字》中说道："信，诚也，从人言。"可以看出，诚与信是无法分割的，让人相信你必须建立在你要诚实的基础上。

中国古代的儒家强调诚实守信，并将其作为衡量一个君子的基本品格与基本素养。诚信是一个人的安身立命之本，个人失去了诚信，就无法立足社会。《论语·子路》中说"言必信，行必果"。《论语·学而》中说"与朋友交，言而有信"。《论语·种颜渊》中说"民无信不立"。在当下，社会更需要诚信，一旦社会失去了诚信，整个社会便充满着不信任，欺骗成风，道德沦丧，社会失序，混乱不堪。

中国古代儒家提倡的"信"不仅指诚信，也有信义的内涵。孔子所说的"信近于义"，实则将"信"视为"义"的表现，即人与人的交往有诚信，才有"义"。孔子把信看作是人应该具备的最基本的伦理范畴，是一个君子应具有的基本品格。同时人与人交往，要做到心要诚、不欺骗，这样才能彼此真诚互信，才能持续交往、友谊长久。因为"诚"就是指真实不妄、诚心诚意，这种"诚"是以诚于己、诚于自己的本性为基础的，《大学》中说："所谓诚其意者，毋自欺也。"

此外，在中国传统伦理道德的要求下，人们将诚信视为里，将实际行动视为表，强调表里要如一，不能口是心非，不遵守自己的承诺，而失信于人。只有言而有信、信守承诺，才能取信于人，赢得他人的尊重，这是一个人拥有高尚人格和品质的体现。自古以来，讲信用和守承诺是中国人公认的基本美德，不守信、不诚信者众人唾弃。从古至今，出现了很多诚实守信的典范，成为激励和教育后人的珍贵教材。

六、勤俭节约

勤俭节约是中华民族的传统美德之一，在中国传统道德中，勤俭可以说是最被普遍倡导，且至今被弘扬的传统美德之一。中国古代典籍《大学》中讲道，修身齐家治国平天下。其中修身齐家是治国平天下的基本前提，这是对个体和家庭提出的一个基本道德修养层面的要求，而修身齐家的一个重要内容就是要培养勤俭节约的良好品质，这是一个家庭保持兴旺不衰的关键。正如《曾国藩家书》中说道："家俭则兴，人勤则健；能勤能俭，永不贫贱。"中国古代一些传世家风中，勤俭节约是其中最重要的内容之一。

所谓勤俭，包括勤劳与节俭两个内容。勤劳指人们对待劳动生产的态度，节俭是人们对待生活诉求及生活消费的态度。古代中国是一个农业国度，积极从事劳动生产是一个农民是否勤劳的体现，勤劳是农民的生存生计之道，也是农业生产中培育出的生产经验，勤劳必然是农民所具有的一种道德品质。正是如此，在已有社会分工的古代，人的智力劳动几乎被排斥在劳动之外，这就有了老百姓对智力劳动者"四体不勤五谷不分"的认知。中国古人在劳动生产中培养出了勤奋努力、不怕苦累、任劳任怨的品质，这种品质告诉人们，美好的生活需要用自己的双手去创造，懒惰终将一事无成，一个人，一个群体，甚至一个社会和国家都是如此。《左传·宣公十二年》云："民生在勤，勤则不匮。"这是中国古代劳动人民在生产实践中的经验总结，也是对中国人勤劳的群体品质的最佳概括。

在现实生活中，只有勤劳还不够，还需要节俭来辅助，一个个体或群体即使有勤劳的品质，但是缺乏节俭的意识，也是难以将生活过得殷实的。"节俭"是对自己劳动成果的一种态度，要求人们要珍惜，不浪费，不铺张。孔子把"温、良、恭、俭、让"作为人的重要美德，其中节俭就被摆在一个重要的位置。对于一个社会和国家，节俭是一种不可缺少的优良品质，中国古代就有大量的警世良言论及此道。《周易·否》中有："君子以俭德辟难。"《尚书·大禹谟》中有："克勤于邦，克俭于家。"唐李商隐《咏史二首·其二》中有："历览前贤国与家，成由勤俭败由奢。"历史的经验告诉我们，缺乏节俭的美德，过度消费，最终只能玩物丧志，一事无成。中国古人将勤劳与节俭视为一体来看待，所谓勤以修身、俭以养德，将勤俭视为一种道德层面的修炼，是个人"内圣外王"的道德品质。

总之，勤俭节约是社会必需的一种传统美德，不仅在古代，就是在现代社会中，勤俭节约依然是一种必要的社会美德，小到个人、一个家庭，大到一个国家，要想实现良性发展，都应自觉保持勤俭节约的优良品德。蔡元培曾说道："家人皆节俭，则一家齐；国人皆节俭，则一国安。"这话一方面体现了古代中国人务实的品质，另一方面站在社会的角度，指出了一条解决社会民生以及实现个人和家庭小康生活的路径。

七、知耻意识

知耻就是一个人有耻辱的意识，这是一个人内心基本具有的道德准则，也是一个人为人的基本社会尺度；而无耻则是一个人缺少社会道德内化，不懂得社会规范，容易越轨甚至走向犯罪。"耻"是一种社会价值在个人意识中的体现，关乎自尊、面子等问题。一个懂耻辱的人，才能不断拼搏和努力，取得成功，赢得社会的尊重。《礼记·中庸》中说道："知耻近乎勇。"中国古人讲求自尊和面子，这是他们立足于社会的基石，而自尊和面子其实就是知耻意识的体现，唯有知耻，才有自尊，自尊才能更像人。一个人知耻，也就是知道羞愧和荣辱，懂得自尊和面子的重要性；一个人不知耻，就不会重视自尊和面子，随心所欲，我行我素，缺乏社会道德感，不思进取，一败涂地。因此，知耻是一个正常人所具有的最基本的道德感，人不知耻则遭人唾弃。尤其在讲究面子观念的中国传统社会，知耻是维持社会秩序的一种手段，可促使人知道如何去做一个合格的社会人。

知耻不仅是一种社会道德，也是人性本善在社会层面的投射，更是人区别于动物的一种标志。孟子说："羞恶之心，义之端也。"在孟子看来，知耻是社会正义的前提基础，人有了羞恶之心，才可能发端出正义的品质。孟子亦认为："无羞恶之心，非人也。"禽兽没有羞耻感，依本能而生活，谈不上会有道德意识。人与禽兽不同，人是有耻辱感的，人是一种文化动物，每个人生来都要经受社会化，这是一个人获取道德意识的路径，使人最终成为一个合格的人。一个知耻的人，懂得人应该与动物有别，个人的行为必然有一定的社会效应，会受到社会舆论的评价，如此才会以社会准则来约束自己的行为，规范自己的行为，避免出现越轨行为。同时知耻意识也能激发人的内在潜力和奋斗动力。所谓知耻而后勇，就是说人在懂得耻辱后，会拼劲更足，奋发图强，在中国历史上不乏这样的例子，如春秋霸主勾践卧薪尝胆最后三千越甲灭吴等。

八、尊师重教

中国古代历来有"尊师重教"的传统，认为尊重老师是一个人基本的道德素养和道德品质。古语有云："经师易得，人师难求。"古人更是强调一日为师，终身为父。老师有传道授业之恩，因此应当像对待自己的亲人一样尊重老师，古人尊师的传统由此可见，并形成了一种普遍的社会道德风尚。

中国古代对教师这一职业提出了很高的要求，作为教师要以身作则，言传身教，为人师表，身正为师，学高为范。这是一个合格教师的基本道德尺度，也是古人对教师这一职业的理想期待。孔子一生执教，始终以身作则，身体力行，严于律己。他曾说"其身正，不令而行；其身不正，虽令不从"。教师的身正是一种教化学生的道德人文资源，身正则可产生正能量，身不正则对学生产生负面影响。因此，作为教师正身应为第一要务，正身才能正业。战国时期的荀子则对教师之职提出了更高的职业道德要求，他在《荀子·致士》中讲道："师术有四，而博习不与焉。严师而惮，可以为师；耆爱而信，可以为师；诵说而不陵不犯，可以为师；知微而论，可以为师。"老师这一职业并非人人所为，身正和学高，两个因素缺一不可。

中国古代倡导尊师重教，其实是对老师和学生两个主体而言。作为老师要重教，作为学生要尊师，这两者是互为辩证关系的。让学生尊师，就需要老师言传身教和为人师表，并在此基础上建立良好的师生关系。这就要求教师应承担起教书育人的使命，育人首先自己要有较高的道德品质，才能做到关爱和耐心教导学生。对学生有无私的关爱，才能赢得学生对老师的尊重。中国古代有很多尊师重教的例子，孔子及其弟子是最具代表性的典范。正是如此，中国尊师重教的传统得以形成，并积淀成为一种社会美德，至今传承不息，这是中国古人给我们留下的最有价值的传统资源。

第三节　儒道诸家的理想人格

中国古代重视人的道德修养，并在社会中树立起理想人格的模板，以发挥示范引领的社会功能。所谓理想人格，其实就是一个社会所共有的一套价值体系和行为模式。从先秦时期起，在百家争鸣的战国时期，各个学派的思想家站在各自的学术立场，对理想人格问题进行学理阐述，形成古代各学派关于理想人格的多元模式，如儒家的"君子人格"、道家的"隐士人格"等。这些多元的价值理念构成了古代中国文化的社会价值体系，成为引领中国古人提升道德修养的价值导向。

一、儒家的君子人格

人格的完善是儒家基本的价值追求。儒家的价值追求就是通过内在的自我修养，最终培养出儒家所谓的理想人格。儒家的理想人格即"君子人格"，也有说成是"志士仁人"或"圣贤人格"的，实为儒家推崇的所谓道德之楷模。儒家的"君子人格"包含两层含义：一个就是内圣，一个就是外王。内圣是儒家对君子的基本要求，而外王则是君子实现其人生价值的路径。

（一）儒家关于内圣品质的修炼

所谓内圣，即完善以"仁"为内核的君子人格的修炼过程，就是以诗书与礼乐涵养心性，学习历史上的圣贤品质，通过内化社会道德和价值规范，不断提升自己的精神境界，使自己具备圣人的道德品质和思想境界。儒家的君子品质大致有以下四点。

一是君子必须具备"仁"的精神品质。所谓的"仁"就是爱人，儒家倡导君子要有爱人的品格，这是一个君子基本的道德要求。要做到爱人，就要用"礼"来约束自己的行为，就需要克制自己的私欲，"克己复礼"，要时刻想着别人，事事为别人着想，"己欲立则立人，己欲达则达人"，还要做到"成人之美，不成人之恶"。总之，儒家倡导的君子要有仁爱之心，具备一种崇高的人格魅力，要有广阔的胸怀。

二是儒家的君子要具备仁者的基本品格。儒家强调仁、义、礼、智、信等，并将其作为君子人格的基本要求，内化于心，外在于行，君子必须具备这五种品质，缺一不可。可见儒家对君子人格要求之高，最终达到内圣的境界，这才是真正的君子。

三是儒家的君子应具有中庸的品质。儒家的君子人格，必须具备中庸的品格，与人谈话或人际交往或做事，要留余地，持中有节，不冲动，避免走极端。

四是君子要有气节操守。儒家重视的君子人格必须具备气节与操守，大义凛然，不屈淫威，具备这种操守的君子，在现实中才能够做到"杀身成仁""舍生取义"，为追求正义前赴后继，舍生忘死。

（二）儒家提出了一套完整的人格修养方法

儒家提出的人格修养方法主要包括反躬内省、主敬、存心养性等方面的内容，具体如下。

一是儒家主张一个君子首先要学会反躬内省，不断砥砺自己的品行，提高自己的精神境界，使自己成为有高尚品质的人。儒家认为，人的道德完善可以通过后天的努力来实现，个人是道德完善的主体，必须要靠自己的努力来达到，依赖别人只能是徒劳。这就明确了道德完善的主体性，由此儒家主张人们在道德修养中应该严格要求自己而不能苛求他人，始终严格要求自己朝着圣贤的品德而努力，见贤思齐，多在内省上下功夫。

二是主敬。儒家讲求内省的修养方法，即所谓"吾日三省吾身"，内省的主体是君子本人。这种自我反省，是儒家主张君子完善自我人格的方法。做到反躬内省，必须严于律己，经常反省自己。为了做到内省，儒家又提出了"主敬"的修养方法。主敬就是指一个人要时刻收敛身心，谨慎稳重，严于律己，克己守礼。为此，孔子在《论语·宪问》中提出"修己以敬"的观点。

三是儒家认为"君子人格"的修养还须重视道德知识的学习。儒家认为不学习就不能认识和掌握道德知识，道德不是天生的、与生俱来的，需要后天的努力学习。孔子鼓励弟子认真学习，不断进步，提高他们的道德品质。儒家重视学习，更重视身体力行。在儒家看来，学习还须力行，还须将学习的成果运用到实践中。也就是说，道德修养需要学习，但决不能仅仅停留在学习道德知识上，应该在道德实践中去锻炼，把道德知识真正内化为自己的道德品质。

（三）儒家的君子要有治国平天下的追求

儒家学说具有较强的实用性，是服务社会的己任，所谓君子不只是具有内圣的品格，更要在具备内圣品格的基础上，有经世济民的抱负，以及建功立业、治国平天下的凌云壮志。《大学》中提出"修身、齐家、治国、平天下"的思想，其中修身的最终目的即治国平天下的事功，儒家继承了这一思想，认为一个君子人生价值的实现，就是要通过内圣而外王，在成就一番事业中实现自身的价值。

孟子强调以修身为本，最终实现外王，以作为对君子人格的一种追求。孟子认为"君子之守，修其身而天下平"，但"圣贤道德"不是人人都能做到的，于是孟子便设想了一条可进可退之路，即"达则兼济天下，穷则独善其身"——一个人即使做不到建功立业关怀天下，也至少要管好自己，安守本分，不去危害社会。战国时期儒家代表人物荀子认为，君子应具备经纬天地之才，才能承担起外王的使命。儒家的这一思想深深影响着后世，成为中国知识分子追求的一种理想人格。宋明理学的代表人物张载，也提出了儒家知识分子的四大使命。

宋代政治家、文学家范仲淹的"先天下之忧而忧，后天下之乐而乐"的忧患意识等，其实都是儒家知识分子内圣外王的入世精神的典范。

二、道家的隐者人格

道家特有的宇宙观和价值观，决定了道家文化的特点。道家文化秉持"道法自然"的思想观点，在处理人与自然的关系上，不是儒家所谓的人如何去改造自然，而是使人如何自觉顺应自然规律，更为注重人与自然的"和谐"相处，主张以平和的态度对待自然存在，强调与一切自然存在和谐共处，并且将这种思想观念推及于社会中，作为一种为人处世的态度，不管是社会，还是个体，都要顺应自然，自然而然，随遇而安。在人生态度上，与儒家积极入世的特点相比，道家具有明显的消极出世特征，即无为的一种人生态度。道家所秉持的自然主义的价值观，决定了道家所追求的理想人格，即回归自然，返本还原，逍遥无为，与世无争，是一种典型的"隐者人格"。

可见，道家的理想人格特点是超越世俗，超越功利主义，主张淡泊名利，清心寡欲，与世无争，平和处世，逍遥无为。道家这种隐士人格，以回归人的自然本性、展现人的本性为诉求，以强调人的精神自由和独立意志为特征，抛弃社会道德对人本性的束缚，尊重自我个性，展现人的自由天性。

道家为追求其所希望的理想人格，也提出了一套修炼方法。这套修养方法以追求逍遥无为为目标，与儒家一样，他主张求诸己，不依赖于别人，超越世俗道德规范，返璞归真。具体来说，有以下四种修养的方法。

（一）清静无为

无为是道家的一种人生态度和处世方法，也是道家所追求的一种理想的人生境界，同时还是其重要的道德修养方法。道家的"无为"不是让人在任何事物面前都自暴自弃，而是将人的主动性放在认识和掌握事物的本性上，顺应事物的内在规律去做事。道家认为，纯朴天真、自然无为是天道之属性，人们应该效法并顺应这种天道之属性，保持纯朴率真的自然本性，清静无为，顺其自然。将清静无为的自然之道运用到社会中，这就对统治者提出了新的要求，要无为而治，不与民争，以无为而无不为。

（二）越道德任自然

道家与儒家不同，儒家追求建立在道德基础上的秩序，道家却旨在超越道德以追求精神自由，因为道家认为现实中的人都是不自由的。人的不自由就在于外在的社会道德的束缚，以至于人过于"社会化"，使自己原本纯洁的本性丧失，或被掩盖。要想找回自然本性，人们应该摆脱社会道德的束缚，返璞归真，才能保全人之本性，摆脱道德对人性的异化，获得精神上的绝对自由。道家的这种越道德而任自然的做法，在现实中很难做到。其给人们的启示是：人生在世，不要过分为世俗名利所累，应该在超越世俗中追求精神上的自由。

（三）物我两忘

道家所追求的是一种不受任何外物限制的逍遥境界，要达到逍遥无为的圣人境界，就必须要做到"无欲无求"，不受任何外在条件限制，而"无欲"的根本方法则在于"无己"或"坐忘"的内在修炼。物我两忘是指从精神上超脱一切社会道德规范的限制，从而达到逍遥境界，这时已物我两忘，与自然之道合而为一。

（四）清心寡欲

道家的清心寡欲，不是绝对意义上的禁欲，而是指少一些使人所累的欲求从而获得精神上的自由，也就是要去除那些过多的私欲。在老子看来，人们无为的生存状态，就是要清心寡欲。道家主张消除私欲，就是要不断自我修炼，达到物我两忘的境界，这种修炼方法被庄子称为"心斋"。"心斋"的基本要求是心志纯一，消除杂念，无欲无求，超然物外，从而达到精神上的虚静，进入绝对自由的逍遥境界。

参考文献：

1. 李宗桂. 中国文化概论[M]. 广州：中山大学出版社，1988.

2. 赵吉惠. 中国传统文化导论[M]. 南京：江苏教育出版社，2007.

3. 罗国杰. 中国传统道德·规范卷[M]. 北京：中国人民大学出版社，1995.

4. 蔡元培. 中国伦理学史[M]. 长春：吉林人民出版社，2013.

5. 张岱年，方克立. 中国文化概论（修订本）[M]. 北京：北京师范大学出版社，2017.

6. 蔡元培. 中国人的修养[M]. 北京：民主与建设出版社，2015.

7. 孙建国. 渗透传统人文精神的中学政治课堂的构建[D]. 南京：南京师范大学，2010.

思考题：

1. 中国古代哲学的人生境界是怎样的？儒家、道家各有何特征？

2. 当今社会如何弘扬中华优秀传统美德？

第五章 中国传统礼仪

第一节 中国是礼仪之邦

古代中国是礼文化的国度，社会生活的各个领域中都充满着礼，如成年礼、婚礼、葬礼、祭礼等等，它们以民俗的形式根植于中国的土壤，并成为中国文化的古老传统，故此古代中国亦有"礼仪之邦"的自称。何谓"礼仪"呢？"礼"是调整人们社会行为的规范或价值准则，所谓"没有规矩，不成方圆"，小至个人，再到群体，大到社会和国家，无礼不成事体，无礼不成家，无礼不成国。《礼记》上说"凡治人之道，莫急于礼"，就是在讲"礼"的存在价值和功能。"礼"的功能要想在现实中发挥，就必须通过仪式等方式展演并强化，将社会性的"礼"内化为个人的一种道德律令和价值准则，通过内在的道德律令自我约束，以使个体行为符合社会道德标准，这就是礼仪及其存在的价值与功能。礼仪文化的根深蒂固和普遍存在，形成了中国古代社会最典型的特征，著名社会学家费孝通将其称为"礼治社会"，也就是指以礼治为手段而维持的礼治秩序。

一、礼仪的缘起

礼仪是人类文化的一个组成部分，也是人类步入文明社会的重要体现。礼是一套用来约束人的行为的规范，而规范和协调人与人、群体与群体、个人与社会间的关系，这也是礼仪规范之所以产生的原因。

所以礼仪文化是人类文化具有普遍性的集中体现，因形成于不同的自然环境和社会人文环境，其存在形式具有多样性。世界上所有民族都有自己的一套礼仪文化，这也是理解不同民族文化独特性的符号与窗口。

古代中国以礼仪之邦著称，礼文化不仅发生较早，且深深根植于中国大地，延续了几千年的历史，依然有着顽强的生命力。谈及礼仪的源头，须以"礼"为开端，"礼"如同一个母体，其衍生的产物就是礼仪。"礼"文化在中国已有上千年的历史，追寻礼文化的足迹，我们需要将目光延伸至远古时期及先秦时代。

汉字是象形文字，其不仅是一种符号，更是一种表意的方式。正因为如此，汉字与其他民族的文字最大的区别在于，汉字可以从字形角度看出其表达的意义，所谓望文生义说的就是这个道理。许慎概括了汉字造字的规则，认为汉字具有指事、象形、形声、会意、转注、假借的特点，在名与实之间，字与所指必定有着某种联系，或形或声或意。因此，有必要从字源角度来分析"礼"的缘起。在东汉许慎的《说文解字》中，"'礼'，履也，所以事神致福也"。可以看出，"礼"的产生与祭祀有关，也就是说古人因为有祭祀的需要，由此制定了相应的礼仪规范。中国古代"礼"的原型实为祭祀之礼。

王国维通过对殷商甲骨文的长期研究，发现甲骨文中的"礼"字与玉器有关，他认为古人"行礼以玉"，也就是以玉为敬神求福的重要工具，这种敬神求福的方式就是一种古礼。因此，从字源角度对"礼"进行探究，学者们的见解殊途同归，在观点上其实是一致的，都认为"礼"字与"祭祀"或"祭祖"等活动有关。在以后的历史中，"礼"字被不断赋予新的内涵，开始从"祭祀"领域扩大到了一切社会生活领域，并被不断强化和推崇，"礼"成为社会中常见的一种具有普遍约束力的规范性文化。

学术界一般认为，人类历史存在着阶段性特征，认为人类生活的远古时期为原始社会，原始社会是人类历史的原初状态。他们认为在原始社会很长的一段时间，早期人类在婚姻上存在着杂婚现象，整个社会处于蒙昧和野蛮状态。但是到了原始社会后期，随着生产工具的革新、社会组织的进化，人类社会开始由原始社会向文明社会过渡。在人类漫长的历史发展长河中，"礼"作为一种规范性文化，出现的时间较早，只是在文字出现之前，人们无法将这一文化传统记载下来。

这些年一些重要的考古学发现，就能雄辩地予以佐证。如一些考古遗迹挖掘中，能看出其墓葬的结构、有无陪葬品、埋葬的特点等有明确的不同，体现出了不同等级、性别、身份的人墓葬的差异，这种差异性其实就是"礼"的远古印记。这一时期，是中国礼文化的雏形，它们以最为原始的形态存在。我们现在所说的成熟形态的"礼"是指人类步入文明社会中的"礼"，这一时期的"礼"与原始社会有所不同，既有对远古礼文化的继承，又有在新的历史场景中的新创造，这种有益的创新，使得中国礼文化趋于成熟，这既是中国礼文化步入文明形态的体现，也是中国文明早熟形态的体现。礼文化的成熟始于西周，周公开创了周礼，他们将西周之前的礼，视为"古礼"，古礼时间久远，其中以"夏礼"和"殷礼"为代表。

围绕"礼"进行的实践就是礼仪，并形成了一整套的礼仪制度。"礼"在西周时期，基本上被予以强化并形成体系，被称为"周礼"，又称为"礼乐制度"，其中包括"礼"和"乐"两个部分。"礼"的部分有宗法制度、分封制、宗庙祭祀制等内容，是对社会中权力和财产的继承、分配差序格局的规范，并对人的身份进行划分和社会界定，形成了不同的社会等级制度；"乐"的部分其实就是礼仪，以维护宗法制等礼制所区分出的这一社会等级制度，并以仪式的形式予以强化和保障。礼乐制度是一套操作性较强的制度规范，包括劳动生产、饮食、起居、服饰、婚姻、祭祀、丧葬等社会生活，由此人们的行为被赋予了一定的文化存在意义，如何表达行为已具有一定的丰富的文化内涵。周礼的形成在中国文化史上具有分水岭的意义，以后中国传统礼仪的发展，无不与周礼有关，中国古代的冠、婚、丧、祭、乡、射、朝和聘等八种礼仪，与周礼都有一定的继承关系。春秋战国时期，周王室衰微，诸侯崛起，出现了礼崩乐坏的局面，儒家创始人孔子推崇并致力于复兴周礼，掀起了复兴礼乐文化的思潮。其实春秋战国时期"礼崩乐坏"只是宗法制度的"崩坏"，并不是礼乐文化在其存在形式上的崩溃。

"礼"延绵于中国从古至今的历史长河中，久盛不衰，甚至对现代中国社会发挥着不可替代的作用，这与"礼"自身所具有的生命力和价值密切相关。中国古代讲述礼仪及礼仪制度的经典大都源于儒家，其中极其重要的三部经典为《周礼》《仪礼》《礼记》。这三部论"礼"的著作后被列入所谓的《十三经》之中，其中《周礼》是记载中国古代政治制度的书，《仪礼》是保存中国古代礼仪最完备的书，《礼记》是阐明"礼"的功能和意义的书。从古至今，儒家关于"礼"的记载和阐述，影响了历朝历代的政治及文化。现代中国礼仪仍受传统礼仪的影响，甚至周边国家和地区的礼仪及礼仪制度也受到中国传统礼仪潜移默化的影响。

二、中国古代"礼仪"类型

仪式是人类文化的一种存在形式，属于文化的制度和规范层面。中国古代礼仪是中国传统文化的重要组成部分，也是中国文化最显著的特质所在。中国古代礼仪既与国家社会政治文化有关联，也与民间老百姓的社会生活息息相关，既涉及不同的社会层面，也区分和类别着不同的社会群体。因此，中国古代礼仪内容丰富，形式多样，是透视中国文化多样性的一个重要窗口。对于中国古代礼仪的分类，既要有一般的宏观视角，也要有地方知识的微观剖析，大致可以有以下两个维度。

（一）官方礼仪和民间礼仪

国家和官方礼仪是古代王朝基于国家政治机器的运转，而逐渐形成的一套礼仪规范，这套礼仪规范主要适用于上层或主流社会，具有较为明显的阶层性，并通过国家和政府认定以制度的形式存在，依靠政治手段等外在权力强制遵守，如西周时期的宗法制、分封制、宗庙祭祀制，以及古代王朝的祭天、祭地、地方官员觐见和朝拜皇帝的宾礼、官方间的外交礼仪，还有盛行于古代宫廷中的各项礼仪等。

民间礼仪相对于官方礼仪，主要存生于广阔的民间社会，其遵循的主体是民间大众。民间礼仪产生于基层土壤，主要协调民间大众人与人、人与群体间的关系。相对于官方礼仪的政治手段的强制性，民间礼仪以民俗的形式而存在，主要靠人们对"礼"的服膺和自觉遵守，正如费孝通所说："礼并不是靠一个外在的权力来推行的，而是从教化中养成了个人的敬畏之感，使人服膺；人服礼是主动的。"

当然两种层面的礼仪并不是截然对立的，相互之间有一定的互动性，尤其是大传统层面的礼仪对民间大众有一定的价值导向性，小传统层面的礼仪不乏对大传统领域的模仿。在中国文化史上可以看到，那些原本居庙堂之高的官方礼仪，随着时间的推移，逐渐推向整个社会，出现了官方礼仪民间化的趋向。西周时期的周礼就是一个典型，宗庙祭祀制度原本只是社会上层和精英层面的社会礼仪，随着春秋战国以来宗法制度的崩坏，经宋明理学家的进一步再造，逐渐扩展至中国民间社会，成为整个社会中的一种重要礼仪形式。

（二）政治礼仪、生活礼仪、人生礼仪

这样一个分类只是对中国古代礼仪基本存在形式的一种理解，并不一定全面。所谓政治礼仪，与社会政治相关联，存生于社会政治层面，是从维护社会政治秩序的角度所指定的礼仪，这种礼仪具有一定的社会政治强制性和约束力。而生活礼仪和人生礼仪不能一概视之，具有较强的社会阶层性、地域性、民族性等特点，是中国礼仪多样性的集中体现。

从阶层性角度，生活礼仪和人生礼仪也是社会群体基层分化的体现，处于不同阶层的群体，其生活礼仪和人生礼仪在存在形式上有所差异，如贵族阶层在饮食、服饰、生活习惯、社会交往等方面与民间大众是有区别的。

从地域性角度，生活礼仪和人身礼仪是以多样性的形式而存在的，每个地方的生活礼仪和人生礼仪都有自己的地域特色，这是礼仪文化与特定自然和社会环境相结合的产物。

从民族性角度，古代中国境内生活着多民族群体，这些民族在长期历史中基于自己独特的生存环境而形成了一套礼仪规范。但是随着历史的发展，各民族间的文化交流与融合，有力地推动了礼仪文化的共享，如历史上少数民族政权向中原王朝学习政治制度和礼仪规范等，少数民族的一些生活方式也传入内地，这是历史上中国各民族交往交流交融的体现。

上述中国古代礼仪的分类，只是一种相对的理解。在中国古代礼仪一般有传统的"五礼"分类，即吉礼、凶礼、军礼、宾礼、嘉礼等五种礼制。这一分类在源远流长的中国历史长河中不断被传承和补充，传统的"五礼"因时空的变化而有异。现在一般将礼仪分为礼仪、礼容、礼貌、礼节和礼俗五类，这种分法其实也适合于对中国古代礼仪类型的认识。

三、中国古代礼仪的功能

"礼"作为一种约束性的、规范性的文化类型，其本身对人的行为及品德起到教化和疏导的作用，使人的行为得到与之相应的规范和调整。从礼仪的功能看，宏观上，它是社会价值的体现，可以治国平天下、调整社会关系及稳定社会秩序；微观上，它可以使人明智达理、提高道德修养、处理好各种关系，使之不违背礼俗。王国维在《观堂集林·殷周制度论》中曾指出："欲观周之所以定天下，必自其制度始矣。周人制度之大异于商者，一曰立子立嫡之制，由是而生宗法及丧服之制，并由是而有封建子弟之制、君天子臣、天子诸侯之制。二曰庙数之制。三曰同姓不婚之制。此数者，皆周之所以纲纪天下。其旨则在纳上下于道德，而合天子、诸侯、卿大夫、士、庶民以成一道德之团体。周公制作之本意实在于此。"王国维认为周能得天下并安天下，在于其制度之完备，"礼"作为周之制的重要内容，对建立和维护周天下的宏图有极其重要的作用。可以看出，周礼在宏观层面上是对周之民众的价值观及统治者的价值引领的体现。

礼仪的功能在微观层面也极其显著，主要体现于教化之力。孔子在《论语·学而》中说："弟子入则孝，出则弟，谨而信，泛爱众，而亲仁，行有余力，则以学文。"他认为遵从礼仪可以使人亲仁，实现泛爱众的目的。对于个人来说，守礼仪而不违背礼仪，礼仪的价值在于规范人的行为，防止丑恶行为的发生，同时可以起到抑制个人私欲、使人性善的本性更多地发挥出来。

中国传统的礼仪有着极其丰富的人文内涵，作为有着几千年历史的礼仪之邦，礼仪是构成中国传统文化的重要组成部分。在中国，礼仪制度是基于中国的土壤之上的，前至原始社会，及至现代社会，礼仪对国家稳定和个体行为及心理上的规范起到了重要的作用。传承和发扬中国传统文化是我们义不容辞的责任和使命，礼仪作为中华文化的重要组成部分，继承和发扬优秀的中国礼仪，有着重要的现实意义。

四、中国古代礼仪的特点

中国古代礼仪形成于中国特定的自然地理和社会人文环境中，是中国制度规范层面文化的重要组成部分，彰显着中国文化的特殊性，是中国作为礼仪之邦的根本原因。中国古代礼仪，简要概括起来有以下三个特点。

（一）中国古代礼文化的等级性

礼仪是一套社会行为规范体系，也是一种价值体系，其存在的价值就在于其功能的发挥可以维持社会运转的正常秩序。中国古代礼仪伴随着中国政治社会的演进而逐渐成熟。中国古代礼仪存在于自上和自下两个层面，既有产生于大传统社会中的礼仪，经过推广而成为全社会普遍遵守的社会礼仪，也有产生于小传统社会中的礼仪，在民间社会以民俗的形式而存在。对于产生于大传统社会中的礼仪，有的礼仪尽管已经民间化，但是从其产生的初衷和存生的空间看，古代礼仪是适应于古代社会等级制度而产生的，通过对礼仪的实践可以强化社会等级制度，这也使得上层社会与民间向来存在着一定的社会边界，这种边界往往会通过践行不同形式的礼仪规范来彰显。

（二）中国古代礼仪的教化特性

中国古代礼仪是一套行为规范，这套规范被赋予了一定的价值性。纵观中国古代礼仪的生存逻辑，不乏大传统社会中依靠外在权力的推行。但是从中国古代礼仪存生和运转机制的主流看，中国古代礼仪的运转机制具有较强的超越性。礼仪无疑是一种人文教化的工具，而礼仪的存在形式亦是以教化的功能而发挥；也就是说，中国古代礼仪的实践取决于每个个体的主体自觉，即在被教化中形成对礼仪规范的敬畏之感和服膺自觉，自觉服礼是一种社会嘉许的行为。反之亦然，可以通过社会舆论的形式来保障人们对礼仪的践行。费孝通针对中国古代礼仪的人文教化性指出："礼是合式的路子，是经教化过程而成为主动性的服膺于传统的习惯。"

（三）中国古代礼仪的仪式性特点

礼仪要想在实践中发挥作用，就需借助仪式活动的展演，这才能将抽象的"礼"演化为规范性的实际行动。"礼"不是一种抽象的价值体系，而是一种活生生的生活操演，这是中国古代礼仪的一个显著特点。礼仪一方面存在于人们的亲身实践，另一方面又要借助一定的仪式活动，这些仪式从本质上说具有强化功能，是将礼仪展演在特定的场景中，通过群体参与，仪式活动成为一种教化和契机，可以进一步予以观念上的渗透和价值上的赋予，使大家对礼仪有进一步的认识，并进而有践行礼仪的自觉。

第二节　中国古代"五礼"

中国古代礼仪存生于社会大传统与小传统两个领域，有官方和民间两种类型，官方层面的古代礼仪，主要指中国古代的五种"礼制"，即吉礼、凶礼、军礼、宾礼、嘉礼。这五种礼制带有较强的政治色彩，是国家和官方层面遵守的社会礼仪规范，具有正式性、制度性、规范性等特征。

一、吉礼

吉礼是古代中国"五礼"之冠，也是历代封建王朝司空见惯的一种官方仪式，包括祭祀天神、地祇、人鬼等礼仪活动，如皇帝祭天、祭社稷、祭天子宗庙等。这种官方的祭祀仪式，历代封建统治阶级较为重视，各朝沿袭，历代遵行。《周礼·春官·大宗伯》中就讲道："大宗伯之职，掌建邦之天神、人鬼、地祇之礼，以佐王建保邦国，以吉礼事邦国之鬼神祇。以禋祀祀昊天上帝，以实柴祀日月星辰……以血祭祭社稷五祀五岳，以狸沉祭山林川泽……以祠春享先生，以尝秋享先王，以烝冬享先王。"清代经学家孙诒让在《周礼正义》中注解："祭祀之礼，取以善得福，是谓之吉礼。"

祭祀在中国有着悠久的历史，可以追溯到原始社会，这是前科学时期人们处理人与自然关系的一种思维方式，是人类认识自然能力有限时的产物。所谓祭祀，就是用礼物向神灵祈祷、致敬，以取得神灵的护佑，消灾得福。夏商周时期，祭祀仪式不仅较为普遍，且受到统治者的极力推崇，甚至被视为国家的重大活动。殷商时期祭祀活动较为典型，根据后世学者对殷商甲骨文的解读，殷商时期的祭祀活动非常频繁，内容多样。商朝人祭拜的神灵有天神上帝、人鬼先王等。周人虽不像商朝人那样崇尚鬼神，但依然重视祭祀活动，只是他们祭祀的对象有所变化而已。在以后的历史中，历代封建统治者都继承了古代祭祀文化，并将其制度化和规范化，形成一种官方色彩较为浓厚的政治礼仪。

中国古代历代统治者最为推崇的"吉礼"就是祀天礼仪，即历代帝王祭祀天神的仪式。在封建社会，天子祭天是一种国家的行为，其活动不仅规模大、重视程度高、有规范的祭祀礼仪，还有专门的祭祀空间。在中国古代，历代王朝祭天的礼仪大同小异，如周代祭天的正祭是每年冬至之日在国都南郊圜丘举行。圜丘是当时修建的一座圆形的祭坛，古人认为天圆地方，圆形代表天的形象。唐朝在长安南郊建有天坛，专门供皇帝祭天所用。明代改变了圜丘礼制，定每年孟春正月合祀天地于南郊，并建大祀殿，以圜形大屋覆盖祭坛。明成祖迁都北京后，在正阳门南按南京规制营建大祀殿，合祀天地。嘉靖九年（1530年），明世宗改变天地合祀制度，在大祀殿之南另建圜丘。至此，中国古代祭天礼仪基本完善。清朝继承明制，祭天仪式依然存在。1913年冬至，袁世凯在北京天坛举行了中国历史上最后一次祭天仪式。

此外还有祭地神仪式。在中国古人的观念中，地神与天神同等重要，地神又称"社神""土地神"等。管五谷的神叫"稷"，祭社稷就是祭地神和谷神，"社稷"一词后来演化成国家的代称。天子祭社稷目的是为天下"祈福"，古代祭社稷的礼仪活动较为频繁。

祭神鬼礼仪，主要是对鬼神与祖先的祭祀行为。这是中国的一种古老传统，所谓敬天法祖就是如此。随着儒家成为官方哲学，以儒家思想为内核而形成的礼教，将对儒家有重大贡献的先贤通过祭奠的形式予以纪念。比如儒家创始人孔子，孔子庙就是后人为祭祀孔子所修建的庙宇。汉高祖刘邦以"太牢"祭祀孔子，开历代帝王祭孔之先河，自此祭孔仪式历代传承不绝，形成了一定的定制，一直延续至今日。当然现在的祭孔礼仪只是一种民间行为。

中国古人的祭祀礼仪有着严格的礼仪程序和规则，祭祀仪式由专人主持和官方参与，规模宏大，人数较多，场面隆重。有些祭祀配以乐、舞，如祭孔大典中就伴以歌舞，这是对周朝礼乐文化的继承和发展。

二、凶礼

凶礼是中国古代"五礼"之一，顾名思义，就是一种与凶丧有关的礼仪活动，还包括与灾难有关的礼仪活动，后多特指与丧葬等方面有关的礼仪。《周礼·春官·大宗伯》中记载："大宗伯……以凶礼哀邦国之忧，以丧礼哀死亡，以荒礼哀凶札，以吊礼哀祸灾，以襘礼哀围败，以恤礼哀寇乱。"这是关于凶礼内容的最早记述，从中可以看出凶礼作为一种国家礼仪活动的特点。在以后的历史中，凶礼不断地变化与发展，举行凶礼的范畴更加扩大，凶礼出现在不同的场景中，如死亡、灾荒、疫病等都是不吉利的事情，统治者认为会对国家产生不安定的负面影响，对此都要服丧哀悼。《通典·礼六六》就有明显的记载：

> 大唐开元年之制五礼……五曰凶礼，其仪十有八：一，凶年振（赈）抚；二，劳问疾患；三，中宫劳问；四，皇太子劳问；五，服（丧服）制度；六，皇帝为小功以上举哀；七，敕使吊；八，会丧；九，册赠；十，会葬；十一，致奠；十二，皇后举哀吊祭；十三，皇帝太子举哀吊祭；十四，皇太子妃举哀吊祭；十五，三品已上丧；十六，五品已上丧；十七，六品已下丧；十八，五公已下丧。

可以看出，唐朝凶礼仪式活动形式较多，被扩大至 18 种，在具体礼仪过程中，仪式活动又被细化。如应对自然灾害，古代就有荒礼、吊礼、襘礼、恤礼等礼仪形式，这些礼仪活动带有官方色彩，是面对灾害时国家举行礼仪行为的体现。

三、军礼

军礼是有关国家军事方面举行的礼仪活动，这也是中国礼文化普遍性的体现，即使在举行军事活动时，也要伴随着一定的大规模祭祀活动，这种传统在殷商时期就已有之，即所谓的"国之大事，在祀与戎"。当时战争频繁，但是伴随战争的军礼更为频繁。每当外出打仗、有外敌入侵时，都要举行祭祀仪式，祈求神灵护佑，鼓舞士气。这一传统后来被历代封建王朝继承下来，演化而成为一种制度化的政治礼仪活动。

关于如何举行军礼、军礼礼仪的具体形式等，周朝对殷商时期的军礼予以了充实和完善，使得军礼的内容更为丰富，军礼由此从殷商时期的祭祀礼仪演化为军队操演和征伐之礼。如《周礼》中记载："所举大师（召集和整顿军队）、大均（校正户口，调节赋征）、大田（检阅车马人众，亲行田猎）、大役（因建筑城邑征集徒役）、大封（整修疆界、道路、沟渠）。"《周礼·春官·大宗伯》也有这样的规定："大宗伯……以军礼同邦国。大师之礼，用众也；大均之礼，恤众也；大田之礼，简众也；大役之礼，任众也；大封之礼，合众也。"这实际上是对军礼内容进行了规范和限定，即有大师之礼、大均之礼、大田之礼、大役之礼、大封之礼等五种形式。在以后的历史中，军礼在形式和内容上不断完善，如唐朝的军礼其仪式活动和内容就有 23 类。《通典·礼六六》中记载，"大唐开元之制五礼……四曰军礼，其仪二十有三：……"从军礼的进一步细化，可以看出古代统治阶级对军事活动的重视。举行军礼在他们看来意义重大，尤其可以鼓舞士气，振奋人心，增强军队的战斗力。

四、宾礼

宾礼是中国古代的一种外交礼仪，指邦国间外交往来及接待宾客的礼仪活动，是一种表示亲善外邦、礼遇使臣的官方礼节。周朝时期，实行封邦建国制度，大分同姓和异姓诸侯，让他们去封地建立诸侯国，替周天子守卫疆土。围绕着处理周天子与诸侯间的关系，周礼中形成了一系列官方性的礼仪制度和活动，如规定各诸侯定期朝觐天子、天子遣使迎劳诸侯等等。《周礼·春官·大宗伯》中记载："大宗伯……以宾礼亲邦，春见曰朝，夏见曰宗，秋见曰觐，冬见曰遇，时见曰会，殷见曰同，时聘曰问，殷覜曰视。"

《周礼》中关于宾礼的规定共有八项内容，各项宾礼的形式与内容都是不同的，诸侯觐见天子，不仅有具体的时间，每个时间都有具体的名称。当然，宾礼举行的前提是：四方诸侯必须归服周天子，周天子才可以礼遇四方诸侯。此外，诸侯王以下卿大夫和士人亦有相见礼仪，也属宾礼的范畴。如郑玄注《仪礼·士相见礼》："士相见于五礼属宾礼。"当然一般所指的宾礼就是指天子与诸侯间的觐见与被觐见的仪式活动，这一传统一直被历代封建统治者所继承。

唐朝以后，随着中西交通的开启，大唐帝国与中西亚和东亚等国家的外交往来增多，同时与一些少数民族政权往来增多，建立起了一种宗主国与藩国间的朝贡关系。这一时期的宾礼已突破原有的范围，出现了一些新的形式和内容，如《通典·礼六六》中记载："大唐开元年之制五礼……三曰宾礼，其仪有六：一，番国主来朝；二，戒番国主见；三，番主奉见；四，受番使表及币；五，宴番国主；六，宴番国使。"可见当时的宾礼基本上有六种形式，这里的汉字"番"同"蕃"，"番"在汉语词典中有外国和外族的含义，如番邦和番族等。这里指西方边境各国，如唐朝时的官方文献将大食人和波斯人等一律称为"蕃客"。《新唐书·礼乐志六》中记载："二曰宾礼，以待四夷之君长作与其使者。"这一记载明确了唐朝宾礼仪式活动的主体。自唐以后，宾礼的形式固定了下来，包括外国使臣觐见中国皇帝，也包括"藩国"国王和使臣来朝贡等形式。

明清时期，外国使臣和"藩国"不断来华朝贡，当时朝贡贸易一时兴盛起来，宾礼在形式和内容上也逐渐被充实而予以完善。《清史稿·礼志二》中记载，"宾礼：藩国通礼，山海诸国朝贡礼，敕封藩服礼，外国公使觐见礼，内外王公相见礼，京官相见礼，直省官相见礼，士庶相见礼。"可见，清朝时宾礼的内容更加丰富，包括了上至藩国下至士庶相见礼等八种类型，这也是宾礼随时代发展内部不断丰富的表现。

五、嘉礼

嘉礼是中国古代国家层面举行的一些具有喜庆意义等功能的礼仪活动，如帝王登基、册封皇太子、册封王侯等。自周朝开始，《周礼》对嘉礼就有明确的规定，《周礼》中的嘉礼本质上是周天子以亲万民的礼仪活动，目的是用来笼络民众，维护自身统治，其形式也扩至宗亲、朋友、宾客、异姓之国之礼等。如《周礼·春官·大宗伯》中记载："大宗伯……以嘉礼亲万民，以饮食之礼亲宗族兄弟，以昏冠之礼亲成男女，以宾射之礼亲故旧朋友，以飨燕之礼亲四方之宾客，以庆贺之礼亲异姓之国。"

可见，嘉礼有六项内容：饮食、婚冠、宾射、飨燕、脤膰以及庆贺。举行冠、婚、睦、敬的"嘉礼"，其主要目的就是通过礼仪活动，使大家都知道礼节礼俗并尊礼守礼，从而使兄弟之间和睦相处、夫妇和谐、亲朋友好、尊重师长、友好邦交。这其实体现了古代政治家所追求的大同世界的具体表现。这一礼仪形式被历代统治阶级保留并传承，如清朝的嘉礼，《清史稿·礼志六三》中就记载道："二曰嘉礼。属于天子者，曰朝会、燕飨、册命、经筵诸典。行于庶人者，曰乡饮酒礼。

而婚嫁之礼，则上与下同也。"天子举行嘉礼以示亲善子民。

以上是对中国古代"五礼"的简单概述，可以看出，中国古代非常重视礼仪的建制，彰显着中国古代礼仪文化的早熟形态，也塑造和彰显了中国文化的特色，体现着中国作为"礼仪之邦"的自身特质。从本质上来说，中国古代封建统治阶级重视和倡导以礼仪彰显等级森严的社会结构，并由此形成一整套礼仪规范，它们规范和调节着社会中不同人群和个体的行为规范，起到了以礼治的行为维持社会秩序的作用，这种秩序被称之为"礼治秩序"。

第三节 古代人生礼仪

人生礼仪是指每个人在一生当中几个重要环节上所经过的具有一定仪式的行为活动，这种仪式的举行，标志着一个人其人生开始从一个阶段转向另一个阶段，这种人生礼仪主要包括诞生礼、成年礼、婚姻礼和葬礼等。作为礼仪之邦的古代中国，非常看重一个人的人生礼仪，从出生那一刻开始，人们就处于"礼仪"这个环境中，一直到生命终结。与世界上其他民族和国家相比，中国人的人生礼仪有其自身特点，加之多民族和不同环境地域的复杂而呈现丰富多彩的文化类型。

作为一个具有悠久历史的文明古国，中国人的人生礼仪发生较早，作为古代中国礼文化的一个重要组成部分，积淀成为一种民俗行为，被各地的中国人所普遍接受。从现在掌握的古文献看，在先秦时期，就已经形成和存在着各种人生礼仪，如在《周易》《诗经》《左传》《仪礼》《礼记》等古籍中都有记载。尤其是西周之初，周公旦制作礼乐，推行礼乐教化，形成了中国古代的礼乐文化，其中涉及人生礼仪的内容较多，对后世产生了很大的影响，今天的人生仪礼中，还有很多延续着古代人生礼仪的内容。中国人的人生礼仪同宗教的祭祀仪式相比较而言，更具有世俗的性质，体现出在宗法社会中以个人为中心的礼俗规范。中国人的人生礼仪深受儒家文化影响，千百年来始终发挥着规范人生和人文教化的作用。

一、诞生仪礼

诞生仪礼是人一生的开端礼，作为一个人从其降生就要举行的仪式，是满足社会承认其为一个真正意义上的"社会人"的需要，只有通过为其举行诞生礼仪，个人才能获得在社会中的地位。古代诞生仪礼从妇女未孕时的求子到婴儿的周岁，一切的仪式活动都围绕着婴儿的长命与众人对他未来的美好希冀而进行。所以诞生仪礼亦可以看作是一个较长时间的连续过程，大体上包括求子仪式、孕期习俗以及庆贺生子三个阶段的内容。诞生仪礼最为重要的就是生子后为婴儿举行的庆祝活动，故以庆贺生子为中心部分。

（一）求子仪式

中国俗语云："不孝有三，无后为大。"这种根植于整个中国的传统思想观念，不仅在古代对人们影响极大，在今天依然根深蒂固，对于一个女人来说，生育是其婚后的重要任务。已婚的妇女未孕前，古代民间就有种种企盼怀孕得子的习俗，尤其是古代中国男权社会以及重男轻女思想的影响下，生男孩通常会被人们所重视。一个妇女在家庭中的地位，与其是否生男孩有关。因此婚后妇女会通过祈祷神灵等方式，希望自己能生下一个男孩，当然各地求子习俗也会有所不同。

古代最为普遍的求子方式是向神灵祈求。在古代人的思想观念中，他们认为人类的生育是由超自然的神灵所掌管，这些掌管人类生育的神灵有碧霞元君、送子观音等。人们为这些神灵立庙建祠，已婚妇女或不孕妇女如有求子需求，就会带着香烛、纸蜡等前去祈祷，以求自己能得孕生子。

中国古代曾有祭祀生育之神的习俗活动，如祭祀高禖的礼仪。高禖是古代帝王求子所祀的媒神，一般都在仲春之月举行。《礼记·月令》

中记载："（仲春之月）是月也，玄鸟至。至之日，以太牢祠于高禖，天子亲往，后妃亲帅九嫔御。"郑玄这样注释："高辛氏之出，玄鸟遗卵，简吞之而契。后王以为媒官嘉祥而立其祠焉，变媒为禖，神之也。"可见，这一习俗源远流长。媒神的原型就是传说中的女娲，如宋罗泌在《路史》中就有"皋禖古祀女娲"之说。闻一多在《神话与诗·高唐神女传说之分析》中认为："高禖者，夏人所视为涂山氏，即女娲；殷人所视为简狄；周人所视为姜嫄。"不管是高禖、女娲、简狄，还是姜嫄，都是古代人观念中的圣母，都是创造人类的母亲，她们后来被古人奉为"生育之神"，被人们所祭拜。

（二）孕期习俗

在古代，社会中有很多关于孕期的习俗，这种习俗在不同的地方也都普遍存在，只是在表现形式上有细微的差异。如一个妇女怀孕后，在民间社会，人们会有一些特定的称谓，如"有喜"或"害口"等。对于孕期的妇女，在日常生活习惯中，有许多禁忌需要她们来恪守。这种针对于孕期妇女的禁忌在民间社会中普遍存在，有些是对饮食方面的，有些是对言语和行为上的，等等。如在饮食方面，禁止食用一些动物，如有的地方禁止孕妇食用公鸡，认为吃公鸡会导致生产下来的孩子夜里啼哭，有的地方禁止孕妇食用螃蟹，认为吃螃蟹会导致胎横难产等；在行为方面，对孕妇的禁忌也较多，如不让孕妇看一些不常见的动物和丑陋的人，怕会受到惊吓等。

（三）庆贺生子

古代中国庆贺生子主要是经历"三朝""满月""百日""周岁"等几个阶段。诞生礼是一个人一生的开端礼，在人的一生中是一种重大的礼仪。婴儿诞生时，产房除了接生婆和家里的妇女外，男子和外人一般不准入内，产妇的丈夫也不得随意入内。当孩子生下来后，家人马上要在门帘上挂一个红绸或红布条子，提醒有妇女正在坐月子，这就意味着外人不能随便进入。

生命降生仪式"三朝"，是指在婴儿出生后第三天举行的庆贺仪式，亦称为"洗三"。仪式当天，请产婆到家中给婴儿洗澡，以洗去婴儿身上的污垢，使之吉庆平安。该习俗历史悠久，早在唐代便已盛行。韩偓的《金銮密记》云："天夏二年，大驾在岐，皇女三日，赐洗儿果子。"司马光在《资治通鉴》中载有唐代"洗三"风俗："上闻后宫欢笑，问其故，左右以贵妃三日洗禄儿对。上自往视之，喜，赐贵妃洗儿金银钱。"另据宣城《梅氏家谱》载："梅尧臣五十八岁得幼子，三朝，欧阳修、范仲淹等皆作'洗儿诗'以贺。"足见北宋时"三朝"这一习俗已十分风行。这一仪式的举行，一是在于庆贺家中新添一位成员，二是寄托对新生婴儿的美好愿望。

"满月"礼仪是在婴儿出生后举行的一种仪式活动。一般是在婴儿出生 30 天后，主家宴请宾客到家中为此婴儿带来美好祝福。古人举行满月仪式具有一定的社会功能，此仪式的举行意味着婴儿已经足月，并正式成为家中的一名成员。届时孩子的祖父母需要置办丰盛的宴席，孩子的外祖父母和亲朋好友等要给孩子买礼物前来道喜。这种习俗至今在我国农村地区依然存在，如各地经常举行的满月酒、满月宴等，其实就是中国"满月"礼仪的延续。

（四）百日习俗

"百日"是古代中国人的一个重要的人生礼仪，在古代文献中又有"百禄"等称谓，宋代孟元老的《东京梦华录》、明代沈榜的《宛署杂记》中都有记载。百日习俗一般是婴儿出生后的一百天时所举行的庆贺仪式，主家对此活动较为重视，专门准备饭菜，邀请亲朋好友，欢聚一堂，共同为孩子举行庆贺仪式。百日庆贺的习俗因社会地域环境的不同而形式多样，有的给婴儿吃百家饭，有的给婴儿穿百家衣，有的给婴儿挂百家锁等，总之，在"百岁"这一日通过收贺礼来祝贺新生儿健康成长。

（五）抓周习俗

古代人家孩子到了一周岁时，一般都会在家里举办一个抓岁仪式。在过去不管家里有多穷，父母总是要借钱给孩子办一个抓岁仪式。到了这一天，孩子的家长要用面做一个大大的发糕，上面有枣子等，再做好饭菜，邀请亲戚朋友前来参加。届时将发糕放在桌子上，然后在桌子上放上纸币、算盘、书本、笔、尺子、钥匙、小型农用工具等，再将孩子放到桌子上，众人围看，抓到什么东西，就认为孩子以后要从事什么职业。如果抓到笔，就认为孩子以后会好好念书；抓到算盘，认为孩子以后会成为商人；抓到农具，认为孩子以后会是个农民；等等。抓岁的方式表达了家长对孩子未来的一种期望，抓完岁后，主家端上饭菜，大家一起享用，共同庆贺。

二、成年仪礼

成年仪礼是承认男女具有成年人资格的人生仪式，是针对一个人身份转变的仪式活动，它也是古代"嘉礼"中的主要项目之一。中国人重视人生礼仪，一个人到了成年的年龄，要举行一定的礼仪活动，是其从少年转向成年的标志。这个礼仪备受中国人的重视，是一项人人都要经历的传统礼仪。《礼记·曲礼》中记载："男子二十，冠而字。"男子在二十岁就到了及冠的年龄，要行冠礼以示步入成年。冠礼仪式是由主持仪式者给冠者戴帽，完成这一礼仪，标志着冠者以后具备了成人的资格。

古代女子也有成年礼，其形式与男子相同，都体现在仪式中的头饰上，如男子戴冠，女子插笄。据《仪礼·士昏礼》记载："女子许嫁，笄而醴之，称字。"女子的笄礼相对于男子的冠礼要简单一些，这也是古代女性成年礼的一大特色，只是由女性长辈为行笄礼者改变其发式。古人将该女子的头发绾成一个髻，插上簪子，以示少女时代结束，并且到了婚嫁的年龄。

在古代，由于人们早婚现象较为普遍，冠笄仪礼往往是与婚嫁联系在一起的。一个人一旦举行了成年礼，其实就是到了该谈婚论嫁的年龄，人们判断一个人是否可以成家，一般是以行冠礼与笄礼为准的。人们通过感观上的判断，就可断定一个人是否到了谈婚论嫁的年龄。通过成年仪式，实现身份的转化，并得到社会的认可，未成年人开始要告别过去，承担起一个成年人该有的责任。

三、婚姻仪礼

传统中国人的婚姻深受礼文化的浸染，从人们的婚姻观到择偶对象的选择，以及婚姻缔结的条件、婚姻缔结时的礼仪和仪式等，都有一套以"礼"为核心的婚姻伦理规范。男女两性的结合必须以媒人为中介来实现其合法性，所谓的"父母之命媒妁之言"是婚姻缺一不可的两个条件。其中"媒妁之言"这一婚姻条件作为一种礼俗文化形成历史久远，其渊源可追溯到原始社会的后期阶段。在中国古代文献中最早有此记载的是《诗经》，"娶妻如何？匪媒不得"。可见早在先秦时期先民的婚姻观中就很重视"媒妁之言"的社会价值。

"媒妁之言"不仅是一种关涉婚姻合法性的"礼"，还被古代统治阶级的国家机构上升为一种具有社会强制力的制度规范。《唐律》中规定："为婚之法，必有行媒。"按照古代的礼制，一个完整的婚姻一般要包括六个环节，即纳采、问名、纳吉、纳征、请期、亲迎等，基本上每个环节都需要媒人穿梭于两个家庭，起着穿针引线的中介作用。甚至还设立了具有官方色彩的官媒职业，使媒人这一角色曾一度跻身于官僚体系的队伍中。

为什么在传统社会，整个社会自上而下会对于"媒人"如此看重？一是与古代中国长期以男权社会为特征有关。我国历代封建社会重视以纲常伦理构建传统社会秩序，对女性设置了一套社会价值观加以约束限制其自由，宣扬"男女授受不亲"的封建思想，倡导"大门不出、二门不迈"的贞女品德，使得人们都确信"男女无媒不交"的原则。二是传统的自给自足的自然经济模式是以个体的家庭为劳动或生产单位，有限的活动空间不仅使人们交往和交流的范围较小，对外界信息的获取渠道更是不畅。如果说传统乡土社会是一个熟人社会，这种熟人特质也仅限于村庄这样一个狭小的空间范畴，超出村以外的空间由于缺少交往是陌生的。在陌生的家庭间要缔结婚姻关系，不能缺少一个必要的信息传递中介（即媒人），以弥补传统社会空间分隔时人际互动的障碍。千里姻缘，男媒女妁，父母之命，红绳系足，这是中国传统婚姻的一个显著特点。可见在婚姻仪礼中，媒人是一个异常重要的角色。具体来说，古代中国婚姻"六礼"的内容如下。

（一）纳采

即现在的提亲，由男方家请媒人去女方家提亲。在中国古代，受礼法束缚的女性，一般都是深居闺中，等待男方来求亲。纳采是婚姻过程的第一步，也是两个家庭能否缔结婚姻关系的重要环节。一旦女方家答应求婚后，男方家根据礼俗要下聘礼。在古代，人们纳采的时候礼物要用雁。《礼记·昏义》中说道："纳采者，谓采择之礼，故昏礼下达，纳采用雁也。"其实婚姻中的六礼，除了纳征外，其他五礼都用"雁"。这种习俗的形成历史久远，周代即已确立。《仪礼·士昏礼》中记载："昏礼有六，五礼用雁，纳采、问名、纳吉、请期、亲迎是也。"对此，成书于汉代的《礼记》一书中也有记载。

为何纳采过程中一定要使用雁？《仪礼》中有所解释。《仪礼·士昏礼疏》记载："用雁为贽者，取其顺阴阳往来者。"郎瑛《七修类稿》云："雁，诸书止言知时鸟也。行有先后。故以之执贽，以之纳采。"《艺文类聚》记载："雁，候阴阳，待时乃举，冬南夏北，贵有其所。"可以看出，古人纳采时用雁主要有以下四点用意：一是大雁是候鸟，随季节变换，秋去春来，用雁可象征婚姻有时。《春秋公羊传》曰："凡婚礼皆用雁，取其知时候。"二是取阴阳往来，突出了妇人从夫之意。三是用雁象征阴阳两性结合，顺应自然之道。四是大雁迁徙时排列有序，用雁可象征现实中长幼有序，双方忠于婚姻。

（二）问名

中国古人在婚姻中很重视男女双方的生辰八字，将其作为是否合适婚配的一个前提条件。所以在纳采环节，男方家会请媒人询问女方的生辰八字。一般是询问女方的生辰八字，男方之问名会在纳采时先通报。问名时的礼物仍然是雁，即所谓"宾执雁，请问名"。古人重视询问生辰八字，这也与中国古代社会的人文环境有一定的关系，一方面是为了维护异姓通婚，防止同姓结婚，以保障家族的世代绵延；另一方面古人相信占卜，可以通过占卜来判断男女双方的婚嫁是否合适。其中男女双方的生辰八字就是重要的用于占卜的信息，男女两人八字相合才可婚配。

（三）纳吉

纳吉是在纳征之前的一个重要仪礼，也是婚姻关系能够缔结的重要条件。将男女双方的生辰八字取回后，人们一般都会在自家祖庙进行占卜。卜得吉兆后，男方家就通知女方家，正式决定缔结婚姻关系。《仪礼·士昏礼》云："纳吉用雁，如纳彩礼。"东汉末年经学大师郑玄注："归卜于庙，得吉兆，复使使者往告，婚姻之事于是定。"由此可见，纳吉在古人婚姻的关系缔结中是一个重要的环节。

（四）纳征

又称为"纳币"，相当于现在的定亲仪式，是婚姻进入实质性的一个环节，即男方家向女方家送聘礼，正式表达要与女方家缔结婚姻关系，女方家一旦应许，双方就正式确定这一门亲事。纳征时不再使用雁为礼物，男方家要送给女方家一定的财物，这时的礼物要用黑丝、一匹四十丈帛以及两张鹿皮。《仪礼·士昏礼》中记载："纳征，玄纁束帛，俪皮。"纳征时的聘礼并不是很多，《周礼·地官·媒氏》中记载："……入币纯帛无过五两。"纳征仪礼完毕后，两家的婚姻关系正式确立。

（五）请期

纳征仪礼后，就需要确定婚姻的时间，一般都是男方择定婚期，并备礼告知女方。如果女方同意，婚期就正式确定下来。男方家请期时需要的礼物仍然是雁。《礼仪·士昏礼》中记载："请期用雁，主人辞，宾许告期，如纳征礼。"请期后，男方家就开始准备婚礼了。

（六）亲迎

即新郎亲至女家迎娶，具体根据两家请期的时间，开展迎娶仪式。迎娶是古代婚姻仪礼的高潮部分，预示着婚礼的到来。亲迎时男家要摆上三鼎，陈设上祭品，在北窗下设玄酒，新郎乘马身着礼服去迎接新娘。将新娘接来后，除了置办宴席，招待宾客，随之还要举行拜天地、入洞房等仪式，夫妇二人行合香礼，至此仪式圆满完成。当然此仪礼各地也会有所不同。婚礼结束后，还会有一些其他活动，这也是婚姻仪式的延续。

四、丧葬仪礼

一个人生命的终结，也要举行相应的仪式活动，即丧葬仪礼。丧葬礼仪是一个人一生中最后的一种人生礼仪。中国古代丧葬礼仪源远流长，内容丰富。西周时期是古代中国礼文化的形成时期，丧葬礼仪作为众多仪礼中的一个，也基本被制定出来并形成一定的制度。西周时期的丧葬礼仪，内容包括丧葬中墓地风水的选取、服丧期间的各种禁忌、祭品和冥纸安排上的差异等。春秋时期，我国古代丧葬礼仪又增添了新内容。此时的丧礼，在下葬的期限上有了明确的规定，具有一定的阶层性特征。《礼记·五制》中记载："天子七日而殡，七月而葬；诸侯五日而殡，五月而葬；大夫、士、庶人三日而殡，三月而葬。"

秦朝时期，皇帝的丧葬极为奢侈，不仅墓室的规模、墓室的装饰、随葬品等与前大有不同，此时帝王葬礼中依然有随葬人员，较为典型的是秦始皇陵。汉代的葬礼仪式承接前制，皇帝及上层社会的墓葬奢侈豪华，墓葬墙壁上开始出现大量的绘画，同时石刻技艺在汉代已有很大发展。魏晋南北朝时期，金银财宝及石雕工艺品不再随葬埋入地下。

隋唐时期的丧葬，最大的变化就是墓中放置彩绘陶俑，墓壁彩绘青龙白虎，墓顶绘日月星辰。宋元时期的墓葬，使用仿木建筑结构的墓砖，并盛行烧纸的习俗。明朝时期，每遇丧事，丧主总要大摆宴席，搭台演戏，一连几日。

清朝以后，丧葬仪礼经过多次的改革和演变，革除了传统丧葬过程中的一些弊端。由于丧葬仪礼不是简单的礼仪制度，其背后蕴含的深层文化内涵与观念，是不会轻易改变和消失的。尽管传承到今天，一些形式发生了变化，但传统的丧葬礼仪仍被继承和保持了下来，在不同的地方也有所差异。总的来说，土葬之俗是主流，世代沿袭。丧葬礼仪大致按如下程序展开。去世第一天：初终；第二天：小殓；第三天：大殓。大殓以后的成服和朝夕奠月朔奠，葬前准备、下葬等环节，基本都使用棺木盛尸，实行土葬。

葬礼后，逝者的亲人要履行居丧义务。居丧之礼，对于孝子有三年的要求，其间不仅对其服饰等有所要求，更要节欲，深居简出，以示哀悼。同时丧葬仪式进一步延伸出丧葬后的纪念活动，如死者去世的第七天，主人要为其准备过"头七"的仪式。不只如此，在二七、三七、四十天、去世一年后等重要日子都会为死者举行相应的祭祀仪礼。

中国是一个注重礼仪的文明古国，中国传统文化所倡导的"礼"，不论是礼仪、礼节，还是约束和规范社会的准则，都对中国社会产生了极其深远的影响。"礼"从上层贵族社会移入民间社会，为中国乡土社会的行为规范提供了直接依据，并维系着传统乡土社会中的礼治秩序。这些传统礼仪世代传承，延续至今，既是我们认识和理解中国传统文化特点的一扇窗，也是我们了解中国古代社会的一些历史记忆。

参考文献:

1. 李宗桂.中国文化概论[M].广州:中山大学出版社,1988.

2. 赵吉惠.中国传统文化导论[M].南京:江苏教育出版社,2007.

3. 乌丙安.中国民俗学[M].沈阳:辽宁大学出版社,2006.

4. 费孝通.乡土中国生育制度[M].北京:北京大学出版社,2005.

5. 杨春枝.源远流长民族魂:中华文化[M].长春:吉林出版集团有限责任公司,2012.

6. 柳诒徵,吕思勉.文化十六讲[M].北京:中国友谊出版公司,2009.

思考题:

1. 古代中国为何被称为"礼仪之邦"?

2. 中国传统礼仪在现实中有何功能?

第六章 中国传统哲学

哲学是一种探求智慧的学问。"哲学"的英文"philosophy"，其词源是拉丁语"philosophia"，由希腊语"philos（爱）"和"sophia（智慧）"两个词组合而成。哲学在西方文化语境中就是"爱智慧和探求宇宙万物本源与人生智慧"之意。哲学既构成了民族文化之根，也是一种文化的深层结构。中国传统哲学作为中国文化的精髓，凝聚了中华文化的基本精神，也是中华民族五千年来智慧的结晶。中国传统哲学的较早出现，是中国文明具有早熟特征的体现，它起始于中国古人对宇宙和生命奥秘困惑的追问与思考，战国时期楚国政治家屈原的《天问》就是一个典型。屈原的《天问》，表达了人类对于宇宙本源和人生意义的追问，这既是哲学发生的起点，也属于哲学讨论的基本范畴。自古以来，中国人对宇宙奥秘的探求，对人生意义的追寻，对理想信念的树立，都是通过哲理思考来实现的，它积淀于中国文化的深层，深刻影响着中国传统文化，塑造了中国特色的思维方式和价值观念。在中国文化系统中中国哲学起着主导作用，凝聚而成为中国文化的核心。

第一节 古代早期哲学思想

中国传统哲学思想发生较早，有着悠久的历史，是中国文化早熟特征的一个重要体现。我国古代哲学思想最早萌芽于先秦时期，这一时期的哲学思想可以称为中国哲学的原始形态。西周初年就已成书的古代典籍《尚书》中就提出了"五行学说"，是早期中国人思考与探究宇宙本源的书籍。阴阳观念在商周时期开始出现，此时出现的《周易》则是以八卦解释自然现象和社会的关系。它们是早期中国人思考与探求宇宙和人生奥妙的解释学，是将自然人化的重要体现，代表了早期中国人的认识水平与层次。中国古代早期的五行说、八卦说、阴阳说等，包含着最朴素的原始哲学思想，是中国哲学之根。

一、五行学说

五行是中国古代哲学的基本概念，也是中国古人理解宇宙本源的基本概念与术语。所谓"五行"，是指金、木、水、火、土五种元素，这是构成世界万物最基本的元素。基于这五种元素，中国古人创造性地生成了早期中国人特有的宇宙观，也说明在中国古人的观念中，宇宙万物的生成有一个多元素的客观基础，五行元素间的相生是宇宙万物生成的前提和方式。早在西周末年，史伯就提出了五行杂以成百物的命题："以土与金木水火杂，以成百物。"这是用朴素唯物主义观点来阐释万物起源问题，是中国古代五行学说的雏形，也是中国古代宇宙观生成的前奏，奠定了五行学说的基本理论框架，它指出五行间的相杂以形成万物，但对于具体如何相杂则尚未思考。

战国时期，五行学说有所发展，对于宇宙万物生成中五行如何相杂的理解，开始有了"五行相生相胜（克）"的学说，使原本抽象的五行相杂关系更为具体，呈现出一幅宇宙万物生成的图示。五行相生的关系是：金生水，水生木，木生火，火生土，土生金。五行相生的关系反映出古人对组成世界的五种物质的生成关系的朴素经验。在古人看来，金属熔化后成了液体，所以金生水；树木获得水分后才能生长，所以水生木；木能燃烧起火，所以木生火；许多物质燃烧后留有灰烬，所以火生土；金属矿物都在土里，所以土生金。五行间也有相克的关系，这种相克关系来自于对现实生活的观察与思考。古人以金属工具伐木，所以金克木；用木作成工具来耕地，所以木克土；土能堵住水，所以土克水；水能扑灭燃烧的火焰，所以水能克火；火能溶解金属，所以火克金。在当时，五行相生相克代表了古人对宇宙万物生成规律的探求，在人类哲学史上无疑是一个重要的创举。

五行相克表示的是物质基本形态的变化，五行之间相互作用，万物生成变化无穷。任何事物的生成都基于五行元素间的相互关系，五行的相生与相克关系是一对矛盾，矛盾的任何一方又可分为两方面。五行相生相克思想对中国传统文化产生了较大的影响，其广泛地浸透到哲学、医学、文学等领域，如中国传统医学就受其影响较大。

战国中期，邹衍对五行学说进行了新的阐述，将五行学说赋予了神秘主义色彩。邹衍在继承古代阴阳五行说的基础上，将自然规律和社会现象有机地结合起来，提出了"五德终始说"的理论。邹衍认为，每一个王朝都有五德中的一种与其相对应，每一德都有德运盛衰，德运决定了一个朝代的命运，朝代的更迭按照五行相克的顺序进行。按照邹衍的说法，五行代表的五种德性是以相克的关系来传递的。随着五行思想的被神秘化，原本带有朴素唯物主义色彩的五行学说逐渐变异，成为占卜、算命、看相、看风水等迷信行为产生的理论依据，当然这种解释牵强附会、生搬硬套，并不具有科学性。

二、八卦学说

八卦学说是古代中国人的一种早期哲学思想，是利用卦符为工具来解释自然和社会现象，是中国古人智慧创造的结晶。八卦指的是八个不同的符号，每个符号都代表着一个特定的含义，它们动态地排列组合，形成不同的符号，呈现不同的意义，是对自然和社会现象的一种符号表达。八卦学说源于河图和洛书，据传为三皇五帝之首的伏羲氏所创。八卦符号表示事物自身变化的阴阳系统，用"—"代表阳，用"– –"代表阴，用这两种符号，按照大自然的阴阳变化平行组合，组成八种不同的新符号，称为"八卦"，分别代表八种不同的含义。

八卦学说主要集中于《周易》一书中。体现了中国古人的卜卦方法和观念。所谓的"八卦",是指八个特殊的符号,即乾、坤、坎、离、震、巽、艮、兑,又被称为"经卦";经卦各有三画,称为"爻",而最基本的爻是阴爻(— —)与阳爻(—)。效法天地人三重关系用三个爻组成一组符号,最终形成八组符号,即"八卦"。然后再用两个经卦重叠排列组合,得出六十四种卦象。八卦代表着八种自然现象,以天地为父母,其余六个为子女,用变易的卦象来解释世界万物的生成。

《周易》是一部什么性质的书呢?有人认为《周易》是一部筮书,有人认为《周易》是一部历史书,也有人认为《周易》是一部哲学书,等等。可以肯定的是,《周易》是中国古人解释自然现象和社会现象的一种学说,是中国古人特有的一种宇宙观,深刻地影响着古代中国人的思维方式。当然它与今天街头的算命是不一样的,代表了古人对宇宙万物的理解水平。

总之,《周易》是古代中国人的一种哲学思想,是中华传统文化的思想源泉,是中华民族智慧创造的结晶,它蕴含的是古人对人自身创造性的发挥。牟复礼在《中国思想之渊源》中讲道:"《周易》昭示了一种令人惊异的宇宙观,一种关于人的潜能的哲学:人在宇宙运化之中拥有主动创造和自由的潜能。"郭沫若称《易经》是一座神秘的殿堂,通过利用人为创造的符号,解释自然现象和人类社会的现象,对中国的文化具有不可取代的重要价值。

三、阴阳学说

阴阳是中国古代哲学的一个重要概念术语,用来表示一个事物的两个对立面,用于解释宇宙万物是如何生成的。阴阳学说发生较早,在殷商和周代已有了原始的阴阳概念,当时只是用来表述自然现象,如最初的概念指日光的向背,向日为阳,背日为阴,这是人类二元对立思维的原始表达。所谓二元对立的思维是人类普遍具有的一种思维模式，是人类思维成长中的普遍结构。

古代哲人认为，任何事物都有正反两面，对立又统一。如人对自己身份的确认，必须要有一个你和他为参考，有美就必须有丑，有高必须有低，有大必须有小，等等。它们对立，但又不能孤立存在，对立中的统一确认了它们彼此的存在性。中国古代的哲人用阴阳这两个概念来解释自然界两种既对立又统一的物质现象，所以阴阳不是一个具体的事物，而是一种抽象的蕴含着对立与统一思维的解释学概念，是一种宇宙万物发生学的解释概念。老子说："万物负阴而抱阳，冲气以为和。"《易传·系辞上》中说："一阴一阳之谓道，继之者善也，成之者性也。""阴阳者，有名而无形。"《素问·阴阳应象大论》中说："阴阳者，天地之道，万物之纲纪，变化之父母，生杀之本始，神明之府也。"阴阳在古代哲人的观念中，是宇宙万物生成的本源，被赋予了宇宙万物衍生动力的解释学概念。

战国末期，以邹衍为代表的阴阳五行家，把阴阳和五行观念结合起来，创造出了新的阴阳五行说。原本处于宇宙论解释层面的阴阳学，扩大了其解释范畴，被纳入社会领域，阴阳五行学说被包装上了神秘主义的外衣，由此演变成了唯心主义学说。人类社会中的一些现象可以用阴阳五行学说来解释，但是当社会现象与阴阳五行的解释都有了对应关系，原本带有朴素唯物主义的学说开始褪色质变。

第二节　先秦诸子哲学

春秋战国时期是我国先秦时期的一个重要阶段，也是中国古代哲学思想史上的一个辉煌阶段，以先秦诸子百家为表征。诸子百家，是对春秋、战国时期各种学术派别的总称。据《汉书·艺文志》记载，数得上名字的一共有 189 家、4324 篇著作。其后的《隋书·经籍志》《四库全书总目》等书则记载"诸子百家"实有上千家，但流传较广、影响较大、最为著名的不过几十家，只有十家被发展成思想学派，即东汉班固在《汉书》中归纳的儒家、道家、阴阳家、法家、名家、墨家、纵横家、杂家、农家、小说家等。

春秋战国时期是人类文明史的一个重要节点，国外史学家雅斯贝尔斯将世界所处的这一时期称为"轴心时代"。在《历史的起源与目标》一书中，他指出公元前 800 年至公元前 200 年，尤其是公元前 600 年至公元前 300 年，这是人类文明的"轴心时代"，这段时期是人类文明的辉煌时期。在轴心时代里，各个文明区域都出现了伟大的精神导师——古希腊有苏格拉底、柏拉图、亚里士多德，以色列有犹太教的先知们，古印度有佛教的释迦牟尼，中国有孔子、老子和孟子等一大批先哲等。处于"轴心时代"的中国先秦诸子百家，他们生活于特定的社会环境中，站在各自的角度对社会文化进行思考，出现了中国古代思想史上的大繁荣，是中国传统哲学的一个历史高峰。

一、以孔孟为代表的儒家思想

儒，不是儒家思想家的自称，而是后世的他称。孔子未曾称其思想为儒家，只是勉励他的弟子去做真儒。儒，是中华古代知识分子的原型，最早是指沟通众神的巫师群体。儒，代表了古代中国社会中的一个重要阶层，在以人本主义为特征的周朝，儒从原本的巫师角色中退出，开始充当起人文教化的角色，这也是后世称孔子这一学派为儒家的重要依据。儒家是先秦诸子中最具代表性的思想学派之一，其学派创始人为孔子，另有孟子和荀子等代表人物。这一阶段为儒家学说的初创时期，以孔孟为代表的儒家思想则为中国儒家思想的原型，先秦诸子时代的儒家被称为"原始儒家"。先秦诸子时代的儒家学派的经典有《诗》《书》《礼》《乐》《易》《春秋》等。他们的著作有《论语》《孟子》《荀子》《大学》《中庸》等，儒家思想的最大特点在于关注现实，将注意力集中在如何处世的探讨上，这也决定了儒家的哲学不是从本体论、认识论的角度去探索哲学，而是从精神境界、道德修养、自我完善的角度去探讨哲学的真谛。儒家哲学更侧重人生哲学，研究处世之道，是探讨人际关系的学说和思想。

（一）儒家学说的鼻祖孔子及其思想

孔子是春秋时期的思想家和政治家，是儒家学说的创始人。孔子是鲁国人，生于陬邑（今山东曲阜）。孔子名丘，字仲尼，生于周灵王二十一年（公元前551年），卒于周敬王四十一年（公元前479年）。他的祖先是殷人后代，是宋国的贵族，因在上层政治斗争中失败，流亡于鲁国。他的父亲做过鲁国的小官。孔子早年地位低贱，当过管理仓库的小吏，以后主要是从事帮助贵族办理丧事的赞礼一职，后来又做过鲁国的大司寇，但为时不长。

从公元前496年至公元前492年，孔子开始了五年周游列国的漂泊生涯。他推崇西周政体，以西周社会为蓝本构建其政治理想，并四处奔走，周游列国，推介自己的学说。他整理三代典籍，删诗书，定礼乐。中年后他创办私学，收徒讲学，为后来儒家学派的形成和儒学理论体系的出现奠定了基础。公元前479年孔子逝世，终年73岁。他的及门弟子和再传弟子将他和学生的言行编纂整理成书，也就是后世的《论语》。孔子可谓将教师和学者等角色集于一身，这种身份被后世长期推崇。林语堂称赞"孔子在中国古代确实是一位非凡的智慧集大成者"。他将孔子的思想简单概括为：代表一种理性的社会秩序，以伦理为法，以个人修养为本，以道德施政为基础，以个人正心修身为政治修明之根柢。

1. 仁学思想

孔子思想的核心就是"仁学"，"仁学"是孔子思想的灵魂，孔子的哲学思想围绕着"仁学"而展开，形成了"仁"的人生哲学。"仁学"要求人要尽仁道，要做一个合格的"人"。《论语》一书中109次出现"仁"字，"仁"字集中表达了孔子思想的精神内涵和特质。

何谓"仁"？孔子解释道，仁者"爱人"。孔子的解释非常简练，却微言大义。孔子主张的爱人，强调的是以血缘纽带为基础的一种爱，这是"仁"的最基本含义，也决定了儒家思想区别于其他各家的最大特征。它要求在尊亲敬老的自然道德情感上，由己推人，由近及远，由内而外，层层传递一种差序特征的爱。《论语·学而》中说道："弟子入则孝，出则弟（悌），谨而信，泛爱众，而亲仁。"孔子对爱人的诠释是符合人性的。同时儒家的爱人强调要有理智，要把握好一定的尺度，不能冲动且感情用事。《论语·颜渊》中说道："爱之欲其生，恶之欲其死，既欲其生，又欲其死，是惑也。"

孔子眼中的仁者既是一种理想化的人格，也是一个做人做事有原则、有分寸的智者。孔子主张的仁者爱人，不是停留在口头或言词上，更不是虚情假意，而是发自内心的爱，这种爱符合社会上"礼"的规范，并以"礼"抑制自己内心的私欲，以博大的胸怀去对待别人。《论语·颜渊》中载："克己复礼。"克己是对人的自然本能的私欲压抑，复礼体现的是对他人与社会的尊重，这是孔子所谓仁爱表达的前提。

所谓"仁"，其实就是一种伦理道德在社会层面的表达，其以"礼"为表达的尺度或原则，是一种通过内化于心的道德力量对个人本能属性的抑制，让人的行为更符合社会规范。《论语·颜渊》中说道："非礼勿视，非礼勿听，非礼勿言，非礼勿动。"如果说，孔子所主张的"仁"是一种有层次的理想境界，那么，他的仁学的最高追求是一种完全忘我的克己的至极境界，即杀身成仁。《论语·卫灵公》中载："志士仁人，无求生以害仁，有杀身以成仁。"可见，孔子所追求的仁学不在于成就小我，而在于对实现大我的人生境界的追求。最后，孔子将仁爱的理念上升到政治运作中，以实现其所理想的仁政。"仁"从本质上被孔子演绎成为一种生命哲理和政治信念，对后世的影响极为深远。

2. 礼治思想

"礼"是中国古代社会伦理道德、风俗习惯、社会风尚等范畴的总和。"礼"是调整人们行为规范和规则等的道德资源，孔子思想的一个重要内容就是礼治思想。孔子所崇尚的"礼"就是"周礼"，是西周时期周公旦制定的一整套政治制度和礼仪规范等。中心内容就是以血缘关系为纽带的宗法制、分封制和宗庙祭祀制。这套礼仪制度规定了不同等级的人群所享有的权利和承担的义务。周礼以"礼"为资源，代表了一种礼治秩序。孔子所处的时期，正处于春秋时代，周王室衰微，列国纷争，礼崩乐坏，宗法失序，不断发生社会局面的混乱失序。孔子认为，要维持稳定的秩序，就必须恢复周礼的权威，重新肯定宗法等级制度的秩序，也就是要正名。名不副实的结果就是社会失序，礼崩乐坏，世风日下，人心不古。

孔子一生的梦想就是要复兴"周礼"，将周礼立起来，用周礼来约束人们的一切行动，建立一个礼治的社会秩序。《论语·季氏》中说道："不学礼，无以立。"孔子对当时社会中存在的一切非礼的现象深恶痛绝，认为这是世风日下、社会倒退的体现。社会要想有秩序就必须有"礼"，作为个体就必须知礼守礼。一个人如果不知"礼"，就无法立足于社会，无法与他人交往，无法在社会中生存。"礼"在这里就是一切合乎道理的、可以作为人行为的道德标准，通过"礼"的教化手段，能使人遵守规矩，保持社会和谐。《乐记》中说："乐也者，情之不可变也，礼也者，理之不可易者也。"胡适在《中国哲学史》中将孔子的"礼"分几层内涵来加以理解："礼是规定伦理名分的，礼是节制人情的，礼是涵养性情、养成道德习惯的。"因此，"礼"的功能在于讲究和谐，以"和"为贵，但是"和"必须要靠"礼"来调节和维持。孔子说："礼之用，和为贵。"一个人遵守"礼"，前提是要做好"正名"，也就是要使人人都明白自己在社会之网中的位置，控制自己的私欲，不超出由"名分"规定的角色任务，符合"礼"的言语和行为是可以说的和做的，反之亦然。

3. "中庸"之道

中庸是中国古代人行为的一个重要的道德标准,中庸之道是孔子学说的重要内容,并进行了集中论述,形成一套理论学说。孔子的"中庸"思想,是一种折中调和、不偏不倚的处世态度。《论语·雍也》中载:"中庸之为德也,其至矣乎。"如何才是真正的中庸之道?《中庸》中说:"喜怒哀乐之未发,谓之中;发而皆中节,谓之和。中也者,天下之大本也;和也者,天下之达道也。致中和,天地位焉,万物育焉。"可以看出,中庸之道是一种至高的道德修养境界,做到中庸之道则为君子,然而对大多数人来说,实践中庸之道并非易事。《论语》中就说:"中庸其至矣乎!民鲜能久矣。""道其不行矣夫。""择乎中庸,而不能期月守也。"

孔子的中庸之道也是一种方法论。从方法论角度来说,其要点有二:一是"中",二是"和"。在实践中,不管是做人、做事,都要秉持中道的理念,不偏不倚,不走极端,这是孔子提供给中国人的一种处世哲学和做事之道,深深影响着中国人的传统价值观。

4. 天命观

孔子一生多关注现实生活,很少关注超验神秘的神圣领域。但这并不意味着孔子就是一个绝对的无神论者,相反孔子思想中包含着一套天命观,这也是孔子哲学思想的一大特点。

孔子认为,在现实世界之外存在一种超自然的力量,即天的存在。孔子对天是敬畏的,在他看来,天具有超自然的能力,如天有给世人降罪的能力、天有伤害世人的能力、天有决定富贵和贫贱的能力、天有生德的能力等。

孔子对命亦有论述,这是其天命思想的一个重要组成部分。命指天决定人是寿是夭,是生或死,这是非人力所能掌控的。既然命不是人所能掌握的,那么孔子对天命的态度便是知天命,即人能够认识和把握的天命,也就是认识天赋予给人的特殊使命。敬畏天命,敬畏外在于人的、非人力所能把握的天命。总之，孔子承认天所拥有的各种能力，但是淡化它的威力，避免并少讲，多讲现实中成人和构建社会秩序的问题。

孔子不多谈鬼神，对鬼神敬而远之。他不否认鬼神，且尊敬鬼神，但是并不把人生囿于神秘世界，而是重视现实生活。《论语·述而》说道："子不语怪，力，乱，神。"《论语·先进》说道："季路问事鬼神。子曰：未能事人，焉能事鬼？曰：敢问死。曰：未知生，焉知死？"孔子的天命观是儒家的主流观念之一，也是中国人的代表性信仰之一，在其思想体系中占有一定的地位。

（二）孟子学说

孟子（约公元前 372—公元前 289 年），是战国中期邹国（今山东邹城东南）人。孟子的先祖是鲁国公族"三桓"中的孟孙氏，鲁国后被吞并，孟孙氏家族衰败。孟子出生时家境贫寒，幼年丧父，其母从事女织以养家糊口。孟母为让儿子安心读书，前后三次搬家，遂有《孟母三迁》的故事留传后世。孟子师承于子思的弟子，他的学术思想与孔子、子思一脉相承，后以子思和孟子为代表，又形成了"思孟学派"。孟子通晓五经，尤其长于《诗》《书》《春秋》等儒家典籍。孟子青年时期开业授徒，培养人才；中年怀揣理想，周游列国。孟子继承了孔子的思想，以儒家的正统者自居，极力捍卫孔子的儒家之道。孟子对儒学的发扬光大作出了巨大的贡献。后世的统治阶级和学者都十分推崇孟子，把孟子看成儒家道统的嫡传，尊崇孟子为孔子之后的"亚圣"。孟子的基本思想主要有以下五个方面。

1. 人性本善论

孟子关注于人性论方面的探讨，这是其学说的一大特点。《孟子·滕文公上》说道："孟子道性善，言必称尧舜。"孟子主张性善论，但他没有简单地对人性作出善恶的价值判断，而是通过摆事实讲道理的方式，得出人性本善的结论。孟子认为，人生来都有一种共同本性，这是与生俱来的天性，人的天性都是善的，但是由于受外部环境的影响，会沾染上一些不好的恶习，会污染原本善良的心灵，这是违背人之本性的。孟子所说的天赋本性就是对别人的"同情心"，这也是孟子提倡统治者行"仁政"的理论依据所在。

孟子所说的同情心，又叫"恻隐之心"。孟子认为，人与生俱来都有"恻隐之心"，此外，还有"羞恶之心""恭敬之心""是非之心"等。这四种"心"，是人与生俱来就被赋予的天性，也是孟子论证人性本善的根据。《孟子·公孙丑上》中说："恻隐之心，仁之端也；羞恶之心，义之端也；辞让之心，礼之端也；是非之心，智之端也。"也就是说，仁、义、礼、智等是人最基本的四种美德和品质，是从这四种本"心"发端出来的。由此孟子坚信，人的一些道德品质，不是后天获致，而是人生来固有的本性。

既然人性本善，人要达到所谓为善的道德品质，就不在于外求，而在于内求，即所谓的"反求诸己而已"，也就是如何通过人的自我醒悟和反省，将人内心潜藏的善的本性挖掘出来。孟子认为，最好的修养办法就是清心寡欲，尽量将人之本性多发掘出来。

2. 良知说

在孟子看来，道德存在的形式是后天发明的，但是道德观念却是与生俱来的，是人的一种先天本性。它不需后天的学习和教化，却天然存在于人心，这种天生固有的知识就是孟子所说的"良知"。获取所谓的"良知"，只需要"反求诸己"，内求于心，不需要外求于他人。孟子所谓的大学问，就是内求于心获取的"良知"。找回失去或被掩藏的本性，就是一种获取良知的最佳路径。孟子的"致良知说"，提升了在知识获取中人的主体性，高扬了人的主观能动性。

3. 社会分工说

社会分工是一种社会发展的必然产物，关于社会分工的观念早在孟子生活的时代就已存在，并对不同的角色赋予了特定的角色分工。

孟子关注此现象并予以理论阐述，他认为社会分工是社会发展的必然产物。孟子认为，人与动物是有区别的，人异于动物的一点在于人的社会属性，人生来就分为"君子"和"小人"、"劳心者"和"劳力者"等不同类型。"君子"和"劳心者"，生来就是统治"小人"与"劳力者"的；"小人"和"劳力者"，他们的任务就是服从于"君子"与"劳心者"。孟子指出，这种生来就决定的统治者与被统治者的社会等级关系，是普遍存在的社会规律。

4. "仁政"思想

孟子继承了孔子的"仁学"思想，并创造性地提出了"仁政"学说，这是孟子政治学说的思想核心，也是孟子思想的精华。孟子的"仁政"思想体现了儒家政治思想的特点，主张效法先王施仁政以治理天下，并认为上古时期的尧、舜、禹是施仁政的圣王，是治理天下的楷模。

孟子的仁政思想关注的是如何有效治理社会，仁政的目的在于让统治者改变施政方式，争取民心。孟子提醒统治者：不要轻易发动战争，以免涂炭生灵；要多与民生息，减轻刑罚，减少苛捐杂税；要关心民生，并与民同乐。

孟子的仁政理念，包含着一定的民本主义思想，也是孟子重民思想的体现。当然，孟子的仁政思想从本质上说，是服务于统治阶级自身的统治的。

5. 民本思想

孟子继承了孔子的"民本"思想，又从新的时代环境中汲取营养，重新予以发挥，尤其是在君民关系上，孟子作了新的阐述，强调了"民"的地位，提醒君王应有重民与敬民的意识。孟子最早提出"民为贵，社稷次之，君为轻"的主张，这是他民本思想的集中表现。孟子的民本思想产生于特定的历史环境，有其自身的特点。孟子反对统治者对民众进行超越忍受限度的剥削，建议统治者注意倾听民众的意见，听政于民。孟子还提示统治者要"与民同乐",争取民心,赢得天下。总之,孟子的民本思想本质上是以维护统治阶级的利益为目的的。

(三)荀子及其思想

荀子(约公元前 313 年—公元前 238 年),名况,字卿,战国末期赵国人。荀子是先秦时期儒家最后一位思想大师,被时人尊称为"荀卿"。曾三次出任齐国稷下学宫的祭酒,后为楚兰陵(位于今山东兰陵县)令,成为执政一方的地方官。

荀子秉持一种自然主义的天道观。他吸取了道家在"天道"上的自然主义成分,着力建构自己的"人道"学说,这也体现了儒家学说的关注点。

荀子主张性恶论,这与孟子的性善说截然相反。他认为,人性有恶,要去恶扬善,就需要发挥道德教化的功能,因此,一切善的事物或行为,都是人后天积极努力的结果。

二、老庄道家哲学

原始道家的代表人物是老子和庄子,《道德经》和《庄子》是他们的代表作。老庄哲学是自成一套的宇宙观、认识论、方法论、自然哲学和人生哲学,其中老庄哲学的中心思想与理论基础是"道"。

(一)老子的思想

老子(约公元前 580 年—公元前 500 年),春秋时期思想家、哲学家,道家创始人。姓李名耳,字老聃,又字伯阳,陈国苦县(今河南鹿邑东)人,曾做过周室守藏史。老子的思想主要体现在《道德经》一书中,其书仅有五千字,哲理深邃,学说系统,博大精深,玄妙幽远,对中国乃至世界文化影响深远。老子的思想主要有以下四点。

1. 以"道"为体的宇宙观

老子思想的核心就一个"道"字,在他看来,"道"是宇宙万物之本源,但"道"不是一个客观有形的物质,而是一种抽象的客观精神存在,主宰着一切自然和社会现象,是衍生宇宙万物的终极本源。老子在《道德经》中说道，"天下万物生于有，有生于无"，"道生一，一生二，二生三，三生万物"，"道"是宇宙万物之本体。"道"的本质在于无。在老子看来，"道"是看不见摸不着的，是一种不能用感官把握的虚无缥缈的抽象存在物。《道德经》中这样描述"道"："道之为物，惟恍惟惚。惚兮恍兮，其中有象；恍兮惚兮，其中有物。窈兮冥兮，其中有精；其精甚真，其中有信。"这样一种精神存在，人虽看不见也摸不到，却是宇宙万物的本体。

2. 无为而治的政治观

"道"作为宇宙万物的本体，其运作起来具有"无为"等特点。老子认为"无为"是道之"德性"的体现，是"道"的一种"上德"。老子在《道德经》中说道："道常无为。""天之道，不争而善胜，不言而善应，不召而自来，繟然而善谋。"既然无为即是"天道"，这也决定"人道"具有无为的特征，即所谓的"人法地，地法天，天法道，道法自然"，如此人道也应效法天道而常自然无为。由此也形成老子"无为而治"的政治观，他主张统治者与民生息，无为而治。东汉史学家班固在《汉书·艺文志》"诸子略""道家类"中写道："道家者流，盖出于史官，历记成败存亡祸福古今之道，然后知秉要执本，清虚以自守，卑弱以自持，此君人南面之术也。"可见，老子所认为的"无为"的自然之道，最终是要提醒统治者无为而治，这也说明孔子"无为而治"的主张实为一种政治观。

3. 直觉思维的认识论

老子的认识论建立在其特有的宇宙观基础上，其认识的对象是"道"，"道"是老子认识的最终目标。"道"是抽象的、超验的，是神秘莫测、玄之又玄的，这种认识对象不能靠人的逻辑思维去推理，而应靠非逻辑思维的直觉去体验。这一体验过程不需借助中介，不依赖于他人的启发或指导，只需要个人努力修炼，发挥直觉思维的作用，精心养气，返璞归真，去把握世间最高的知识。总之，老子的认识论是一种典型的直觉思维模式，是通过个体的直觉修炼达到"圣人"状态，即可得道。

4. 对立统一的辩证思维

受《周易》一书思想的影响，老子是中国古代最早系统阐述辩证法思想的思想家。一部《道德经》可谓是蕴含着丰富的辩证法思维的著作，处处体现着辩证的思想方法。在《道德经》里，有无相生、对立统一、相反相成的辩证思想贯穿全文，文约义丰，微言大义。老子肯定一切事物都是动态发展的，所有事物既相互对立，又相互统一，具有互为依存的关系，这与西方哲学中的二元对立思维不一样。其重要命题有："反者道之动""万物负阴而抱阳""祸兮福之所倚，福兮祸之所伏""复归于无物"等。这种有无相生的辩证运动的"起点"是"无"，终点也是"无"，体现了老子以"道"为本体宇宙观的特点。

（二）庄子学说

庄子（约公元前369年—公元前286年），又名"庄周"，宋国蒙邑（今河南商丘一带）人。他和儒家学派的孟轲、诡辩派的惠施，属于同一历史时代的学人。惠施与庄周经常在一起交谈论辩，交流思想，碰撞出思想火花。由于庄子继承和发展了老子的道家思想，后来的道家把老子与庄子并称"老庄"。在道教中，庄子被奉为真人，他写的《庄子》一书也被奉为道教经典。

庄子在本体论上继承了老子的道家思想，认为"道"是天地万物的根源，但庄子所处的时代环境不同，决定了他的关注点与老子有所不同。老子的道家思想的重心是从本体论的角度探讨宇宙万物的生成规律，由"道"的自然无为特性衍生出无为而治的政治观，以及自然与社会中存在的各种辩证法的原理；而庄子则将"道"论的重点转移到讨论人的精神境界，追求心灵解放、精神自由。庄子的哲学思想主要体现在他的逍遥避世的人生观。

1. 追求精神自由

庄子是自然主义者，一如老子那样，崇尚自然，对人的自然本性赋予理想的存在状态。如果说人生活的现实社会是不自由的，那么自然则是自由的。他希望人能遵循其自然本性来生活，需要从社会礼仪规范的束缚中解脱出来，返璞归真，以求得精神自由。庄子将他的人生理想寄托于精神领域，通过思想上的精神放纵，构筑自己精神自由的王国，实现对世俗人生的精神超越，这是庄子追求的理想生活。

2. 修道的方法

要达到"道"的境界，就需要借助一定的修养方法。庄子为此创造出自己的一套修炼方法，具有典型的直觉思维特征，被称为"心斋"和"坐忘"的修道方法。"心斋"，关键在一个"虚"字，即停止任何感官和思维的活动，使心灵超然物外，保持绝对的虚静。

"坐忘"，就是要摆脱肉体对心灵的束缚，排除由肉体感官产生的各种贪欲，清心寡欲，平心静气。"坐忘"要求停止人的一切思维意识，抑止一切贪欲的产生。"坐忘"的结果是物我两忘，使心灵达到绝对自由的状态，与宇宙万物之"道"融为一体。可见，"道"的境界就是一种摒除了欲望、世俗规范的心灵自由或精神超脱的状态。

3. 消极避世中的自我解脱

庄子的哲学不是一种救世哲学，而是一种独善其身的自救哲学，是一种在乱世中个人如何做人的哲学。生逢乱世，面对纷乱的现实，他倍感失望且厌倦世俗生活，为此他采取了消极避世的人生态度。庄子主动远离官场，拒绝权力和名利的诱惑，在乱世中保持洁身自好的品质。

庄子厌弃社会现实，因此采取了一套消极应付现实的方法，即"安之若命"的处世态度。但是在内在的人格品质上，他始终保持一种有为的人生姿态，时刻保持着超拔的意志和孤傲的性格，不追名逐利，不放弃独立思想和自由的精神追求，始终保持自由与纯洁的内心。

第三节 魏晋玄学

魏晋时期，中国传统哲学有了新的发展，玄学作为一种新思潮出现并发展起来。玄学的出现是儒道合流的产物，成为当时社会中的一种重要思想，在当时产生了深远的影响。魏晋玄学是中国哲学史上的一个重要阶段。

一、何谓玄学

《宋书·谢灵运传》说道："有晋中兴，玄风独振。"玄学是指流行于魏晋时期的一种崇尚老庄的思想潮流，是儒家与道家等思想相结合的历史产物。玄学以本体论为思维特征，以追求义理为学术取向，以调和自然与名教的关系为价值追求。扬雄在《太玄·玄摛》中说道："玄者，幽摛万类，不见形者也。"王弼在《老子指略》中说："玄，谓之深也。"也就是说玄学研究的是幽深玄远的学问。之所以被称为"玄学"，是因为当时士人大都是到《老子》《庄子》《周易》等有深奥玄理的典籍中寻找精神价值。《颜氏家训》卷三说："《庄》《老》《周易》，总谓三玄。""玄"，取之于《老子》中的"玄之又玄，众妙之门"之说。

魏晋玄学突破了儒家的思想束缚，将学术思考超越于政治和世俗生活之外，集中对有无、自然、生命等三个主题进行探讨，将人的观念从名教束缚中解脱出来，激发了人的内在精神的群体自觉，最终焕发出个体的精神的自由与主体意识。

魏晋玄学作为中国思想史上一个重要流派，其内部有不同的派系。东晋文学家袁宏在《名士传》中把曹魏以来的名士分为正始、竹林、元康三个时期，现在一般也将魏晋玄学分为正始、竹林、元康三个阶段。现代史学家钱穆在《记魏晋玄学三宗》中也将玄学分为三派："魏晋之际，玄学再兴，言其派别，大率可分三宗。一曰王何，二曰阮嵇，三曰向郭。"可见，魏晋玄学本身内部也是存在着差异的，是一个不断发展的学术思想流派。

二、魏晋玄学出现的社会背景

(一) 儒家学说的发展遭遇现实困境

自秦汉以后，儒家在社会中的地位发生了实质性的变化，尤其是汉武帝"罢黜百家，独尊儒术"的做法，使得儒家在诸子百家中脱颖而出，儒家经文经学一跃成为官方哲学，儒学成为当时的主流意识形态。儒家经文经学后来改变了原有的发展轨迹，与谶纬之学相结合，经学几成神学。古文经学偏重于寻章摘句、训古考据，学风烦琐，荒诞离奇。《汉书·儒林传赞》说"一经说至百万余言"，说经者"碎义逃难，便辞巧说"。皮锡瑞在《经学历史》中说道，汉代经学"蔓衍支离，渐成无用之学"。汉末儒家经学烦琐学风盛行，及至古文经学的兴起，今古文之争爆发，使经学遭遇了严重的发展困境。汉末以来，扬雄、王充等人对经学进行的思想批判，已使儒学千疮百孔，逐渐失去了维系社会和人心的作用。社会思想一时出现了真空状态，其他学术随之崛起，玄学就在此背景下应运而生。

(二) 道家自然主义思想的崛起

秦汉以来，儒家学说在社会中地位的提升，并没有使其他学术趋于消亡，它们依旧在不断调适中顽强生存，如老庄道家思想以黄老之学的存在形式，不断与民间方术结合形成了原始道教的一支，即"黄老道"。同时又由刘安、扬雄、严遵、王充等学者把它发展为宇宙论哲学。这些哲学体系都非常重视"道"的"自然"属性。汉魏时期，经过儒家烦琐经学的长期禁锢之后，人们需要一种轻松、自由的社会环境，随着原有思想格局的打破和儒家经学的衰落及思想真空的出现，社会上的士阶层也需要寻找新的精神支柱以获得精神的慰藉。所以在汉末魏初就出现了道、名、法、墨诸子之学重新活跃的情况。以道家自然主义为核心的玄学的产生和风行，成为一种时代的必然产物。

（三）名教危机的出现

所谓名教，即礼教，是儒家学术体系的重要构成部分，也是中国封建社会的道德文化形态。它以儒家哲理化的道德学说为内涵，以承继西周宗法礼制的程式化的礼仪规则为存在形式，在现实中具有教化与规范的功能及特征。两汉时期是名教初步定型时期，其标志是"三纲五常"的提出，成为维持封建社会等级秩序的道德规范。随着儒家经文经学官方地位的确立，以及后来经文经学困境的出现，名教也在魏晋南北朝时期陷入深刻的危机之中。当时社会中，名士崛起，士人放达，追求思想自由成为风尚。

三、玄学的基本特点

（一）玄学是儒道间的初步融合

儒家和道家是两个不同的思想学派，很长一段时间里，他们在观点上存在着较大的分歧。魏晋玄学的出现，从某种程度上弥合了两种学说的裂痕，使儒家和道家开始出现互补同构的趋向，开始有了儒道间的融合。玄学将儒道融会贯通，玄学家力图将儒家的纲常名教建立在自然之本的基础上，将儒圣的理想与道家的自然境界沟通起来，如汤用彤先生在《魏晋玄学论稿》中所说："儒圣所体本道家所唱，玄儒之间，原无差别。"故史常称王弼"好论儒道"，然而在总体上则贯穿着道家自然无为的精神。

（二）关于本体论的探讨

魏晋玄学与儒学不同，开始思考本体论层面的问题，这一点直接承继了道家传统。《晋书·王衍传》云："魏正始中，何晏、王弼等祖述《老》《庄》，立论以为'天地万物皆以无为本。无也者，开物成务，无往而不存者也。'"魏晋玄学不是简单的照搬与继承，而是具有一定的创新与发展。它以体用等概念讨论天地万物存在的依据，探讨人存在的价值意义及理想人格等问题。

（三）义理学风

玄学摆脱了两汉以来烦琐经学考训的学问，侧重于哲学义理层面的阐发，形成了先秦之后特有的魏晋义理学风。《晋书·向秀传》云："雅好老、庄之学。……为之隐解，发明奇趣，振起玄风，读之者超然心悟，莫不自是一时也。"可见，玄学的特点在于重义理，不拘泥于文字训诂，将思辨之风注入中国传统哲学之体，使之焕发出新的生机。

四、代表人物及思想

（一）以何晏、王弼为代表的贵无派

魏晋玄学发展的第一阶段即正始玄学。正始是魏废帝齐王曹芳的年号。当时，有一批名士援老庄入儒，讨论玄远的话题，遂开创了"正始玄学"。这批名士有：夏侯玄、裴徽、钟会、荀粲、何晏、王弼等人。何晏、王弼是正始玄学的真正创立者和代表人物。《晋书·王衍传》曰："何晏、王弼立论，天地万物皆以无为本。"他们两个人在本体论探讨上有一定的共性。

1. 何晏的玄学思想

何晏，字平叔，南阳宛（今河南南阳）人，约生于193年，卒于249年。他少"有异才，善谈易老"，是正始时期著名的玄学家。何晏的著作有：《论语集解》《道德论》《无名论》等，这些著作集中阐述了何晏的玄学思想。

何晏的玄学思想有以下两个方面：一是以无为本。何晏发挥了老子以无为本的本体论思想，认为宇宙本体是无形无象的，先于天地万物形成而存在。二是名教本于自然。名教的根本在于无，而有形的存在只是形式。如果只注重形式，必会导致名教的式微，所以必须抓住根本以维护名教。

2. 王弼的玄学思想

王弼，字辅嗣，山阳高严（今山东金乡县）人，生于226年，卒于

249 年，时年 24 岁。王弼虽英年早逝，但他是正始玄学的开创者。王弼的著作有：《老子注》《老子指略》《周易注》《论语释疑》等。

王弼的玄学思想的核心是"贵无论"。他认为，世界万物的多样性，不能以有为本，而无才是世界万物之本。王弼用以无为本、以有为末的本体论模式来解释"有"与"无"两者的关系。王弼在《周易·复卦注》中说道："天地虽大，富有万物，雷动风行，运化万物，寂然至无，是其本矣。"王弼也论及名教，但其所倡导的是自然名教。在他看来，自然为本，名教为末。

（二）以嵇康、阮籍为代表的竹林派

竹林七贤是指魏末晋初的七位名士，指魏正始年间的嵇康、阮籍、山涛、向秀、刘伶、王戎及阮咸七人，他们常在当时的山阳县（今河南辉县、修武一带）的竹林之下聚会，喝酒、放歌、纵情山水，放浪形骸，被称为"竹林七贤"。他们大都"弃经典而尚老庄，蔑礼法而崇放达"。在"竹林名士"中，对玄学理论有贡献的是阮籍、嵇康、向秀三人。

1. 嵇康的玄学思想

嵇康（约 224—263 年），字叔夜，谯国人（今安徽宿县）人，三国时期魏国思想家、音乐家、文学家。他曾鄙弃名教，隐居不仕，特立独行。后得罪钟会，遭其构陷，惨被杀害。嵇康留有《声无哀乐论》《养生论》《释私论》等著作。

嵇康也主张自然名教，其思想核心就是"越名教而任自然"。他曾批评司马氏集团的篡权行径，并指出所谓的名教只是一种政治工具。同时他认为，儒家经典所宣扬的名教，束缚人性，违背自然，是社会上一切伪善或欺诈等现象的根源。故应抛弃名教，回归自然，求得精神上的自由，即所谓的"越名教而任自然"。

2. 阮籍的玄学思想

阮籍（210—263 年），字嗣宗。三国时期魏国诗人，陈留（今属河南)尉氏人，竹林七贤之一。曾为官于魏国，任步兵校尉。崇奉老庄哲学，政治上则采取消极避祸的态度。有著作《通易论》《通老论》《达庄论》等。

阮籍的玄学思想的核心也集中于对名教的探讨，与嵇康不同的是，阮籍反对虚伪的名教而崇尚自然，对当时司马氏的篡权表现出不合作的态度。阮籍表面上鄙弃名教，但他并不是真正主张废弃名教，其在内心还是要维护真正的名教，可见阮籍是想在自然与名教间寻求一种调和的途径。

（三）裴頠的"崇有论"

裴頠（267—300年），字逸民，西晋大臣、哲学家。河东闻喜（今山西绛县)人。其为司空裴秀之子，曾任散骑常侍、国子祭酒兼右军将军、尚书左仆射等官职。裴頠反对王弼、何晏的"贵无论"，推崇"崇有论"，他的思想主要体现在他的著作《崇有论》中。

裴頠的"崇有论"认为所谓的"道"不是虚无的，万物不是由"无"产生的，世界万物的本质是"有"，无不能产生有。万物都是自然而然生成的，"故始生者，自生也"。他还认为，万物生成都是有其自身规律的。从"崇有论"出发，他重视客观存在的有形事物，这与道家以"无"为本体的宇宙观大为不同。

（四）郭象的独化说

郭象（约252—312年），字子玄，洛阳（今河南洛阳）人。西晋玄学家，官至黄门侍郎、太傅主簿等，好老庄之学，善于清谈。著有《庄子注》等书，多已失传。

郭象的玄学思想既不赞成贵无，也不绝对赞成崇有，他以"有"作为万物存在的依据，试图在"无为"和"崇有"间寻找一条调适的路径。他提出了"万物独化论"，阐发了其所理解的宇宙论和本土论。郭象以反对无中生有说为起点，认为"无"不能生"有"。《庄子·齐物论注》中说道："无既无矣，则不能生有。"这一点与裴頠的"崇有论"

相同。同时他认为，所有物的存在都是为它自己，而不是为其他任何一物，亦不是直接由任何物造成的。只要有一定的条件或环境，一定的物就必然产生。

第四节　宋明理学

原始儒家自经历秦汉以后，不断被赋予新的内容，使得儒家总是以新面貌而呈现。儒家的一大特点，在于关注形而下的现实生活，探讨的总是个人和社会如何以"礼"为纽带来维持秩序，但是在形而上的本体论层面的讨论，这是儒家的一大缺失。到了北宋以后，儒家的这一困境才得以弥补，出现了儒家与道家、佛教主动融合的趋向，三教合流形成新儒学，也就是宋明理学。宋明理学经历漫长的历程而形成，孕生于隋唐，形成于北宋。其思想体系以"理"为宇宙最高本体，以"理"为哲学思辨结构的最高范畴，之所以被称为"新儒学"，是因为理学虽以儒家礼法、伦理思想为核心，但其张扬的孔孟传统已在融合佛、道思想精粹时被加以改造，具有一种焕然一新的面貌。理学是一种以儒学为主体，吸收并改造释、道哲学，在融汇三教思想精粹之上建立起来的具有伦理主体性的本体论。

一、北宋理学的开端与奠基

理学起始于北宋时期，当时的代表人物有"理学宗主"周敦颐，象数学家邵雍，"关学"领袖张载和理学的奠基者程颢、程颐兄弟，由于二程与朱熹思想一脉相承，我们将二程与朱熹放置一起介绍，这里只对前三个人的理学思想予以概述。

（一）理学开创者周敦颐

周敦颐（1017—1073 年），字茂叔，北宋理学先驱，道州营道（今湖南道县）人，世称"濂溪先生"。周敦颐是"北宋五子"之一，是北宋理学的开山鼻祖，一向被视为"道学宗主"。著有《周元公集》《爱莲说》《太极图说》等作品。周敦颐的理学思想有以下两个方面。

1. 构建新的宇宙观

周敦颐的理学思想带有浓厚的道学色彩，他首次将道教的一些概念和学术引入儒学并以此改造儒学思想，以弥补原始儒家在本体论方面的缺失。他以道家的《太极先天之图》与陈抟老祖的《无极图》为主要依据，又参照佛教的《阿黎耶识图》，并融会了先秦时期的阴阳、五行等概念，写出了《太极图说》一书。在《太极图说》中，周敦颐构拟了从"无极"到"万物"的宇宙生成图示。在周敦颐的宇宙生成论中，道家的无极被视为宇宙的本原，儒家的太极被视为无极的派生物，由无极而衍生出太极，由太极的阴阳运动而生五行，由五行的运动而生男女，最后生万物。由此，周敦颐借助道家的无极和太极概念解决了宇宙万物和人类如何产生的问题，从而为宋明理学提供了本体论方面的依据。

2. 构建新的儒家伦理观

周敦颐是理学大师，他在构建儒学本体论的同时，最终回归到儒家学说的传统本位，即在形而下的层面构建一套社会伦理观。与原始儒家最大的不同在于，孔孟只是在人间构建了一种由社会伦理编织的理想的社会秩序，但是在周敦颐这里，人间的社会伦理秩序与宇宙本体的属性是统一的。周敦颐认为人性是有层级的，只有达到"至诚"境界，人性才最终完善。他将"诚"作为最高道德伦理境界，在他看来"诚"源于宇宙本体，体现了宇宙本源的道德本质。

周敦颐还提出了"主静立人极"的伦理观，他认为，人性由于禀赋不同而具有善恶之别，他认为"主静"而"立人极"是一种圣贤道德修养的路径，通过内省修炼，可以消除欲念，达到无所无求的境界，使个人行为符合封建伦理纲常。周敦颐的"主静立人极"对宋明理学产生了深远的影响，以后的理学家在修养问题上的探讨都因循这一方法。

（二）象数学家邵雍

邵雍（1011—1077 年），北宋著名理学家、数学家、道士、诗人，林县上杆庄（今河南林州市刘家街村邵康村）人，是"北宋五子"之一。少年时，刻苦读书，游历天下，后师从李之才学《河图》《洛书》与伏羲八卦，学有所成，著有《皇极经世》《观物内外篇》《先天图》《渔樵问对》《伊川击壤集》《梅花诗》等著作。邵雍长于象数学，他依据道家的《先天图》，提出"先天象数学"，构造了一幅宇宙万物的生成图式。

邵雍的理学思想主要集中在对宇宙本源及其演化规律的思考。在他所著《皇极经世》一书中，他构拟了一幅世界万物演化图示，以太极为本体，先生阴阳，再生八卦，依次演化，万物生成。他认为宇宙万物在本质上与人体的构造是相似的，如天有四时，地有四方，人则有四肢等。邵雍创造性地将儒学的经学传统转变为心性之学，为理学的最终形成奠定了理论基础。

（三）"关学"张载

周敦颐与邵雍是理学的开创性人物，而张载与二程则为理学的形成奠定了重要的基础。张载（1020—1077 年），"北宋五子"之一，字子厚，北宋凤翔眉县（今陕西眉县）人。他开创的关学与周敦颐的濂学、二程的洛学、朱熹的闽学并称为"理学四大派"。张载的名言"为天地立心，为生民立命，为往圣继绝学，为万世开太平"，一直是后世中国知识分子的座右铭。他身后留有《正蒙》《横渠易说》等著述。

在本体论上，张载将"气"理解为宇宙万物的本源，他所讲的"气"或"元气"是人和万物产生的最初本体，还提出了"太虚即气"和"气化万物"的哲学命题。"元气"中包含着阴阳二气的对立依存关系，并在相互运动中天地万物得以生成，由此构拟了一幅宇宙万物的生成图式。

张载与其他理学家一样，他们关注的焦点都是儒家关注的传统焦点，即社会伦理道德的话题，他们对于宇宙本体论的构建，目的是服务于儒家传统的纲常伦理秩序。有了他所建构的这套宇宙论为基础，张载开始为儒家纲常伦理秩序寻求合法性的论证，他将"人性"与"天地之性"结合起来，使伦理秩序获得本体论层面的合法性论证。张载在人性论上提出了"天地之性"与"气质之性"两个概念。在他看来，天地万物是由"气"所产生和构成的，"气"的本性就是万物的本性。先天之性本源于"太虚之气"，是未被人世间所污染的先天之性。人降生后，身处特定的社会环境中，社会环境会影响到每个人，由此所形成的后天之性就是"气质之性"。气质之性有善恶清浊之分，是人性善恶的决定性因素。

二、程朱理学

（一）二程的天理说

二程，即程颢（1032—1085 年）、程颐（1033—1107 年）两兄弟，两人都是北宋著名理学家。他们是周敦颐的嫡传弟子，是张载的表侄。二程因居住于河南洛阳，后人便以"洛学"来称呼他们所创的学派。二程虽受业于周敦颐等，但他们的思想却有独创性，他们的理学摆脱了道学的影响回归到了儒学的本位，他们的思想自成体系，特色鲜明，独树一帜。朱熹说道："孔孟之道不法久矣，自颐兄弟始发明之，而后其道可学而至也。"天理说，始自二程，他们将"理"作为宋明儒学的最高范畴来讨论，确立了理学关注和讨论的核心主题。

二程兄弟总结了先秦以来的儒家学说，在吸收道家等学术的基础上，在本体论上实现了再创新，建立起以"理"为本体论的一整套理学体系。二程的基本哲学观点是一致的，他们都把"理"作为宇宙万物的本源，将"理"作为哲学最高范畴提出并讨论，他们所构造的理学体系，在本质上是唯心主义学说。程颢说"天者，理也"，"万物皆只是一个天理"。所谓的"理"，不再是一种客观存在的自然规律，而是一种万物本源和人类社会的最高道德准则。程颐的天理论亦是如此，他说道："天下只有一个理。""万物皆是一理。"他也将"理"从本体论层面予以阐述，并认为万事万物都是由"理"衍生出来的，在他看来，"理"是一种凌驾于万物之上、统摄万物的绝对精神。不仅如此，他们认为封建伦理纲常也是"天理"在现实社会中的表现。二程兄弟最终为封建伦理纲常在本体论上找到了其合法性。

二程也讨论了人性善恶的问题。在他们看来，人性为天理的后天体现，即所谓的"性即理也"。由于受张载观点的影响，二程主张人性本善，这是取决于"理"这一宇宙本体的先天属性的。由于气质或禀性不同，人性便有了善恶之分，这是人的后天之性，如后天之性中的贪欲和自私，都是社会中的世俗因素所致。人欲一旦掩盖了本心，就会做出伤天害理的行为。他们主张"无人欲即皆天理"，并提出了"存天理，灭人欲"的观点。当然这里的人欲指的是人的一些不正当和不合理的私欲，而并非是对人的一切合理欲望的抑制，这要辩证地予以分析。

二程兄弟对于"理"的体认也同中有异。程颢认为，"理"是自然而然的自然趋势，将"道"视为无始无终的万物主宰。他认为理心一体，万物皆在人心中，因此人们不需要去认识了解客观世界，只需要认识自己的心即可。程颢的这种主观唯心主义思想与此后的陆王心学一脉相承。程颐所认为的"理"，重在指客观事物之所以然。他还认为，一物须有一理，但一物之理即是万物之理，而万物之理就是天理。这在某种程度上肯定了外部世界的客观性，其客观唯心主义倾向比较明显，他的思想后来由朱熹全面继承并集大成。

（二）理学的集大成者朱熹

朱熹（1130—1200 年），祖籍徽州婺源（今属江西省），生于南剑州尤溪（今属福建省），侨寓建阳（今属福建省）。南宋时期的理学家、思想家、教育家、诗人。因寓居福建，他的学术有"闽学"之称。学者多称他为"晦庵先生"。朱熹一生兴趣广泛，博览群书，知识渊博。朱熹与北宋理学家一样，曾学习释道之学，年长又潜心佛学。对于道教经典，朱熹也搜集整理并研读。三十岁时，他正式拜程颐的三传弟子李延平为师，专心于性命义理之学的研学。正是在充分吸取释道哲理的基础上，朱熹对理学展开了一次系统的、创造性的理论总结，是无可厚非的两宋理学的"集大成者"。朱熹一生著述甚多，有《四书章句集注》《太极图说解》《通书解说》《周易读本》《楚辞集注》等，后人辑有《朱子大全》《朱子集语象》等。朱熹的理学思想主要体现在以下三个方面。

在宇宙观方面，他继承并发扬了二程的"本体论观点"，认为"理"或"天理"是宇宙的本源，天地万物都是因"理"而生成。朱熹在讲到宇宙的统一性和多样性问题时，发挥了"理一分殊"的思想，认为"万物各具一理，万理同出一源"。他认为"理"是宇宙万物的本源，是多样性之所以统一的根本原因，同时他还认为正是统一的"理"使万物表现为多样性。为了更好地说明二者的关系，他借用了佛教的"月印山川"来解释："本只是一太极，而万物各有禀受，又各自全具一太极耳。如月在天，只一而已，及散在江湖，则随处可见，不可谓月已分也。"

在人性论方面，朱熹继承并发展了张载、程颐等人的思想，吸收了他们关于"天地之性"与"气质之性"的观点。朱熹认为，人性是天理的体现，是形而上的先天状态；人禀气而生，是形而下的客观存在。人的"天地之性"是天理属性的体现，是善的。人的"气质之性"如果受社会环境的影响，会丢失善的本性。所以说人的本性都是善的，是从人性的先天存在状态来说的，这种善性最终体现在儒家的伦理道德上。在他看来，儒家的仁、义、礼、智、信具备理的属性，这是人所具有的先天之性。朱熹的人性论，就是要抑制人类后天形成的劣根性，使人不要迷失原有的本性。

在修养论上，朱熹主张一个人要做好修身养性的功夫，为此他继承了程颐的思想并又有所发展。在如何修身养性的问题上，朱熹提出了"持敬说"和"格物致知论"。他认为"敬"是为学修养的立足点，居敬并不是目的，而只是方法或路径，居敬的目的在于"穷理"，而穷理又是"格物致知"的功夫。

朱熹所构建的理学体系，不仅将儒家的纲常伦理上升为"天理"，而且强调人们践行"天理"的自觉性。为指明自觉体认天理的路径，他提出了"格物致知"的方法。所谓"格物"，就是体验作为外在性规范的"天理"；所谓"致知"，即领悟到伦理本体并贯彻到自己的行动中。格物致知其实就是通过个体学习儒家道德规范，吸收并转化为规范个体行为的道德自律，有了这样一番道德修养，才能使个人走向社会，去实践治国平天下的事功。

有了朱熹一番创造性的理论构建，一个崭新的儒学体系——以人的伦常秩序为本体的儒学体系得以建立。朱熹的这番努力，一改先秦儒学在哲学本体论范畴上的缺失，并对儒家学术进行了系统的总结与梳理，使儒家与佛道在学术层面进行了有益的融合，拓展了儒家关注的传统理论视域。但万变不离其宗，朱熹的理论建树，是在坚持儒家理论原则的基础上，对佛道学术在宇宙论、认识论等层面的有益吸收。从这个角度说，朱熹最终还是在捍卫儒家的正统地位。

三、陆王心学

（一）陆九渊的心学

陆九渊是宋代理学之心学学派的创始人。陆九渊（1139—1192年），字子静，抚州金溪（今江西临川县）人。他曾经在江西的贵溪象山讲学，并自号"象山居士"，所以世称"象山先生"。陆九渊四十三岁时赴国学，讲习《春秋》。四十七岁回乡讲学，听者甚众。五十岁时讲学于象山，四方学子负笈前来，一时学者云集。他居象山五年，来求学者达千人。此时，他的心学经过不断的深化和完善最终定型。陆九渊的哲学思想主要体现在以下几个方面。

本体论上，陆九渊提出"吾心即宇宙"的命题，这与程朱的理本体完全不同，他认为"人皆有是心，心皆具是理。心即理也"。他的人之"心"与程朱所说的"理"同属本体论的范畴，也是他所理解的宇宙万物的本源，是自然、人类社会运行的总规律。与其他理学家一样，他也为儒家的伦理道德寻找本体论层面的合法论证。基于"宇宙即吾心"的观点，他认为，所谓的仁、义、礼、智是宇宙万物的本性，个体的道德修炼只需向内发明本心，不必向外求。

认识论上，陆九渊基于其特有的宇宙观，提出了"自存本心"的认识论。他认为，认识一种事物或知识的获取，先要做好的是"自存本心"的功课，这样才能够体认天下一切最深奥的知识，所以做学问不是一种如何努力读书获取书本知识的实践，更多的是反求诸己，向内用功，发明本心。

陆九渊以程颢为师，在融汇先秦孟子等儒家"尽心"学说及佛教禅宗的学说思想后，创建了自己的心学体系。如在修炼方法上陆九渊主张静坐瞑目，夜以继日，这与佛教禅宗"顿悟"的修炼方法极为相似。

陆九渊的心学为宋明理学之心学体系的形成奠定了基础，同时其与宋朝理学学派在观点上存在明显的分歧，最终使理学内部走向分裂。他的心学思想后来由明代心学大师王守仁继承并发扬。

（二）王守仁的心学思想

王守仁（1472—1528 年），字伯安，谥"文成"，祖籍浙江余姚。

青年时，随父迁家于山阴（越城），后来他结庐于距越城不远的会稽山阳明洞，自号"阳明子"，学者称他"阳明先生"。王阳明的主要著作为《传习录》，后人把他的思想材料编为《阳明全书》，共 37 卷。王阳明是继朱熹之后宋明理学史上的关键性人物。王阳明的心学思想主要有以下三个方面。

1. "心"本体论

王守仁继承了陆九渊的心学思想，主张以"心"为本体的宇宙论。王守仁高扬伦理主体性的观点，回到了儒家学说的一贯传统，他还提出"明天理去人欲"的观点，这与程朱理学提出的"存天理，灭人欲"如出一辙，殊途同归。

在王守仁的"心"本体论中，程朱理学中的"理"或"天理"换成了"心"，心是宇宙万物的本体，且以"心"为天地万物的主宰。王守仁通过"心"本体论，充分肯定了人的主观能动性，明确了人的主体性。当然，他所肯定的人的主观能动性的认识，从本质上说是唯心的，不是人最基本的实践活动。

王守仁又提出了"心即理""心外无理"的著名命题。"心"既然是宇宙万物的本体，于是他便将"心"作为评判世界万物的价值准则。那么人人有心，理也存在于每个人的心中，心中有理的主体是每个人，于是人的主体性被高扬起来。因为世间万物的事非标准，取自于"吾心"的价值判断，于是人人皆有价值判定，圣贤的权威性也就遭到了挑战。王守仁甚至认为人人都是圣人，这是前人所不敢说的。

2. 知行合一

"知行合一"是王阳明"心学"的重要命题，同样也在强调主体实践的能动性。所谓"知行合一"，即"知之真切笃实处即是行，行之明觉精义处即是知"，这实际上是把一切道德的存在价值及意义归结为个体的自觉行为。

3. 致良知

王阳明提出了"致良知"的修养方法。"良知者，孟子所谓是非之心，人皆有之者也。是非之心，不待虑而知，不待学而能，是故谓之良知。""良知"存在于"吾心"，是本体，就无需向外去寻找，"致良知"也就意味着在自觉的伦理行为中，去证实、肯定人的客观存在。同时有了道德层面个人的"致良知"，就可以不用皓首穷经，直接获取知识。这强调了伦理学层面的意志自律，突出了个体的道德的自我意识。

王阳明建立的心学体系，高扬了人的主体性地位，造成了对正宗统治思想的挑战。比较程朱理学，陆王心学更具有哲学的思辨色彩，并且对后世主张独立思考、追求自由之精神的学风，在客观上起到了思想解放的作用。

四、鹅湖之会

南宋儒学内部向来存在着思想分歧，以朱熹为代表的理学学派与以陆九渊为代表的心学学派，是当时新儒学内部两大对立的学派。从本体论到方法论，朱熹与陆九渊二人存在着明显的分歧。淳熙二年（1175 年），吕祖谦为了调和二人在方法论等方面的分歧，写信给陆九渊兄弟，邀请他们来信州（今江西上饶市）鹅湖寺聚会，希望通过他们之间的自由讨论，使两个分歧的学派统一起来。与会者除朱熹、陆九渊之外，还有陆九渊的兄长陆九龄、赵景明、刘子澄、赵景昭等人。

鹅湖之会以治学之法为中心议题。在治学方法上，朱熹主张从博览群书和观察外物来启发对"理"的认识，重点是如何读书穷理，指责陆九渊"教人太简"；陆九渊从"心"即"理"的本体论出发，在治学方法上，反对朱熹多在读书穷理上下功夫，倡导"简易功夫"，两人的观点颇为不合。双方各抒己见互不相让，辩论异常激烈。辩论共持续了三天，最终不欢而散。

这次集会对于所争执的问题并未达成共识、消除歧见，这说明两派之间的分歧是根本对立的。此后，朱、陆的追随者各立一派，朱学被称为"理学"，陆学被称为"心学"。从学术史的角度看，鹅湖之会实际上是南宋理学内部举行的一次学术研讨会。各学派学人齐聚共商，相互切磋，争鸣思想，在理学史上具有很大的影响。

参考文献：

1. 胡适. 中国哲学史[M]. 北京：北京联合出版社公司、陕西师范大学出版社，2013.

2. 方立天. 中国古代哲学（上）[M]. 北京：中国人民大学出版社，2011.

3. 牟复礼著，王立刚译. 中国思想之渊源[M]. 北京：北京大学出版社，2010.

4. 张岱年，方克立. 中国文化概论[M]. 北京：北京师范大学出版社，2017.

5. 广士元. 中国学术思想史[M]. 上海：上海三联书店，2014.

6. 李宗桂. 中国文化概论[M]. 广州：中山大学出版社，1988.

7. 谦逊. 先秦儒家[M]. 沈阳：辽宁教育出版社，1997.

8. 张立文. 宋明理学研究（增订版）[M]. 北京：中国人民大学出版社，2016.

9. 汤一介. 在儒学中寻找智慧[M]. 北京：中国人民大学出版社，2012.

10. 范曾. 老庄心解[M]. 北京：中华书局，2017.

11. 牟宗三. 才性与玄理[M]. 南宁：广西师范大学出版社，2006.

12. 尹协理. 宋明理学[M]. 漓江出版社，2014.

13. 王晓毅. 中国文化的清流[M]. 北京：中国社会科学出版社，1991.

14. 邓天杰. 中国文化概论[M]. 北京：北京师范大学出版社，2012.

15. 赵吉惠. 中国传统文化导论[M]. 南京：江苏教育出版社，2007.

16. 李未醉. 朱熹哲学思想对越南社会的影响 [J]. 贵州社会科学，2005(6).

思考题：

1. 先秦诸子哲学出现的历史背景是什么？

2. 玄学出现的历史背景是什么？

3. 理学与心学的区别有哪些？

第七章　中国传统文学艺术

　　中国传统文学艺术是我国古代文化的瑰宝，其经历了长达几千年的发展历程，是中国古人艺术创作智慧的结晶。文学作为一种文化存在的形式，其以口头文学的形式为起始，以文字书写形式为辉煌，因此，中国传统文学实则包括口头文学和书面文学两种类型。对于向来只看到书面文学，而忽略口头文学的现实，这是一种片面的理解，不利于全面把握中国传统文学。中国传统文学是由口头文学与书面文学共同构成的雅俗二元类型的文学样式，需要全面地予以观照。中国传统艺术亦是如此，既要看到中国古代具有代表性的艺术，也要看到存在于中国乡土社会具有多样性的民间艺术。

第一节　中国传统书面文学

　　在中国传统文学的整体结构中，传统书面文学无疑是其最为重要的组成部分。其通过文字书写的方式，使得中国文学彰显出文明时代的特点，经历几千年的发展，涌现出一大批杰出的文学巨匠，创作了大量的古代文学作品，塑造了中国古代文学独有的美学风格，丰富了中国传统文化的宝库，成为古代中国文明辉煌的一个重要体现。

一、中国传统书面文学的发展历史

　　中国文学的口头形式自文字诞生以前就已产生，书面文学只是文字产生以后的产物。因此，追溯中国古代书面文学的历史渊源，就要从文字产生为伊始。只有文字出现以后，中国文学才走出了所谓的口述阶段。中国古代书面文学的产生，伴随着文字的出现与发展，走过了几千年的发展历程，形成了辉煌灿烂的书面文学，是中国古代文明辉煌的见证者和体现者。

（一）古代诗歌

诗歌是最为古老的文学样式之一，从中国古代书面文学发生学的角度看，毋庸置疑，中国古代书面文学是建立在口头文学的基础上的。如果将先秦时期视为中国古代书面文学的起始阶段，那么远古时期的口头文学无疑为其提供了充足的养料。在文字产生以后，当职业化的文字使用者开始创造早期文学时，他们以文字为载体整理民间口头文学，这也成为早期中国古代书面文学的雏形。

如果将《诗经》作为中国文学的起点，我们能够看到在中国书面文学的产生中口头文学所起的作用。《诗经》是我国第一部诗歌总集，它是通过文字收集整理民间口头文学的产物。《诗经》有风、雅、颂三种类型。"风"指周代各地的歌谣，"雅"指朝廷正乐，"颂"是宗庙祭祀之乐。《诗经》收集了西周初年至春秋中叶约五百年的文学作品，其中的诗歌有来自民间的口传，亦有周代贵族的文字作品。这些作品中有一大部分创作于民间，是以无文字的形式存在的，在民间大众中世代相传。《诗经》开辟了用文字记录和收集古代民间诗歌的传统，也使得文学创作和记录诗歌的风气盛行起来。需要指出的是，在先秦时期，诗歌、音乐、舞蹈等是结合在一起的。《礼记·乐记》云："诗言志也；歌，咏其声也。"《诗经》中的作品都是乐歌，是诗与歌的结合体。约在春秋以后，诗歌与乐舞逐渐分离，开始走向一个新阶段。

继《诗经》之后，南方地区出现了楚辞，这也代表了南方早期文学的基本形态。楚辞是一种诗歌体裁，是以南方民歌为基础，由战国时期南方文人采用楚国方言而创作。屈原的《离骚》就是其中的名篇，因其所具有的代表性，楚辞又有"骚体"之称。楚辞是古代南方文学的代表，其在语言和表现手法等方面与《诗经》大为不同，《诗经》是现实主义作品，而楚辞却是典型的浪漫主义文学。

到了汉代，随着五言诗和七言诗的兴起，及至魏晋南北朝时期的不断发展，中国诗歌开始以新的面貌呈现。到了唐代，随着五言和七言诗歌创作艺术的成熟，唐诗以其崭新的面貌呈现着诗歌的新风貌。唐朝以后，中国诗歌又出现了宋词和元曲等形式，但是唐诗的基本风格却被时代保留并传承，深受中国古代诗人们的青睐。

（二）古代散文

中国古代散文的起源则更为遥远，以文字书写的散文体裁文学的产生，有学者将其渊源追溯至商代的甲骨卜辞与青铜铭文，这是散文以文字形式的最早呈现。及至西周时期，随着国家机构中史官角色的出现，这种以专门记录周王室言论和国家发生的大事件的职业者，其真实记述的历史成为中国散文的早期存在形式。春秋战国时期，中国思想界出现了百家争鸣的局面，诸子散文成为各家表达思想和理论观点的主要载体。此时的散文基于各家理论观点的阐释，主要以历史记述、观点论说和辩理为其特征，留下了大量特色鲜明的先秦散文。这一时期的代表作有《论语》《孟子》《庄子》《尚书》《国语》《左传》《战国策》等。

秦汉以来，中国散文有了新的发展，尤其是司马迁的史传文学巨著《史记》，把传记散文推到了一定的文学高度。同时散文也开始出现书、记、碑、铭、论、序等多种形式。唐宋时期，韩愈和柳宗元等人发起的古文运动，以复古为旗帜，反对六朝以来盛行的骈文，提倡两汉时期的古文，由此古文逐渐确立了在散文体裁中的主导地位，其形式更加多样，出现了空前的辉煌，"唐宋八大家"则为此时期古代散文辉煌的表征。明清散文各有特色，其中以桐城派为代表的清代散文，以注重"义理"为其特点。及至中华民国时期，随着白话文的兴起，中国古代散文开始在变化中实现现代转型。

（三）古代小说

古代小说是我国传统文学的重要样式，其以远古时期的民间神话传说为雏形，也奠定了书面形式的古代小说的最终出现，在时间上相对较晚，一般以魏晋南北朝时期的小说创作为标志。

魏晋南北朝时期，是以文字的形式开辟中国小说创作的开端，此时期社会上出现了大量的志怪、轶事小说，如三国时的《笑林》、东晋时的《语林》《世说新语》《搜神记》等。中国小说为何以志怪、轶事小说为开端？这与中国古代的文化传统密不可分，尤其是中国古代深厚的神仙鬼怪文化传统的影响，以及古代文人自觉利用这一资源进行文学创作。鲁迅在《中国小说史略》中说道："中国本信巫，秦汉以来，神仙之说盛行，汉末又大畅巫风，而鬼道愈炽；会小乘佛教亦入中土，渐见流传。凡此，皆张皇鬼神，称道灵异，故自晋讫隋，特多鬼神志怪之书。"《世说新语》是魏晋小说的代表，是一部由多篇小故事汇集起来的故事集。

唐代古代小说又有新变化，随着传奇体小说的出现，古代小说开始脱离历史领域而成为文学创作形式。唐代小说具有富于想象虚构的特征，这与魏晋时期的志怪类小说有所不同。如《莺莺传》《柳毅传》《南柯太守传》《长恨歌传》等，都是带有传奇色彩的小说类型。唐传奇已是相对成熟的短篇小说，结构完整，故事情节曲折动人，人物性格鲜明，具有较高的文学艺术水准。

宋代白话文叙述故事的兴起，为明清白话文小说的出现奠定了基础。话本是民间"说话"艺术的底本，它是经过说书艺术的千锤百炼才产生、流传的。宋代的小说类型"话本"适应了当时的市井文化，符合普通大众的精神消费诉求。

明清时期的文人们开始自觉对宋代话本予以加工和再创造，于是便出现了《三国演义》《水浒传》《西游记》等一大批演义小说。明清时期，中国古代小说创作开始出现高峰，小说创作颇受推崇，成为一些文人热衷和从事创作的主要文学样式，一大批有影响力的长篇章回体小说被创作出来，如《金瓶梅》《官场现形记》《老残游记》《孽海花》《二十年目睹之怪现状》等。此时中国小说所具有的现实主义特色基本形成，并出现了空前的辉煌。尤其是随着清代曹雪芹所著小说《红楼梦》的问世，中国古代现实主义古典小说达到了辉煌的顶点。

二、中国传统书面文学的类型

中国传统书面文学既有历史的继承，也有在不同时期的新发展，形成了多元类型的传统书面文学。中国古代留下了无数储存着文化信息的文学文本，通过这样的文本我们可以看到历史上处于不同时间与空间的人们的生活图景与情感世界。中国传统书面文学作为一种文本，既有历史记忆的传承，也有不同社会环境下的更新创作。回顾不同类型的中国传统书面文学，其中最具代表性的类型则有"诗辞歌赋唐诗宋词元曲明清小说"一说。

（一）先秦诗歌《诗经》《楚辞》

这两部诗集被合称为"风骚"，即《诗经》收集了大量民间歌谣谓之"风"、《楚辞》中《离骚》最为重要则谓之"骚"，由此"风骚"也被视为中国古代诗歌的两大源头。《诗经》是我国古代最早的一部诗歌集，大致定型于西周时期，收录各地诗歌305篇。其以"赋""比""兴"的艺术创作手法著称，题材分为"风""雅""颂"，其中"风"为160篇，"雅"为105篇，"颂"为40篇，主要内容有祭祖颂歌、婚恋、农事诗等。这305篇诗歌为我们呈现了五六百年从上至下的社会生活史，在中国古代文学史上具有无可替代的地位，并对以后文学史的发展产生了深远的影响。《楚辞》作为另一种诗歌形式被楚国诗人屈原发挥得淋漓尽致，其中有代表性的是屈原的自传体抒情诗《离骚》。全诗充满浪漫主义色彩，想象力丰富，诗中夹杂着屈原复杂的心灵史、情感史，动情至深，使楚辞影响深远，为后人所铭记。

（二）汉赋

赋源于战国时期，兴盛于汉代。在西汉文学史上，赋作为一种新的文学样式，成为当时文学的主流。它散韵结合，讲究押韵和形式的整饬，长于叙事，多于描写，兼有散文和韵文的特点。其发端于战国后期，集《诗经》《楚辞》的优点，在汉代达到顶峰，后来者也无可超越。汉赋的题材大致分为两大类，一类是抒情述志的短赋，另一类是铺陈排比的大赋。大赋为汉赋的主流，多记述帝王功业及其生活，代表人物有西汉的司马相如、扬雄，东汉的班固、张衡等人。汉赋的气势恢宏建立在对帝国的歌颂之上，虽大多为宫廷文学，却丰富了文学的表达形式，彰显着一种积极乐观昂扬向上的艺术精神，散发着古代散文独特的艺术魅力。

（三）唐诗

中国文学首起于诗歌，诗歌的辉煌巅峰则在唐代。提起唐代文学，我们自然会想起唐诗，唐诗是唐代文学的标签。唐代是古体诗的时代，自魏晋以来的五、七言古体诗至唐代达到鼎盛，诗歌成为唐朝人最为推崇并喜闻乐见的文学样式。后人有"熟读唐诗三百首，不会做诗也会吟"一说。《闻一多论古典文学》一书中说道："一般人爱说唐诗，我欲要讲'诗唐'。诗唐者，诗的唐朝也。"

唐诗按形式分为两类：古体诗和近体诗，各有五言与七言，其中近体诗又分为绝句和律诗。诗成为这一时期文人雅士言志(情感)的方式，一时之间，名家辈出，风格多样，出现了大量的传世名作。唐诗无疑是中国古代诗歌的顶峰，清代所编《全唐诗》中提道，唐代诗歌作品有48900余首，诗人2300余家，产生了一大批文学巨匠。

初唐时期诞生了"初唐四杰"（王勃、杨炯、卢照邻、骆宾王）。盛唐时期唐诗发展到巅峰，题材广阔，流派众多，以王维和孟浩然为代表的"田园诗"，出现了《渭川田家》《送元二使安西》《过故人庄》《夜归鹿门歌》等佳作；以高适和王昌龄为代表的"边塞诗"，出现了《燕歌行》《轮台奉封大夫出师西征》《从军行》《出塞》等传世佳作。盛唐时期最值得称道的是浪漫主义"诗仙"李白与现实主义"诗圣"杜甫。李白破除了情感表达坚守"中庸"的传统，表达狂狷，想象力丰富，超然于世俗之外，极具浪漫色彩；杜甫的诗却文风朴实，关注现实生活与世间疾苦，兼济天下，忧国忧民。

中唐以后，诗歌创作出现了低潮，贞元年间（785—804年）、元和年间（806—820年），在白居易、元稹等人倡导的"新乐府运动"的推动下，唐诗又出现了中兴局面，韩愈、孟郊、柳宗元、刘禹锡、李贺等人崛起诗坛，以其自身的诗歌风格，为唐代诗坛增添了活力。

晚唐时期诗歌已失去了盛唐的恢宏气象，但形式不断创新，出现了杜牧、李商隐等大诗人，产出了一大批感伤型的诗作，为中国文学提供了成熟的文学样式。中国古典诗歌"无体不备，无体不善"，而唐诗的艺术水准则达到了炉火纯青的地步，成为中国文学史上的一个历史高度，为中华文化贡献了文学价值很高的艺术瑰宝，积淀和丰富了中国传统文化的艺术宝库。

（四）宋词

词滥觞于初唐时期，最初并不流行，多见于宫廷唱词，词风婉约，格调深沉。及至五代时期，词开始有所发展，出现了一批杰出的词人，但与宋词不能相提并论。自宋朝以来，经济的发展、社会的进步，为这种情感消费提供了生存的土壤，塑造了寄情声色、歌舞宴乐的文化氛围，词开始流行并盛行成为一种文学体裁，且高度繁荣，成为宋代文学最高成就的标志。唐圭章所编《全宋词》收入词人千家以上，词作两万首。宋词相对于唐诗，其特点在于以描写艳情为主，"巅弄风月""诗言志""诗言情"。宋词的题材多为离愁别绪、伤春悲秋、风花雪月、男欢女爱，宋词所谓的婉约风格即表达在此。

后人往往把宋词分为两大流派：婉约派与豪放派。婉约派注重个人生活，词风清新艳丽、缠绵含蓄，或钟情于雅致生活，或迎合市民的生活情趣，或描述情感世界、男欢女爱等，代表人物有柳永、李清照、周邦彦、秦观、晏殊、李煜、欧阳修等。豪放派则超脱歌舞、一展抱负，或抒情述志、或咏史怀古等，表达上慷慨激昂、沉郁悲凉、豪放壮阔，代表人物有苏轼、岳飞、辛弃疾、陈亮、陆游等。

宋词与唐诗是并列的中国古代文学样式，常常被称为"唐诗宋词"，意指中国文学史上的辉煌。宋词与诗有所不同，在题材内容和艺术风格上，都有其独特的传统。两宋时期，一大批词人崛起，创造出大量的词作，丰富了中国传统文学艺术的宝库，尤其是宋词委婉含蓄的美学风格，体现出独有的文学特质，是中国传统文学艺术史上不朽的一朵奇葩。

（五）元杂剧

宋金时期，从民间兴起了散曲这一新的诗歌形式，元代是散曲创作的繁荣时期。作为元代文学的旗帜，元杂剧亦被称为"元曲"，它是融汇了歌唱、舞蹈、说白、杂技等多种艺术形式的综合艺术，是戏曲的第一种成熟形式。杂剧在元代极为兴盛，在不足百年的时间里，有姓可考的杂剧作家有 200 人，见于记载的剧目有 70 多种。

元杂剧的剧本主要有唱词、对白、动作三个部分，内容多以四折讲述一个完整的故事。与诗词歌赋的阳春白雪不同，元杂剧作者皆为身份低下的文人，如关汉卿、白朴、马致远等，他们身处社会底层，杂剧成为他们揭露社会现实、针砭社会丑恶的文学形式。由于偏重以叙事为主，贴近民众的现实生活，元杂剧也被视为文学消费走向民间的重要标志。

元曲在创作方面，最具代表性的是被称为"元曲四大家"的关汉卿、白朴、马致远、王实甫，其题材大致有爱情剧、公案剧、水浒剧、世情剧、历史剧等。这些杂剧承载着时代精神和价值追求，塑造了一个个形象鲜明的舞台形象，彰显着民众对生活的艺术表达。

（六）明清小说

中国古典小说脱胎于远古时期的神话传说，并不断吸收着新的文学样式和艺术经验，融合更新，形成一种新的文学样式。历经先唐笔记小说、唐传奇小说、宋元话本小说的沉淀，及至明清，小说登峰造极。

明代开始，白话文小说登上了文学舞台，并独领风骚。小说破除了诗文的垄断，一种新文体逐渐流行，它通过完整的故事情节讲述和深刻的环境描写来反映社会生活，主要有神魔之争和人情故事两大类。神魔之争以《西游记》等为代表，世情小说以《金瓶梅》等为代表，最为称赞的是合称"三言二拍"的小说集以及《三国演义》《水浒传》《西游记》《金瓶梅》等"四大奇书"。

清代更是将小说发展到了极致，题材之广，无所不包，上至王侯将相，下至黎明百姓，纷纷在小说里登场。清代，小说先后出现了拟古、讽刺、人情、侠义等四大派。拟古以蒲松龄的《聊斋志异》为代表，讽刺以吴敬梓的《儒林外史》为代表，侠义以《三侠五义》为代表，其中曹雪芹的《红楼梦》、吴敬梓的《儒林外史》、蒲松龄的《聊斋志异》代表着中国古代白话小说和文言小说的最高成就，他们笔下的人物活灵活现，刻画的入木三分，折射了封建社会的腐朽，也不乏劝人警醒的道德说教之意。总之，明清小说的文学成就，是唐宋元之前都无可比拟的。

三、中国传统书面文学的特征

中国传统书面文学源远流长，英才辈出，杰作纷呈，展现了传统中国人文精神的独特内蕴和魅力。概而言之，其以"言志"与"载道"为要，故而不仅艺术价值丰沛，社会价值也很显著。

（一）抒情言志、寓情于理的艺术特征

中国文学，源远流长，旷世之作纷呈，究其特征，以诗歌为代表的文学最具典型。《尚书·尧典》有云："诗言志，歌咏言，声依永，律和声。"这是对文学功能的肯定，抒情言志、寓情于理的艺术特征最具典型，即文学是文人借以表达情感和言志的载体或媒介。所谓"诗言志"，就是通过诗歌表达创作者内心的情感和志趣，因此抒情是诗歌创作的主要特征。我国第一部诗歌总集《诗经》就有大量的抒情言志之作，开创了我国诗歌言志抒情的传统。陶渊明的诗之所以受后世推崇，一个重要原因就是其抒发了"不为五斗米折腰"的文人气节，以及追求隐逸逍遥而不堕其志的精神意境，是寓情于理、抒情言志的典范。唐代田园诗意境幽远、含义隽永；边塞诗悲壮雄浑、富于风骨；李白诗豪迈奔放、浪漫飘逸；杜甫诗沉郁顿挫、苍劲跌宕，都体现了诗歌的抒情功能。从中国传统书面文学看，诗歌的抒情性表现手法已广泛融入散文、戏曲、小说等其他文学体裁，每种体裁的文学作品都具有"言志"的特征。文学作品不是创作者的一种文字游戏，而是体现和表达个人情感的艺术形式。中国古代文人的文学创作始终秉持文以载道的创作传统，将文人关心国家和社会乃至天下苍生的情怀寄托在文学中，通过文学作品体现知识分子的社会责任。

（二）文以载道的人文特征

与"言志"传统密切相关的"载道"传统，是由唐代古文运动的领袖韩愈正式提出的。"文以载道"，要求作者在进行文学创作时主动肩负社会责任，发挥文学的社会功用，体现了文人特有的社会责任与担当。如屈原的诗表达了作者不同俗流的爱国情怀和美好情操。建安时期"三曹""七子"的诗歌则反映了深刻的社会生活内容，表达了对理想社会和人生境界的追求。以杜甫、白居易和范仲淹等为代表的唐宋诗人和词人，在他们现实主义的诗词作品中，表达着"先天下之忧而忧，后天下之乐而乐"的人文情怀。明清小说《西游记》《聊斋志异》《儒林外史》《红楼梦》等刻画了丰富的人物形象和深刻的社会现实，揭露了封建时代的社会问题，将教化、娱情等多种社会功用寓于文本中，是文以载道的集中体现。

总之，中国传统书面文学是中国古代文化的丰富宝库，彰显了中华文化的多样性，其自身的价值与意义不容忽视。文学是文化的一种存在形式，在中国文化整体结构中，中国书面文学无疑具有重要的一席之地，代表了古代中国文学的基本样式。中国古代书面文学内容丰富，形式多样，给后人留下了宝贵的文化遗产和精神财富，是了解中国古代社会文化等各方面的重要资料。

第二节　传统民间文学

中国民间文学是中国文学的重要组成部分，其以非文字的口头传承形式而存在，实为中国文学的一种存在样式。民间文学相对于书面文学，其产生历史久远，内容丰富，形式多样，是民间大众劳动生产实践的智慧结晶，其以民间社会为存在空间，以民间大众为传承载体。因此，所谓民间文学，是指民众在生活文化和生活世界里传承、传播、共享的口头传统和艺术。中国古代文学博大精深，古代民间文学是其重要内容，代表着中国古代文学的丰富性和多样性。中国古代民间文学从类型上看，有民间神话、民间传说、民间故事、民间说唱史诗、民间歌谣、民间叙事诗、说唱文学、民间谚语等。

一、古代民间神话

神话是古代民间文学的最初形式，中国神话主要指我国上古时期的古老神话，其历史久远，是远古时期先民在特定历史环境中的艺术创造形式，是"通过人民的幻想用一种不自觉的艺术方式加工的自然和社会形式本身"。神话的主人公基本都是以神为主，既有超自然的神，也有被神化了的英雄人物。古代神话在情节和叙述特点上具有超现实的特征。神话也是古人对自然现象的一种朴素解释，只是这种解释建立在人们认识能力和水平较低的层次，表达了古代先民认识自然和改造自然的愿望。

中国古代神话主要有两类：一类是关于人类起源的神话，又称"创世神话"，就是关于天地开辟、世界万物起源的神话。创世神话是人类对早期自然和宇宙生成图式所做的解释，是远古时期先民对宇宙万物由来的一种朴素认识，其中有世界起源和人类起源两类主题。中国古代有盘古开天辟地的神话，就是在讲古人所想象的世界是如何被创造的；也有关于女娲造人的神话，这是古人关于人类起源问题的一种神话解释。我国其他少数民族中也有此类型的神话，如瑶族、彝族、纳西族等民族都有他们的创世神话。此外还有一些远古时期英雄人物神话、日月神话、动植物神话、治水神话等。这类神话内容丰富，流传较广，记述了大量神话中的人物，诸如伏羲、西王母、炎帝、黄帝、颛顼、帝喾、尧、舜、禹、嫦娥等神话形象。这些神话人物及故事被人们口耳相传，传承至今，家喻户晓。

二、古代民间传说

传说是不同于神话的一种民间文学形式，是民众口头创作和传播的传述特定历史人物或历史事件、解释某种地方风物或习俗的口头叙事文学类型。传说与神话最大的不同就在于，神话的主人公是以神为主，传说中的主人公有名有姓，且为古代真实存在过的历史人物，古代发生过的历史事件，以及事件发生的特定时空等。传说是一种对历史事件和人物的传述方式，这种传述中掺杂了较多的主观想象，不乏牵强附会或臆测之痕迹。即使是同一事件和人物，但在不同地区，由于人们的主观意愿和审美追求不同，他们在传述过程中进行了有益的加工和创造，使得同一个事件在民间文学中有了多个版本。古代中国人创造了大量的民间传说，他们以历史上发生过的事件或人物及地方风物为素材，创造出了丰富多彩的民间传说。一般而言，中国古代民间传说主要有三种类型：关于历史人物的传说、关于历史事件的传说和关于地方风物的传说。

第一种是关于历史人物传说。这类传说以历史人物为中心展开故事情节，集中讲述他们的辉煌事迹和人生经历。这种叙述已与真实的历史有所区别，人们是按照自己的意愿去创造和编排传说，里面寄托着古人的情感诉求和价值取向。一些历史上的知名人物及其相关的历史事件，都成为后世民间传说的主要内容。中国古代民间传说人物，有古代帝王将相、农民起义领袖、文化名人等。此外，还有姓名不见于史籍的人物传说，如梁祝传说、孟姜女传说、歌仙刘三姐传说等。

第二种是关于历史事件的传说。这类传说与历史人物传统相似，但其叙述的中心在于历史事件，整个传说围绕着一个历史事件展开，全面讲述事件的整个过程，这种传说故事性强，重视事件及故事的叙述技巧。中国古代民间传说有数量较多的关于历史事件的传说，如周幽王烽火戏诸侯传说、孔子周游列国传说、老子骑牛过函谷关传说、项羽与刘邦的争霸传说、梁山伯传说、杨家将传说、义和团传说等。

第三种是关于地方风物的传说。这种传说产生于特定的地理环境中，带有鲜明的地方特色，集中讲述的是关于地方风物的故事。这类传说没有统一的主题，内容较为广泛，如叙述地方的山川古迹、风俗习惯和村庄命名的由来等。这是中国老百姓的一种文化创造的产物，如对于名山大川的得名由来，通过传说的形式予以解释；尤其是对于风俗习惯的由来，古人通过传说的形式予以解释；等等。这种以传说的形式对现实存在进行文化解释，是人类文化创造的一种体现形式，表现了古人高超的文学叙事能力，以及热爱家乡的真挚情感。例如蒙古族马头琴的传说，傣族泼水节的传说等。

三、古代民间故事

民间故事是民间文学的主要形式之一，广义上的民间故事就是民间大众创作并传播的故事类文学作品。民间文学创作是建立在劳动人民口头创作的基础上，凝结着民间大众的创作智慧。中国古代创造了大量的民间故事，有神话故事、历史事件故事和历史人物故事等，这些故事基于同一事件和人物，在不同地区有多种版本，在民间大众中被广为流传。

中国古代民间故事主题丰富，类型多样，大致有神话传说、传奇故事、生活故事、才子佳人故事、公案故事等类型，其表现形式多样，有幻想故事、动物故事、民间寓言、民间笑话等形式，集中展现了我国古代人民群众的创造智慧，丰富了中国民间文学的宝库。

对于中国古代老百姓来说，民间故事是日常生活中不可缺少的精神食粮，每当劳动闲暇或空余时间，都会有人来讲故事，这既是一种习惯，也形成了一种传统，那些会讲故事的人，是民间文化的活宝典。中国古代创造出了大量的民间故事，它们传承于不同的地区，被不同地区的民众所共享，以此实现了古代民间故事的世代传承。至今流传并具有代表性的民间故事有《牛郎织女》《白蛇传》《孟姜女哭长城》《梁山伯与祝英台》等。此外，还有我国少数民族的民间故事，如壮族刘三姐的故事，其类型多样，数量较多，是我国民间故事的宝库。

四、古代民间说唱史诗

说唱史诗是民间文学的一种重要形式，也是一项重要的民俗活动，是古代人类创造的口头文学表演艺术的不朽篇章。西方有说唱史诗，中国也有说唱史诗。中国古代史诗，主要是指三大少数民族著名史诗，一是藏族英雄史诗《格萨尔王传》，二是柯尔克孜族史诗《玛纳斯》，三是蒙古族英雄史诗《江格尔》。这三大史诗代表了中国史诗的水准，充实了中国古代民间文学的宝库。

说唱史诗是以史诗说唱者的说唱形式为载体，这些说唱者一般为职业性或半职业性的说唱艺人，他们是说唱史诗的表演者和传承者。藏族史诗说唱者内部称为"钟垦"，柯尔克孜族史诗说唱者内部称为

"玛纳斯奇"，蒙古族史诗说唱者内部称为"江格尔奇"等。这些民族中都有一定数量的史诗说唱者，但是著名的说唱艺人却只是极少数。"史诗说唱者"这一职业，或经过师承，或自学，其中后者人数较多。

《格萨尔王传》是古代藏族人民创造的英雄史诗，流传较广，尤其在今天的西藏、青海、甘肃、四川等省区藏族人民群众中依然以口头传承，经整理记录书写成文字多达 80 部、约 40 万行、1600 万字之多，远超西方的《荷马史诗》，是世界上最长的民间史诗。《格萨尔王传》大致产生于 11—13 世纪，并在藏族聚居区广泛流传，传承不衰。它以英雄格萨尔王降妖除魔、除暴安良、抑强扶弱、建立统一安定的社会为主题，史诗中格萨尔率众进行的战争达近百次，刻画出了生动的人物形象，具有一定的文学价值。《格萨尔王传》还展现了古代藏族人民社会生活的各个方面，记述丰富。史诗的展开涉及藏族数百年的历史，是以两次大分裂、大统一的历史为背景，故事发生的空间涉及方圆数千公里辽阔土地上的上百个邦国与部落，是一部了解古代藏族人民社会、历史、文化的重要文献资料。

古代柯尔克孜族人创造了长篇英雄史诗《玛纳斯》，现今整理出的史诗文本，由《玛纳斯》《赛麦台》《赛依铁克》《凯耐尼木》《赛依特》《阿斯勒巴恰与别克巴恰》《索木碧莱克》《奇格台》等 8 部构成，共有 20 多万行，约 240 多万字。《玛纳斯》是这部英雄史诗的总名，也是史诗的第一部。史诗讲述了玛纳斯及其七代子孙的英雄故事，反映了古代柯尔克孜族人民抵御外敌入侵、热爱家园、争取自由、追求美好生活、保家卫民的英雄气概。史诗内容宏阔，气势磅礴，涉及古代柯尔克孜族的政治、经济、文化、军事、宗教、历史等方面内容，既是一部鸿篇巨制，又是研究古代柯尔克孜族的百科全书，具有十分重要的史料价值。"玛纳斯"是第一部史诗中主人公的名字，以此来命名史诗，这也是我国古代少数民族三大史诗的共性所在。史诗经过漫长的口耳相传，到 16 世纪逐渐定型为今天这样规模宏大的史诗杰作。

《江格尔》是我国古代蒙古族人民创造的史诗作品，是蒙古族口头文学的主要代表作品，反映了古代蒙古族人民反对内部混战、渴望和平统一的愿望。《江格尔》主要流传于中、蒙、俄三国的卫拉特蒙古人中。我国新疆的卫拉特地区，是史诗《江格尔》的主要传唱地区。史诗《江格尔》得名于其主人公江格尔。史诗歌颂了以圣主江格尔汗为首的蒙古勇士，他们面对外侵之敌不屈不挠、英勇抵抗、保卫家园。《江格尔》一经创作出来，就在西部蒙古地区广泛流传，经过不断充实与完善，最终定型。史诗《江格尔》是由数十部长诗组成的鸿篇巨制，演唱英雄史诗《江格尔》的民间艺人是史诗《江格尔》得以世代传承的载体。《江格尔》涉及蒙古社会生活的多个方面，是研究古代蒙古族历史文化的珍贵资料。

五、古代民间歌谣

民间歌谣产生于劳动人民的生产劳动实践中，并通过生产劳动和社会生活世代传承。其内容丰富，形式多样，是人类社会最早出现的口头创作形式，是古代劳动人民精神文化生活的主要表达形式。民歌的创作形式多样，具有明显的地域特征。总体来看，民歌与音乐是分不开的，有的民歌集歌曲、舞蹈、音乐于一体，显示了民歌的艺术水准，但民歌是民间劳动人民的诗歌创作，以口头创作的形式，赋予一定的节奏、音韵、曲调等手法。民间歌谣来自于民间生活，是民间大众抒发情感、表达人生追求的一种艺术形式。

中国古代的民歌种类繁多，从地区和民族两个角度分类，可以看出我国古代民间歌谣的丰富性。从民间歌谣的内容看，分为劳动歌、仪礼歌、时政歌、生活歌、情歌等五种类型，其中以劳动歌和情歌等居多。先秦时期的《诗经》最具代表性。在以后的历史中，我国民歌不断发展与创新，各地区不同形式的民歌先后出现，形成地域特色浓厚的民间歌谣，使中国民歌呈现出多样化的类型。从不同民族和地域看，民歌的形式更为多样，即使在同一民族和地区，也常有多种民歌样式。陕北的信天游，内蒙古的爬山歌，晋西北的山曲，壮族的"师"体歌，藏族的"鲁"体歌，甘肃、青海、宁夏、新疆一带的"花儿"，傈僳族民歌等。这些民歌既有地域特色，又有鲜明的民族特色，是民族和地域文化的重要组成部分。由于其传播较广，形式多样，喜闻乐见，深受广大群众的喜爱，在当地广为流传。

中国古代歌谣最大的一个特点就是重视用韵，这也是古代民间歌谣朗朗上口、容易识记并喜闻乐见、深受欢迎的原因。如汉族古代民歌的用韵特点在于以押尾韵为主，但凡是民歌基本都要使用押韵，无韵不成歌，成歌必有韵，这也是古代汉族歌谣的一大特点。如四句一首的歌谣，甚至是古体诗，一般都是一句、二句、四句用韵；五句一首的歌谣，一般都是一句、二句、四句、五句用韵；两句一首的歌谣几乎每句有韵；等等。此外，其他少数民族的民间歌谣也有押韵的习惯，如壮族的"勒脚欢"，西北各民族的"花儿"，都有自己特殊的押韵法。重视用韵既是古代各地老百姓的创作特点，也是民歌的一大共性所在。同时古代民间歌谣善于运用表现的手法，有比兴、夸张等手法，其中注重拟人化手法在地方儿歌中较为常见，如以物比人，形象生动，栩栩如生。

六、古代民间叙事诗

叙事诗是一种古代民间诗歌体裁，这种叙事诗最大的特点在于其口头表达形式，不诉诸文字，只是通过语言的形式，经由个人创作后，世代传唱，这也是民间叙事诗传承的一个特点。叙事诗具有诗歌的特点，由于与严格意义上的诗歌有所不同，叙事诗的重点在于叙事，铺陈故事情节，只借助了诗的表达形式。叙事诗是一种用诗的形式刻画人物，以叙事的形式抒发情感的文学样式。可见叙事诗是离不开故事情节的，而故事情节又是叙事诗的核心，因此，叙事诗都要有故事、有人物，但是其故事情节毕竟较为简单，是与小说等体裁的文学作品不能相比较的。

中国民间叙事诗的产生、流传和演变经历了漫长的历史过程，它内容丰富，形式多样。从内容看，有创世叙事诗、英雄叙事诗和婚姻爱情叙事诗三类。叙事诗是中国诗歌的一种，最初的叙事诗就是中国古代的民间叙事诗，以叙述历史事件为内容，有比较完整的故事情节和人物形象，这类作品数量较多，尤其是在我国少数民族中就有大量的民间叙事诗。到了唐代，叙事诗开始从民间走向文化精英阶层，文人开始用文字创作叙事诗，如元稹和白居易等文人就创作了大量叙事诗。与古代口头创作的民间叙事诗不同，后者属于文人叙事诗。

七、古代说唱文学

古代中国人创造了辉煌的说唱文学，它们以口头的形式世代传唱，在不同的地区以不同的地方形式和内容存在，形成了中国古代丰富多彩的民间说唱文学，也是中国古代民间艺术的一种形式。说唱艺术是"说"与"唱"相结合的表达形式，说唱时以一定的底本为基础，并提前编写故事，这种故事的编写有一定的要求，不能随心所欲，而是要符合一定的文学创造形式，注重语言的通俗性和韵律感，这样说唱时才能朗朗上口，抑扬顿挫，节奏感强。

中国古代说唱文学发生较早，先秦时已有萌芽，唐宋以来有了较快发展，逐渐形成了一种民间艺术形式而广为流传，深受民间老百姓喜爱。中国古代说唱文学主要有三种类型，第一种是以说唱兼备为类型的说唱文学，如弹词、鼓词等；第二种是以"说"为主的说唱文学，如评书、相声等；第三种是以"唱"为主的说唱文学，如清音、小曲等。这些说唱文学在长期的历史发展中形成了明显的地域特征，至今依然流传不衰，成为一些地方民间曲艺的代表。

八、古代谚语

谚语是广泛流传于民间大众中的言简意赅的短语，是古代劳动人民对劳动生活实践经验的总结，并通过代际间的口头相授世代相传，借用口语形式的通俗易懂的短句或韵语来表达。古代中国人在长期的生活实践中总结出了不少民间谚语，其内容丰富，富有哲理，成为古代中国人的生活教科书，是劳动人民的智慧结晶。古代中国人日常使用的谚语，是在劳动实践中创造的，劳动生产既是他们的日常生活，也提供了提炼总结民间谚语的天然土壤。古代劳动人民以劳动为生活，并善于在劳动中总结提炼，创造了大量充满智慧的民间谚语。

民间谚语的特点在于日常性和普及性，并为广大人民群众普遍使用，成为一些常用的口头用语，使用频率高，且能脱口而出。谚语短小精悍，类似成语，口语性强，通俗易懂，往往一句话或几个字，就能表达一个深刻的道理。谚语内容极广，类别繁多，数不胜数。一是生活谚语。如"饭后百步走，活到九十九"等；二是农事谚语，如"人若哄地皮，地哄人肚皮""清明前后，栽瓜种豆"等；三是气象谚语，如"二月的雨水，卖儿女""三月的雨，赛金子"等；四是婚姻爱情谚语，如"男子无妻家无主，女子无夫室地梁"；五是卫生健康谚语，如"白开水沏茶，能活一百多""出门要防三九月"等；六是经商谚语，如"街头一席地，强似百亩田"；七是植树造林谚语，如"家有百株柳，吃穿不用愁"等。

第三节　传统艺术

中国传统艺术历史久远，可以追溯至新石器时代，当时最为简单和朴素的艺术品已经出现，这是远古时期中国艺术的雏形，说明中国境内的早期人类已具有了一定的审美观念。及至进入文明社会，古代中国人在认识和改造自然中，匠心独运地将自己的劳动实践和劳动成果赋予审美追求，创造出了形式多样、内容丰富的古代艺术，主要有书法、音乐、剪纸、绘画、建筑、戏曲等，形成了独具特色的中国传统艺术，体现出了古代中国人特有的审美观念。中国古代艺术既是中华民族的宝贵财富，也是古代中国人遗留下的珍贵文化遗产。

一、古代书法

世界上大多数民族都有自己的语言文字，这是人类文化多样性的一种体现形式。文字是人类用于记事的符号系统，这一符号系统满足了人类文化世代传承的需要，也是人类步入文明社会的标志。世界不同民族的文字，能够超越记事的符号功能，使得文字本身在书写形态上被赋予审美价值，而成为一种独具特色的书法艺术。中国是世界上少有的几个将文字创造性地衍生为书法艺术的国家之一。中国古代书法艺术源远流长，博大精深，是世界上独一无二的文化瑰宝，是中华文化的一个显性的文化符号。

（一）古代书法的产生与发展

书法艺术的出现是人类审美追求的实践产物，中国书法艺术的产生是早期人们文化创造的结晶。中国书法艺术起源于汉字的创造与使用，其实早在远古时期，中国境内早期人类就已开始使用简单的图像等形式来记事，这是前文明时代人类文字的雏形。至今考古发现的中国最早的文字是殷商甲骨文。甲骨文主要刻在龟壳和兽骨上，用于记述当时发生的社会事件，甲骨文在当时已具有基本的文字形态，当其被错落有致地排列在上面时，其中呈现着古代中国人的一种审美情趣。继甲骨文之后便是金文的出现，这种文字一般指先秦时期铸刻在青铜器上的铭文。金文与甲骨文都有象形文字的特点，在书写上其结构和形体各有特点。秦始皇统一六国后，在统一文字的过程中，制定出了具有统一标准的文字——小篆，汉字在形体上开始由象形文字向表意文字过渡。此后在对篆书的革新中又出现了隶书，隶书在字形上更加简化，使得中国汉字彻底走出了象形文字的原初传统。

自西汉以来，隶书逐渐成熟并定型，但在隶书的基础上又衍生出了草书。草书的出现，在中国书法史上是一次历史性的飞跃，促动了书法艺术的创作，使得汉字书法艺术进入一个新的高度。及至魏晋南北朝和隋唐时期，又出现了不少擅长草书的大书法家，留下了不少草书书法作品。与此同时，楷书和行书这两种新的书体开始出现：楷书形体方正、笔画平直；行书形体较为自由、飘逸灵活。它们的出现使得汉字书法字体更加丰富多彩。大致在魏晋时期，中国汉字书法的字体基本齐备。各种字体相互并存，各美其美，使得中国书法艺术进入了一个全新的时代。

在以后的历史过程中，涌现出了一大批知名的书法家，其中就有东晋的王羲之、王献之，唐朝的欧阳询、柳公权、颜真卿、怀素、褚遂良，北宋的黄庭坚、苏轼、米芾、宋徽宗，元朝的赵孟頫等。他们有的擅长一种字体，有的擅长几种字体，有的不乏创新，如北宋宋徽宗独创的瘦金体，独树一帜，特色鲜明。及至明清时期，著名书法家不断涌现，书法艺术蓬勃发展，成就不凡。正是一代又一代书法家执着于书法艺术创作，中国传统书法开始散发出独特的艺术魅力，使得中国传统书法艺术步入空前的辉煌，为中国传统艺术提供了一种全新的艺术门类，在世界文化艺术宝库中独放异彩。

（二）主要书体

中国古代书法的博大精深就体现在书法字体的多样性，这是中国书法艺术辉煌成就的体现。关于中国古代书法字体的分类，一般都分为行书字体、草书字体、隶书字体、篆书字体和楷书字体五种。在这五大类中又可以分出一些亚类，如篆书又分大篆、小篆，楷书又分魏碑、唐楷，草书又分章草、今草、狂草等。

篆体，是大篆和小篆的统称。大篆包括甲骨文、金文等古老文字，这些文字最显著的特点在于其保留着象形文字的特征。小篆则是秦始皇统一六国后，在统一文字后使用的通用文字。由此可见小篆是大篆进一步简化的产物，其字体均匀齐整，在字形上独具特色，后来的隶书和楷书等字体就是在其基础上衍生而成的。

楷书，是中国书法的一种字体，是在篆书和隶书的基础上衍生出的一种新字体，出现于东汉时期。楷书相对于隶书，则更为简化，其字体要求形体方正、横平竖直。《辞海》中对楷书有这样的解释："形体方正，笔画平直，可作楷模。"书写起来，一笔一画，工工整整。中国古代书法家在楷书上颇有成就，出现了欧体、颜体、柳体和赵体等楷书风格。

隶书是一种古代书法字体，始于秦代，是在原有篆书基础上形成的一种字体。据说隶书由程邈创造，东汉蔡邕在《圣皇篇》中写道"程邈删古立隶文"。及至东汉以来，隶书在社会上广泛使用，其字形体扁平方折，横长竖短，与楷书有所差异。

草书，是一种字体名，有章草、今草、狂草之不同类型。草书是以隶书为基础衍生的新字体，出现时间较早，大致在汉代就已有之，东汉许慎在《说文解字·叙》中称"汉兴有草书"。最初是草隶，继而是"章草"，以后又发展出了"今草"。得益于各朝大书法家的不懈改造，草书作为一种书体最终趋于完善。历史上也曾出现过王羲之、怀素、张旭等著名的草书大家。草书最显著的特点在于笔体连贯，结构简省，如行云流水，潇洒飘逸。

行书，源于楷书，并最终形成独立的字体。相传被创于汉末，这一字体介于楷书和草书之间。行书的特点在于，既不像楷书那样工整方圆，也不像草书那样线条流畅天马行空，既要求端正平稳，又要展现出飘逸灵活，中国历史上精于行书的书法家数量较多，不乏名帖流世。

（三）古代著名书法家

中国古代书法艺术灿烂辉煌，涌现出了一大批著名书法家，他们对于中国书法的发展作出了重大的贡献，给后人留下了宝贵的书法艺术作品。这些书法家中最具影响的有以下几位。

王羲之（303—361年），琅琊临沂(今山东临沂)人，字逸少，东晋著名书法家，被誉为"书圣"。其书法兼善隶、草、楷、行各体，是一位书法艺术综合素养较高的大家。他博采众长，善于钻研，不断创新，自成一家，特色鲜明，被认为是"天质自然，丰神盖代"。王羲之的书法风格端庄清秀，行如流水，笔势委婉含蓄，遒美健秀。其代表作有《十七帖》《丧乱帖》《兰亭序》等，其中《兰亭序》被誉为"天下第一行书"。王羲之七子王献之在书法上也颇有造诣，与其父在书法史上合称为"二王"。

欧阳询（557—641年），字信本，潭州临湘(今湖南长沙)人，唐朝著名书法家，与唐朝的虞世南、褚遂良、薛稷三位并称"初唐书法四大家"。欧阳询精于楷书、行书等字体，尤其以楷书著称，被誉为"唐人楷书第一"。其书法自成一体，被称为"欧体"。其书法代表作品有《九成宫醴泉铭》《皇甫诞碑》《行书千字文》等。同时他对书法理论也颇有研究，撰写了《八诀》《传授诀》《用笔论》《三十六法》等论著。

颜真卿（709—784年），字清臣，京兆万年(今陕西西安)人，唐朝中期著名书法家。颜真卿师承褚遂良、张旭等书法大师，在书法创作中，他博采众长，精研书体，不断创新，自成一家。颜真卿书法擅长行、楷字体。其楷书端庄大气，行书气势不凡，风格独特，其创作的"颜体"楷书对后世影响很大。颜真卿与赵孟頫、柳公权、欧阳询并称为"楷书四大家"。其传世作品有《祭侄文稿》《自书告身帖》等。

柳公权（778—865年），字诚悬，京兆华原（今陕西铜川）人，是晚唐著名的书法家，也是唐朝最后一位著名的书法家。柳公权的书法创作学习和吸收了王羲之、颜真卿、欧阳询等诸多书法家的风格，博采众长，融合更新，自创"柳体"，自成一家，独树一帜，其字以骨力劲健见长，结构精严。柳公权精于各种书体，是书法界的全才，尤以楷书著称，其代表作有《金刚经刻石》《玄秘塔碑》。

二、古代绘画

中国传统绘画是世界艺术宝库中最为靓丽的一笔。中国绘画拥有自身独特的观赏性，涌现出一批著名画师和大量精美作品，它的形成、发展与中国深厚的文化土壤、独特的社会环境息息相关。同时，它反过来也深刻地影响着中国传统文化和中国人的社会生活。

中国绘画历史悠久、积淀深厚，已出土的陶器上的纹饰、壁画再现了史前时代先民的社会生活状态，如宁夏贺兰山岩画上的太阳神等图案，就是远古时期人类艺术创作的见证。进入夏商周时期，中国古代绘画史正式开启，如商周时期的绘画以钟鼎上所雕绘的回纹、自然界中的兽类、星云符号为代表。战国时期绘画材料别具一格，出现了帛画。战国帛画是在绢帛上以毛笔绘制而成，绘画作品色彩艳丽、线条精美，艺术感较强。到了汉代，帛画技艺更加精美。汉代除帛画之外还出现了精美的壁画等，作品展现了汉代社会生活的多姿多彩。整体来看，汉代以前的绘画多是具有装饰和辅助作用的工艺画作，自魏晋时期中国的文士参与绘画，绘画逐渐在古代中国开始成为独立的艺术门类。魏晋时期战乱频繁、社会动荡，身在其中的画家无不深受社会环境的影响，其绘画作品有了较大的转变。一方面，动荡的社会局面让文人雅士的兴趣转向自然，山水画自此兴起；另一方面，战乱让人们生活困顿、精神痛苦，民众将宗教作为精神寄托，出现了大量的宗教类绘画作品。

隋唐结束了中国魏晋时期的分裂状态，尤其唐王朝时期社会相对稳定、经济繁荣、文化兴盛，相比魏晋时期老百姓对现实生活更为注重，绘画作品也从宗教转向世俗，人物画是唐代最具特色的艺术作品，唐代更是人物画的顶峰时期。唐代文化艺术兴盛，除了人物画，盛唐时期和中唐时期的山水画逐渐成熟，花鸟画也开始兴起。

山水画、花鸟画在五代、两宋时期发展到顶峰。宋代山水画分南北两派，北派以自然为绘画对象、用笔遒劲、布局宏阔；南派用笔柔和、布局简易且具有江南文人气息。花鸟画在宋代讲求逼真，笔简形具。而在元代，水墨花鸟画逐渐发展起来，绘画作品中多有梅兰竹菊等题材，同时诗书画三者间紧密结合，即所谓的"画法，即书法所在"。明清时期的绘画继承了前代的绘画传统，使绘画艺术得到发展。明代以山水画出现的"浙派"和"吴派"，成为明代绘画艺术的杰出代表。清代绘画艺术更是名家辈出，最具代表性的画家有"扬州八怪"，其作品格调怪异，不落俗套。

中国绘画自成一体，具有自身的特点和很强的观赏性。在绘画类型上，由于中国画有宫廷画、文人画、市民画、民间画等多种形式，所以不同类型的绘画作品特点各有不同：宫廷画以彩墨为基础，追求精巧明丽；文人画以水墨画为代表，旨在抒情达意；市民画切近百姓生活，往往以小说故事为载体，意在表现真实的、民众的社会生活等。

中国绘画发展过程中涌现出大量才华横溢的画家和精美画作。东晋杰出画家顾恺之善于画人像、佛像、禽兽、山水等，有《洛神赋图》《女史箴图》等作品，当时人称他"画绝、才绝、痴绝"。被称为"唐画之祖"和"山水画祖"的隋代画家展子虔的代表作是《游春图》；唐代画家阎立本精于绘画，《历代帝王图》《步辇图》是其最有名的作品，他的绘画备受社会推崇。唐代另一位被后人尊称为"画圣"的是吴道子，《天王送子图》《孔子行教像》《八十七神仙卷》是其绘画作品中的精品；北宋张择端描绘当时百姓社会生活的长卷画作《清明上河图》是中华艺术宝库中瑰宝；元朝时期，王冕的《墨梅》、黄公望的《富春山居图》都是中国绘画中的精品，黄公望和王蒙、吴镇、倪瓒并称为"元四家"；明代绘画作品更是层出不穷，有董其昌的《秋兴八景图》、唐寅的《落霞孤鹜图》、沈周的《牡丹图》等；清朝绘画作品有了进一步的发展，有"清初四僧"石涛、八大山人、石溪、弘仁等，还有"扬州八怪"之一的郑板桥，其代表作有《兰竹芳馨图》《甘谷菊泉图》《修竹新篁图》《丛兰荆棘图》《清光留照图》等。

中国绘画和中国文化血脉相连、从未中断，在中国传统文化的发展长河中熠熠生辉。中国传统绘画是古人对精神生活的独特追求，也是古代艺术家智慧的结晶。

三、古代音乐

中国古代创造出了辉煌的礼乐文化，音乐作为礼乐文化的主要内容，起源甚早，源远流长。几千年的音乐历史诉说着中华民族的荣辱兴旺，几千年的音乐历史积累了无数音乐艺术的宝贵财富，是整个中华民族的文化遗产，亦是全人类珍贵的文化遗产。

（一）古代音乐的起源与发展

《礼记·乐记》记载："凡音之起，由人心生也。比音而乐之，及干戚羽旄，谓之乐。"中国古代音乐最早可追溯到远古时代，我国古代先民在艰苦的群居生活以及集体劳动中，创造了中国音乐艺术的原始形式。原始社会的音乐与礼仪相连，并与舞蹈合为一体，乐舞多出现在氏族部落的农耕狩猎、祭奠典礼等社会生活场景中，是源于现实生活、高于现实生活的艺术创造。当时的乐器简单而原始，也体现了早期人类的文化创造。先民时期的音乐以先民对自然和动物声音的模仿为主。《尚书·益稷》记载："击石拊石，百兽率舞。"夏商周时期，乐器的制作较之前得到了进步，有青铜编钟、石质编磬等。春秋战国时期，出现了第一部系统的音乐理论著作，即《乐记》。同时出现了宫、商、角、变徵、徵、羽、变宫等七音阶体系，彰显了中国音乐的早熟特征。

两汉、魏晋南北朝、隋唐时期，传统音乐随着历史演变而逐渐发展，尤其是唐朝音乐广泛吸纳西域等地的音乐形式与元素，融合更新，多种成分构成的各类歌舞大曲及器乐作品歌舞大曲、声乐作品歌舞大曲，使大唐音乐"千歌百舞不可数"，中原音乐和边疆少数民族音乐交相辉映，异彩纷呈，代表着唐代音乐文化的高度。宋元时期，在继承

传统音乐形式的基础上，词曲的演唱、说唱的音乐形式和戏曲音乐纷
纷出现，使说唱、戏曲表演这种新的音乐形式走上乐坛，使古代音乐
进入了一个新的阶段。同时各种民间音乐不断涌现，形式多样，特色
鲜明。及至明清时期，宫廷雅乐逐渐衰退，民间音乐出现繁荣并广为
传播，大众音乐趋向多元化，各种千姿百态的民间音乐艺术出现在古
代中国的历史上。

（二）古代音乐的类型

中国古代音乐在历史长河中不断发展，在各个历史时期具有不同
的类型，体现了我国古代音乐艺术的杰出成就。总体而言，中国古代音
乐主要有仪式音乐、宫廷音乐、声乐、独奏器乐、民乐等多种类型。

1. 宫廷乐

古代宫廷音乐形式产生于西周时期，伴随着西周礼乐文化的创立
而出现，使音乐的"乐教"作用逐渐显现出来，并且在宫廷之内设有
专门领导最高音乐教育机构的乐官，由他指导，且负责宫廷音乐的创
作与演奏。宫廷乐带有明显的政治色彩，是为统治者进行礼乐教化服
务的，这也是中国传统文化的一大特点。

2. 散乐

散乐相对于宫廷雅乐，是一种民间音乐的重要形式。据记载，散
乐最早出现于先秦时期，是老百姓民间杂戏杂乐等乐舞杂技表演的总
称。自西汉以后，从西域传来的各种新奇的杂戏杂乐、幻术、舞蹈等
也都被纳入其中，使散乐得到了空前的发展，其形式多样，影响逐渐
增大，以隋唐时期最为繁荣。

3. 说唱乐

民间音乐的一种形式，出现于宋元时期，当时市民音乐蓬勃发展，
"瓦市"成为当时市井音乐最为活跃的场所，是以娱乐为主要内容的商
业空间，为说唱乐的崛起奠定了基础。艺术歌曲和以说唱人物为特点
的表演艺术，给城镇中下层听众创造了集说唱、歌舞和器乐艺术于一
体的音乐形式，从此开辟了中国戏曲音乐表演艺术的先河。

（三）著名音乐家及其代表作

中国古代音乐异彩纷呈、形式多样，每个朝代，每种音乐形式都有其杰出的音乐家，在中国历史上创作出大量的不朽名曲，诸如《高山流水》《广陵散》《梅花三弄》《十面埋伏》《胡笳十八拍》《汉宫秋月》《潇湘水云》等，最具有代表性的有以下四个。

1. 伯牙的《高山流水》

此曲为先秦时期音乐家伯牙所创，是中国古琴曲之一，运用古琴的各种指法描绘流水的各种动态，借景抒情。战国时期《高山流水》就已广为流传，并作为中国音乐中的珍品流传至今，为人们所喜爱。

2. 嵇康的《广陵散》

《广陵散》是古代器乐作品之一。据相关文献记载，此曲曾于东汉末年流传于广陵地区，是用多种乐器演奏的民间乐曲。此曲后经魏晋时期名士嵇康之手发扬光大，嵇康因不满司马氏惨遭杀害，临刑前演奏了一曲《广陵散》，弹奏完毕感叹此曲今后或为天下绝唱，之后《广陵散》名声大振。《广陵散》激昂、慷慨的旋律，在古代音乐史上具有很高的艺术价值。

3. 桓伊的《梅花三弄》

又名《梅花引》，最初是晋朝桓伊所作的一首笛曲，后改编为脍炙人口的古琴曲，早在唐代就已广为流传。作品主题鲜明，曲调清新，节奏欢快，旋律活泼。通过梅花洁白芬芳以及耐寒的性格特征，借物抒怀，赞颂具有高尚品德之人。此曲流传较广，成为千古佳音。

4. 郭沔的《潇湘水云》

此典乃南宋著名古琴演奏家、作曲家郭沔所作，创作于南宋末年。当时元兵南下入浙，山河破碎，国破家亡，令郭沔无限感慨，遂创作《潇湘水云》一曲，以抒发对山河的眷恋之情。

回溯中国古代音乐艺术，其悠久的历史和丰富的美学思想，体现了中国古人社会生活中别样的审美品格和中国人对美好生活的精神寄托。传统音乐是古代音乐思想的集中体现，是丰富当今中国音乐的重要历史资源。

四、古代舞蹈

中国舞蹈有着悠久的历史，从一些考古发现看出，中国古代舞蹈艺术至少已有五千年的历史。舞蹈是古人娱乐和精神生活的一部分，是通过身体的动作表达精神追求的一种方式。舞蹈在远古时期，其存在形态伴随着狩猎和战争中的祈祷仪式，这些仪式由巫师来主持，仪式中伴以舞蹈。这种文化习惯一直延续至夏商时期。夏代的舞蹈主要流行于上层社会，是通过舞蹈的形式为奴隶主阶级歌功颂德。殷商时期，商人迷信鬼神，频繁举行各种仪式，尤其是祭祀仪式，其中伴之于歌舞。到了西周时期，随着周公旦制作礼乐，在宗庙祭祀等场合，"礼"与"乐"是相互结合的，"礼"的实践借助一些乐舞的形式来表达，形成了以文舞颂德、武舞象功的传统。可以看出，这一时期，舞蹈主要停留在上层社会，是中国古代礼乐文化的重要内容。

中国古代舞蹈一方面致力于本土创作，另一方面积极吸收外来舞蹈艺术形式，尤其是到了西汉以后，随着古丝绸之路的开通，中西文明交往开始进入一个新阶段。在中国古代舞蹈艺术史上，此时从西域传入了新的舞蹈形式，当时被称为"杂舞"。中国本土舞蹈被称为"雅舞"，雅舞使用于祭祀等场合，杂舞则出现在宴会和娱乐等场合。及至唐朝，随着陆上丝绸之路和海上丝绸之路的开通，大量的外来文明传入中国，就有了来自异域的舞蹈艺术。唐朝宫廷中成立了专门的舞乐机构，汇聚了一大批优秀的艺术人才，他们融会贯通，精益创造，开创了中国古代舞蹈艺术的新形式。自唐朝以后，舞蹈艺术逐渐从宫廷走向民间，成为社会大众普遍共享的一种文化艺术门类。

宋元以来，随着市井文化的繁盛，舞蹈艺术的民间化趋向加快，使得舞蹈艺术在走向民间中获得了新的生长点，民间舞蹈得到了快速的发展，一些新的舞蹈门类开始出现。舞蹈不再是宫廷独享的高雅艺术，同时也成为民间大众不可缺少的精神食粮。及至明清时期，我国古代舞蹈艺术趋于成熟，不仅在舞蹈艺术的门类、形式、内容、技艺等方面日渐完善，而且还在中国传统舞蹈艺术方面达到了一个新的高度。

五、古代戏曲

中国古代戏曲主要是由民间歌舞、说唱和滑稽戏三种不同艺术形式综合而成，是一种历史悠久的综合舞台艺术样式。一般可以将戏曲的起源追溯到远古时期，那时就有一些狩猎的活动表现出一些击打的节奏，将击打声和各种动作有机结合，成为人类早期戏曲艺术的萌芽。

经过汉、唐到宋、金的几百年历史，中国古代开始形成比较完整的戏曲艺术，它由文学、音乐、舞蹈、美术、武术、杂技以及表演艺术综合而成。至元代，在宋杂剧、南戏等基础上，元杂剧开始形成，出现了关汉卿、王实甫、马致远、白朴等一批戏曲作家，创作出了《西厢记》《窦娥冤》《汉宫秋》《梧桐雨》等一批优秀戏曲作品，使中国古代戏曲艺术迎来了一个发展高峰，同时也走向成熟。

经过明清两朝，中国戏曲逐步形成了以京剧、越剧、黄梅戏、评剧、豫剧五大戏曲剧种为核心的中华戏曲类型。中国戏曲剧种繁多，据不完全统计，中国各民族地区的戏曲剧种有 360 多种，传统剧目数以万计。其他比较著名的戏曲种类有：昆曲、坠子戏、粤剧、淮剧、川剧、秦腔、沪剧、晋剧、汉剧、河北梆子、河南越调、河南坠子、湘剧、湖南花鼓戏等。

中国戏曲具有较高的艺术特色，它集歌、舞、剧三者于一体，具有音乐性、舞蹈性等特征，集中展现了中国戏曲艺术的特色。

六、古代建筑

在有着千年历史的丰厚的传统文化里，中国传统建筑文化是不容忽视的重要组成部分。建筑不仅是用来居住的场所，更是一种传统文化符号，在历史的发展长河中，中国传统建筑也积淀着丰厚的人文思想，形成了独特而又有内涵的建筑文化。古代建筑内容丰富，主要包括城市、宫殿、祭坛庙宇、陵墓、宗教佛塔、石窟、园林、官衙、公共建筑、景观楼阁、民居、长城、桥梁等十余种，在朝代更替的历史发展过程中，因地理格局的不同形成了不同的建筑风格。

中国传统建筑与世界其他国家建筑有着不同的建筑特性。与世界大多数建筑体系都以砖石结构为主不同，中国传统建筑是唯一以木结构为主的类型，且中国传统建筑具有较为明显的地域特色，建筑文化类型较为多元。

（一）民居

在中国大地上，南北气候差异大，不同地理位置存在生活方式上以及气候条件上的显著差别，因而不同地区的民居也有明显区别，整体呈现出丰富多样的民居风格及样式。古代民居是我国传统民族文化在建筑上的具体体现，是各个时期、各个地区的人们对理想居住环境的追求体现，承载着人们对美好生活的向往。

民居被定义为居民生活所处的基本空间单元。中国传统民居具体指的是经长期的发展演化形成的古代民间用于居住的建筑，广泛上的含义包括经住宅延伸的整体传统居住环境。由于我国各个地区地理格局多样、气候差异、文化多样性以及社会环境的不同，促使形成了各自的民居建筑风格。我国传统民居具有多种类型，从沿海到内陆、从山地丘陵到平原湖泊都有独特的民居建筑风格。纵览中国传统建筑发展脉络，即便是相同地区，民居的形式也一直在发生变化。我国的传统民居类型主要包括窑洞式民居、庭院式民居、土楼式民居、毡房和围栏式民居等，其中居住人数最多的是庭院式民居。中国传统民居承载着中国传统文化的多样性和包容性，蕴含着人们适应各种环境的居住智慧和延续传承的智慧结晶，充分展现了人与之然的和谐相处与发展。

（二）宫廷建筑

中国古代建筑的最高成就典范就是宫殿建筑，它集中了中国传统建筑多样的艺术手法。中国宫殿建筑可以说是所有建筑类型里面建造技艺最精湛、装饰艺术最细腻、色彩运用最得体的一种建筑类型，是中国优秀传统文化的重要组成部分。

宫殿作为一种古代建筑类型，除了具有最基本的居住、工作等功能之外，在中国古代社会，宫殿的建造和使用主体为皇室，因此它还具有一定的象征功能，象征着至高无上的皇权。中国古代宫殿建筑风格有着严格的要求，每一个部分都代表着皇权的威严。在建筑的装饰上，中国古代封建社会的等级制特点也是十分明显的。如古代建筑的屋脊上都有数量不等的琉璃饰物，被称作"脊兽"，其中有九类走兽，各自代表着不同的等级。屋顶的色彩有明确的规定，以黄色琉璃瓦屋顶为尊贵。屋顶使用斗拱及色彩装饰，这也是古代建筑等级森严的体现，普通民居则不能使用。这种建筑规定在古代是非常明确的，最明显的建筑就是故宫，故宫的整体布局反映了中国封建社会皇权至上的观念。

（三）宗教建筑

宗教建筑体系是不同历史时期宗教实践的载体，其地理分布一定程度上反映着宗教发展的历史脉络与空间特征。在中国传统建筑史上，宗教建筑的特征较为明显。从空间分布格局上看，中国宗教建筑的特点总体呈聚集形态，以华北平原西部、山西高原、陇中高原、四川盆地中西部、长三角平原等为主。在建筑风格上，以佛教建筑遗产为主，道教建筑等为重要补充。

中国古代的宗教建筑，大多有着传统框架结构和庭院式的整体布局。古代一般将祭祀神灵的场所统称为"庙"，但不同宗教的叫法也有差异，如佛教称之为寺院，道教称之为庙宇，等等。在佛教中，寺庙主要为僧侣举行仪式的场所。

总体而言，我国寺院建筑一般为依山式和平川式两类，寺院的主体建筑是殿堂。殿，是烧香供佛念经讲法的空间；堂，则是僧侣的居住空间。我国早期的佛教寺院布局受印度的"塔院"建筑影响，主要采取平面布局，在中轴线上布置主要建筑。南北朝至唐代，逐步形成了中国式寺院的基本特点，不同点在于供奉佛像的佛殿成为寺院主体，塔不再位于寺院中心。中国的宗教建筑是随着中国文化的发展而发展起来的，它是中国文化在建筑上的反映。宗教建筑在中国传统文化里呈现的是人们对彼岸世界的一种精神寄托，是一种对美好生活的向往。

参考文献：

1. 杨春枝. 源远流长民族魂：中华文化[M]. 长春：吉林出版集团有限责任公司，2013.

2. 李翔宇. 中国传统文化概论. 苏州[M]：苏州大学出版社，2014.

3. 张岱年，方克立. 中国传统文化概论[M]. 北京：北京师范大学出版社，2017.

4. 蒙建安，苏文兰. 中国文化概论[M]. 广州：暨南大学出版社，2016.

5. 高春明. 传统服饰形制考[J]. 上海艺术家，1996(3).

6. 郑振铎. 中国俗文学史[M]. 中国文联出版社，2009.

7. 王文宝. 中国俗文学发展史[M]. 北京：北京燕山出版社，1997.

8. 谭家健. 中国文化史概要(增订版)[M]. 北京：高等教育出版社，1997.

9. 袁行霈. 中国文学史 1—3 卷(第 2 版)[M]. 北京：高等教育出版社，2002.

10. 张玉苗，申昌磊，谢嘉雯. 关于中国传统民居中的理想家园意识[J]. 大观，2018(8).

思考题：

1. 中国传统书面文学有哪些基本类型？

2. 试析中国古代书法艺术的产生与发展历程。

第八章 中国传统教育

中国古代教育是灿烂辉煌的中国传统文化的一部分，是中国传统文化赖以延续的基本方式，也是中国传统文化不断创新的动力。因为灿烂辉煌的中国传统文化是靠中国传统教育一代一代传承下来的。中国古代的学校教育、社会教育、家庭教育是中国传统文化传承的基本载体，是中国传统文化传承至今的重要保障。

第一节 中国传统教育的历史与特点

中国传统教育发端的历史较早，经历了不同的历史阶段，不断完善，并形成了自身的特点。直至近代以来，中国传统教育在西方现代教育的影响下，开始实现自我转型。

一、中国传统教育的形成与演变

教育是文化在代际间的一种传承方式，在其多样化的形式中，父传子授的家庭教育形式历史悠久，发生最早；官方和民间组织创建的学校教育或社会教育，其发生的历史相对较晚。在中国历史上，中国传统学校教育的历史渊源，可以追溯至先秦时期，因此，中国传统教育的形成与演变轨迹，可以这样来概括：形成于先秦时期，秦汉至宋明时期蓬勃发展，清代开国直至近代呈现出式微之势。

（一）先秦时期的中国教育

据历史文献记载，中国教育的起源最早可以追溯到三代以前。早在尧舜禹时代，就已有了社会教育的最早形态。夏代承袭尧舜，就有了被称为"序"的早期学校类型。商代时，中国文字已经进入较为成熟的阶段，据说出现了"校""序""庠""学""大学""瞽宗"等学校类型，也就有了与后来大致相同的学校教育。商代的学校分为大学（右学）和小学（左学），根据不同年龄实行不同类型的教育，这些学校都带有浓厚的官学色彩。

西周是中国古代奴隶制社会的全盛时期，也是早期学校教育发展的关键时期，在商代"学在官府"的基础上，西周教育得到了进一步的发展和完善，已逐步形成了一个以"礼、乐、射、御、书、数"为主体的"六艺"教育体制。西周的官学包括国学和乡学两种类型。国学包括大学和小学两级，其中大学包括辟雍（设在王都的天子之学）与泮宫（设在诸侯国都的诸侯之学）两类；乡学是依照行政区划所设立的地方各级学校，包括设立于闾的"塾"，设立于党的"庠"，设立于州的"序"，设立于乡的"校"等四类。西周教育具有典型的人文主义色彩，集中体现在六艺的课程教学上，既注重思想道德教化，也注重实用技能应用的培养；既注重礼仪规范，也注重内心情感和道德修养等素质的全面提升。

春秋战国时期，周王朝的天下秩序遭到破坏，社会动荡，战争频仍，天下失序。尤其自周平王东迁洛邑后，王权衰落，列国纷争，礼崩乐坏，官学衰落。大批文化职官流落四方，将学术文化带到民间，原本藏于宫廷的图书典籍散落于民间，成为一般平民可以接触到的读物，出现了所谓的"文化下移"现象。此时值得一提的是齐国设立的稷下学宫，作为一种官办的高等学府，招纳和汇聚了一批著名学人，吸收了一大批学生。稷下学宫成立了近150年，既是一个教育空间，又是一个学术研究机构，培养了一大批经世致用的各类人才。

"文化下移"促进了私学的兴起。春秋战国出现的私学是中国古代教育史上划时代的一场革命。私学的兴起打破了"学在官府"的教育资源垄断局面，把学校教育从单一的官学模式中解放出来，扩大了受教育对象的范围，促进了中国古代文化的传播与发展；私学也是专门的教育场所，开创了教育独立化的过程，使教师成为一种相对独立的社会职业者；私学推动了教育理论的产生和发展，培养了大批人才，是春秋战国时期百家争鸣现象出现的一个重要前提，于是各家学派的教育思想竞相争辉。因此，春秋战国时代出现了一大批思想家，他们同时也是教育家，并著述了一大批有影响力的教育论述。例如孔子、孟子、荀子等都是当时的民间私学大师。一些典籍，诸如《论语》《墨子》《孟子》《荀子》《礼记》《管子》《吕氏春秋》等记述了大量的教育论述，且有《大学》《学记》《劝学》等一批专门论述教育理论的专著。这些教育专著系统总结了春秋战国时期丰富的教育经验和教育思想，是世界上较早出现的教育学著作，奠定了中国传统教育的理论基础。

（二）西汉儒家教育和官学模式

春秋战国，百家争鸣，文化教育千帆竞发的繁荣局面及至秦朝以后逐渐终结。秦始皇灭六国一统天下后，为加强封建中央集权专制、统一思想文化，在文化教育上实行禁书禁私学及"焚书坑儒"政策，这一政策致使中国古代教育出现了一次大转折。汉代统治者总结秦灭亡的历史教训，汉武帝采纳文化大儒董仲舒的建议，确立了"罢黜百家，独尊儒术"的文化政策，即尊奉儒家为正宗，儒家由此从民间学说一跃成为官方正统思想。因此，汉代实行了与秦代不同的文化教育政策，促动了当时以儒学为内容的学校教育的发展。

汉代教育思想上占统治地位的是儒家思想，代表人物是汉代大儒董仲舒。在独尊儒术的文教政策的指导下，汉代的学校教育开始繁荣发展。此时学校教育分为官学（包括中央与地方两级）和私学两类。中央官学的最高学府是太学，设于京城长安，选择通晓儒家经典的经学大儒掌经教授，即为"博士"，太学的学生称为"博士弟子"，简称"弟子"。太学传授儒家经典，以注重师法和家法为主要特点。学生考课一经及格,即被委以官职,此谓"学而优则仕"。私学有书馆和经馆两类。东汉时期,私学兴盛,且有严格的学派及师传体系,规模盛大。汉代私学承担了绝大部分的基础教育工作,成为后世民间书院的渊源。

汉代教育已形成了中国古代教育体制的基本框架,确立了尊奉孔孟为宗的儒家学说在中国封建社会教育中的独特地位,也在教育制度、教育内容、教育形式等方面为以后历代封建王朝的教育制度奠定了坚实的基础。

(三)唐宋元时代的教育繁荣

魏晋时期社会动荡、战乱不断,汉代儒家思想受到魏晋玄学的冲击,一度处于衰颓之势。隋朝统治者意识到儒家思想服务于国家统治的需要,于是兴办学校,培养人才,重振儒学。及至唐代,国家强盛、经济繁荣、政治开明、文化发达的社会环境为教育发展提供了丰厚的土壤。唐代实行宽容开放的文化政策,因此唐代教育思想具有兼容并蓄的特点。隋唐教育体系和官制中最重要的文教政策是科举制。科举制将培养人才和选拔人才紧密结合起来,践行"学而优则仕"的传统,对中国古代教育产生了极其重要的影响。在隋唐时期以及宋代,科举制度的积极作用较大。

北宋建立以后,统治者重视文治,确立了"兴文教、抑武事"的国策,广设学校,培养人才,开科举,选拔人才,重用文臣,一时间人才辈出,文教兴盛。北宋中叶,社会稳定,文化繁荣,出现了"庆历兴学""熙宁兴学""崇宁兴学"三次著名的兴学事件。在意识形态上,宋代承袭唐代的政策,尊孔崇儒,孕育出以儒家思想为主体、糅合佛教道教思想而成的理学。宋代的教育制度也基本沿袭唐代,但宋代教育最重要的特色就是以书院教育为内容的私学取得了较大的发展。宋代书院在唐代基础上进一步发展,成为集教学和学术研究于一体的教育机构,先后共建造书院173所。书院不仅提倡日常教学与学术研究相结合,崇尚学术争鸣,还提倡学生自修为主、教师答疑为辅的教育风气，旨在培养学生的自主学习和独立研究能力。随着学院教育的兴起，当时社会风气渐新，教育隆兴。宋代也重视蒙学，出现了一些蒙学教育理论，编写了一些蒙学教材，重视培养学生的良好生活和学习习惯，使其终身受益。

元朝建立后，在教育制度方面承袭前朝，同时也有自身的特点。元朝统治者在统一中国后，为巩固统治，抬高儒学的地位，尊孔崇儒，以儒治国，重视孔子庙的祭祀礼仪。至大元年（1308 年），加封孔子为"大成至圣文宣王"。元代时，理学在全国范围内得到了进一步的发展。元仁宗时，恢复了科举考试制度，规定科考从"四书""五经"等教材中出题，以程朱理学的注疏为标准，正式确定了程朱理学的官学地位。

元代中央官学分为两类：一类是国家最高学府——国子学（国子监），是负责掌管全国教育事业的机构。国子学是以汉语进行教学的儒学教育机构，同以少数民族文字进行教育的蒙古国子学等一起构成了元朝的中央官学。一类是专业教育机构。元代设置了医学、算学、天文学等隶属于中央政府专职部门下属的专门教育机构，例如天文学隶属于司天监，专门负责天文历法的教学与研究。元朝也十分重视地方官学。例如，元代设置了儒学提举司，专门管理地方官学，直接对朝廷负责。除儒学外，元代地方官学还设有蒙古字学、阴阳学和医学，这些地方学校与中央官学都相互配套。

元朝书院教育的一大特点就是书院官学化。元代除学田资助、赐书籍赐匾额、任命书院山长外，还直接对山长委予各地儒学提举司下属官员编制，学生须通过考核才能入仕。由此，书院被纳入官方教育系统。书院官学化虽限制了自由讲学，却在一定程度上推进了书院教育的普及与发展。

元代的专业技术教育、音乐美术教育在民间私学广泛开展，内容丰富，反映了中国多元文化的繁荣发展，为中国古代文化教育事业作出了积极的贡献。

（四）明清时代的教育转型

明清两代的教育在承继宋元教育制度的基础上又有所发展，明代统治者利用文教政策统一思想文化，实行"治国以教化为先，教化以教育为本"，使中央官学、地方官学及社学得到一定发展，国子学以儒家经典为教习内容，地方官学除了教习儒家经典，还设科施教。在思想方面，明朝统治者极力推崇程朱理学，并将四书五经作为科举考试的标准，实行八股取士，形成了固定的科考制度。

明朝初期，书院教育发展良好，日渐完备，同时又出现了非官方教育发展现象，尤其是文人自由讲学、质疑问难的学风体现出明代知识分子对文化专制的反抗，因此封建统治者认为这一现象对其思想文化控制造成了一定的威胁，遂在明朝中后期，曾四次禁毁书院。书院教育受到严重摧残，其中影响最大的是东林书院。东林书院不仅是重要的文化学术中心，也是政治活动场所，书院将自由讲学与政治事件相结合的精神，体现出在专制体制下知识分子争取思想自由与政治自由的强烈愿望。明代统治者提升儒学地位，推崇程朱理学，使理学教育理论占有统治地位。明中叶以后，"心学"大师王守仁教育理论的创立，使明代教育思想出现了多元化发展的倾向。哲学家王廷相认为，理学教育脱离实际，这一批判成为明末清初实用教育思潮的先声。

清朝初期，统治者注重学习中原文化，尊崇儒学，采取了"兴文教，崇经述，以开太平"的文教政策。清朝统治者入关后就提倡孔教儒学，强化文治的政策，采取了一系列具体举措：顺治二年（1645年），顺治皇帝加封孔子为"大成至圣文宣先师"；康熙二十二年（1683年），康熙皇帝为孔庙御书"万世师表"匾额。同时为缓和满汉民族矛盾，统一思想文化，加强统治基础，清朝采取多种形式实施文化专制政策，例如制造文字狱，对文人加强思想控制；成立编书馆，编纂《四库全书》等大型丛书，防止知识分子讽议朝政。清朝时期，日臻完善的科举制度已成为一种完备的选官制度，科考程式已基本定型。

在文体上，"八股文"是科举考试的法定文体，形式僵化，不重内容。"八股"形式主义严重，缺乏实用价值，禁锢文人思维。清朝的文教政策在清前中叶时期维护了社会稳定，但至清朝后期，这些文教政策的负面影响越来越大，最终影响了教育事业的良性发展。

二、中国传统教育的特点

对于中国传统教育的特点，黄济在其主编的《中国传统教育哲学思想概论》中总结了中国传统教育的四个基本特点：天人合一、政教统一、文道结合、师严道尊。实际上对此问题，众说纷纭，见仁见智。中国传统教育有以下四个特点。

（一）教育的核心是注重个体的人格培养

中国古代教育带有鲜明的人文主义教育色彩，其关注点在于个体完善的人格教育和培养。中国古代教育家极其重视人格培养、伦理道德的教育，还将"修身正己"的内圣君子人格作为教育的首要任务。如孔子所言："其身正，不令而行；其身不正，虽令不行。"孔子还认为"孝悌忠信"的教育对于治国安邦有着极其重大的作用，发展教育事业以培养合格人才在治国安邦中占有首要地位。"忠孝仁义"是中国古代封建社会伦理道德的标志，也是修身正己所要达到的目标。此外，《学记》把教育的社会功能概括为"建国君民，教学为先""化民成俗，其必由学"，即教育不仅能培养国家所需的人才，也有利于形成良好的社会道德风尚。人格培养及伦理教育对中国古代文化的发展产生了巨大的影响，这种教育培养形成了中华民族威武不屈、崇尚气节等品质。重视个人修养早已成为中国古代读书人普遍守信的价值观。正因为在此种重视人格培养、德性教育的浸染及熏陶下，中华民族孕育了一批批英雄豪杰、仁人志士，推动了中国社会的进步与发展。

（二）教育的关键是创造性学习

我国古代教育家一贯主张学生读书应该要有求知欲。明代王守仁倡导学生独立思考，自存本心，不要盲从权威，敢于置疑权威。王守仁的教育思想独树一帜，提倡学习应有独立思考的能力，反对迷信权威，对后世有很大的影响。黄宗羲也是创造性学习的积极倡导者，他认为，学习就是要敢于并善于提出问题、发现问题和解决问题，提出独立见解。

（三）终身学习的教育理念

中国古代教育思想不乏终身教育的理念，认为教育不是阶段性的任务，而是贯穿于人的一生中。汉代教育家王充提倡终身学习，并以"积土成山，河水结冰"为例说明终身学习的重要性。王充的教育思想和教学经验对程颢、程颐以及朱熹等人都产生过重大的影响。宋代教育家张载等人也特别强调终身学习，他告诫学生只有坚持终身学习，学问才会日渐增益。明清之交的教育家黄宗羲明确指出，知识学习和德性培养不但要重积累，而且要持之以恒，终身坚持。

（四）教育服务于政治的需要

中国古代教育具有重政治的突出特点，教育为政治服务，即教育为统治者培养所需的人才。历代王朝都十分重视通过教育及培养人才以维护统治，"学而优则仕"的思想一直被古代读书人奉为重要信条，这些都说明中国古代对教育的政治功能十分重视。中国古代王朝统治者掌握教育领导权，掌控着各阶层受教育的权利，兴办官学，以国家的名义为各级各类学校颁定教材，实行察举制和科举制等选拔人才的制度。总之，教育为政治服务是中国以儒家为主的传统教育的显著特点。

三、中国古代教育思想

（一）孔子的教育思想

孔子是我国春秋战国时期的大思想家，也是众人皆知的大教育家，他的教育思想内容丰富，影响深远，对中国传统教育思想具有奠基作用，他的教育思想主要集中在《论语》一书中，具体体现在以下五个方面。

1. 有教无类

孔子非常重视教育的作用，认为教育是立国治国的三大要素之一，并从人性本质论的角度寻找依据。在他看来，"性相近也，习相远也"，即人们天生本性都是极为接近的，人之所以有个性差异主要受后天教育学习和社会环境习染所致。

孔子创办私学，秉持"有教无类"的办学原则，他广收门徒，不差别对待。孔子认为，教育对象没有身份贵贱和地域限制，每个人都有接受教育的权利。只要诚心求学且能履行基本的求学手续，他都愿意接收。《论语·述而》云："自行束脩以上，吾未尝无诲焉。"孔子"有教无类"的教育原则及实践活动，打破了贵族阶层对教育资源的垄断格局，使平民也能接受教育，将教育范围扩展到了民间，顺应了"士人"兴起和"文化下移"的社会发展趋势。这一思想突破了"人生来就有等次之分"的观念，体现了人生来平等，有一定的社会历史进步意义。

2. 修己安人

孔子致力于培养具有远大志向与品德高尚的"士"和"君子"。士人必须要有大志向，要有仁爱之心、忠义之品格，有道德操守，有能力处理实际政务，是德才兼备的贤能之士。"君子"是能"修己以安人"的人格高尚的道德模范。孔子要求弟子做"君子儒"而非"小人儒"，只有做好自身修养的君子，才能处理好人际关系，治国平天下，对社会有益。

3. 学思结合

孔子认为，学习的方法是将学与思结合起来，才能学有所得。孔子所讲的"学而不思则罔，思而不学则殆"，其实就是一种学习的方法，即学思并用。在学习的同时，多思考，只要抓住要点，便可根据这个要点推论一切事物，即推理方法。他曾告诫曾子与子贡"一贯之道""闻一可以知十""举一叶以反三""其或继周者，虽百世可知也"等，认为学思并重的基础是学习。《论语·卫灵公》中记载："吾尝终日不食，终夜不寝，以思无益，不如学也。"

4. 启发引导

孔子提倡的启发引导，是古代教学的基本原则和方法。启发引导这一教学方法体现在《论语·述而》中，如"不愤不启，不悱不发，举一隅不以三隅反，则不复也"。孔子认为，教师应该在学生认真思考且已达到一定程度时恰到好处地进行开导和点拨，同时还应该引导学生积极思考。在教学活动中，孔子也善于利用启发式教学。他的弟子颜回曾称赞他"夫子循循善诱人"。

5. 因材施教

因材施教是中国古代优秀教学思想之一，也是孔子教学思想的精华之一。所谓"因材施教"是指教师需掌握学生的特点，根据学生的个性或性格具体施教，对不同的学生采取不同的教育方法。孔子是最早采用因材施教方法的教育家，他注意观察学生，"视其所以，观其所由，察其所安"。这种细致的观察有助于全面掌握学生的实际情况，才能在教学中做到有的放矢，因材施教。同时，孔子针对不同弟子的发问，会有针对性地予以回答引导。《论语·先进》中记载："子路问：'闻斯行诸？'子曰：'有父兄在，如之何其闻斯行之？'冉有问：'闻斯行诸？'子曰：'闻斯行之。'公西华曰：'由也问闻斯行诸'，子曰：'有父兄在。'求也问：'闻斯行诸。'子曰：'闻斯行之。'赤也惑，敢问。子曰：'求也退，故进之；由也兼人，故退之。'"这段对话体现了因材施教的方法。孔子因材施教的教育理念对后世影响深远。

（二）董仲舒的教育思想

董仲舒（前179—前104年），西汉广川（河北景县）人，是我国西汉著名的思想家、教育家。作为西汉儒学大师，他关注教育，留下了关于教育的大量论说。董仲舒的教育思想主要有以下两个方面。

1. 性善情恶论

董仲舒充分吸收了先秦时期的人性论观点，他认为，自然赋予人的先天禀赋就是人性，人性包含"性"与"情"两部分。人的本性有善的本质，但在现实中需要教化才能得以展现，即本性经过教化即可成善。董仲舒的"性善情恶"理论，综合了孟子的"性善论"与荀子的"性恶论"，肯定了人具有"善"的本质，但针对私欲则是教化的重点。此外，董仲舒提出"性三品说"，认为圣人之性无需教化，斗筲之性近于禽兽，缺乏善质。中民之性占绝大多数，只有通过王者教化才能成为"善"。可以看出，董仲舒的人性论中，教育所起的作用是很重要的。

2. 道德教化的重要性

董仲舒认为，教育是国家大事，要重视教育的作用，道德教育是立政之本，是德治教化天下的手段或工具。老百姓追求利益就如同水往低处流一样自然，如若不用教化去提防，那么奸邪必生，社会必乱，因此教化立则奸邪止。总之，董仲舒认为德治教化的目标是为当政者提供所需的良好社会风尚，是对儒家社会教化思想的高度概括。同时董仲舒提出了以"三纲五常"为核心的道德教育内容，并对道德修养提出了一套方法，对后世具有深远的影响。

（三）朱熹的教育思想

朱熹（1130—1200 年），宋朝著名理学家、思想家、哲学家、教育家、诗人。朱熹一生著述极丰。在教育方面，朱熹著有《小学》《近思录》《童蒙须知》等。朱熹编撰的《四书章句集注》是官方认定的必读教科书和科举考试的标准。朱熹一生投身于书院教育，培养学生多达千人。他的教育思想主要体现在"小学"与"大学"的教育内容上。朱熹在总结古代教育经验及个人亲身实践的基础上，把教育化为"小学"与"大学"两个教育阶段，并系统论述了两类教育的内容与任务。

在教育目的上，作为理学大师的朱熹认为，教育的作用是非常重要的，教育不仅能改变人性，更能使人"明人伦、懂礼仪"。小学与大学虽是教育的不同阶段，但皆以体认天理、完善人格修养为目的，它们之间的差异，只是内容上有所不同，即所谓"小学学其事，大学明其理"。这里的"事"，即"礼、乐、射、御、书、数及孝、弟、忠、信"；所谓"理"，即"致知格物及所以为忠、信、孝、弟者"。可见，小学阶段的内容与大学是不同的，"事"涉及的是形而下层面的知识，"理"涉及的是形而上的天理之道。

小学教育阶段从 8 岁开始，其主要任务是打基础。鉴于儿童思维能力不强、智识未开，小学教育内容强调儿童通过日常生活中的具体行为训练，习得基本伦理道德规范，养成良好的生活习惯。具体来说，就是教导儿童洒扫庭除、爱亲敬长、隆师亲友的礼节教养的基本行为规范。在教育方法上，他强调先入为主，及早施教，并力求生动形象，激发儿童学习兴趣，例如《小学》一书中通过古代圣贤嘉言懿行格言、训诫诗及典范事例，对儿童进行生动形象的教育。

在朱熹看来，小学是大学的基础，大学是小学的提升与发展。没有小学阶段奠定的基础，就不可能有大学的顺利开展。小学阶段只需体认基本伦理道德知识，掌握具体的行为规范，而大学则要学习遵守这些行为规范的缘由及道理。朱熹认为，大学教育始自于 15 岁，其目标是培养国家所需人才。大学重在"教理"，"学其小学所学之事之所以"，即如何穷理正心、修身养性。大学阶段的教材主要是"四书"和"五经"。熟读"四书""五经"，这是大学阶段的必备功课。朱熹认为，大学教育应当重视自学，在他看来，此年龄段的学习者已具备自学的基本能力。

朱熹一生致力于教育和学术研究，长期从事讲学活动。讲学四十余年间，弟子遍天下。他在地方任职时重视人文教化，开设学校，广招学生，以培养人才。朱熹的教育思想对巩固封建统治起到了重要的作用，其倡导的学风对后世教育也有很大的影响。

（四）王守仁的教育思想

王守仁（1472—1529 年），字伯安，号阳明，浙江余姚人，明代著名思想家、教育家。王守仁著作不多，主要是其弟子汇编收集而成的《王文成公全书》，其中学术思想代表作《传习录》反映了他的教育思想。

1. 致良知

王守仁认为教育就是通过"致良知"而"存天理"，教育的目的不单纯在学习，更是通群书而知礼，因此，王守仁的教育目的性是很明确的，教育的内容也是很有针对性的。但凡利于"存其心、求其心、守其心、明其心"都可以视为教育的内容，如读经、写字、习礼、弹琴等。王守仁所讲的"致良知"不是盲从儒家典籍，而是在学习中"自知自得"。读书的关键在于增知益智，提高独立思考的能力。他还反对盲从古圣先贤，主张学生要有独立思考、判断是非的能力。

2. 知行合一

王守仁的道德修养方法上主张"知行合一"。"知"与"行"主要是就伦理道德而言。"知"即"知善知恶"，就是人们的道德认识和思想意念；"行"是"为善去恶"，就是人们的道德践行和实际行动，也包括情感。"知行合一"包含两层意思：第一，"知"与"行"密切相连，因为"知中有行，行中有知"，认识和行动是不可分割的。第二，"知"与"行"齐头并进，缺一不可。因为"知"与"行"互相渗透，二者不可分离。知必外现于行，行必出真知。

3. 儿童教育论

王守仁对儿童教育有深刻独到的见解，这对中国古代学前教育理论有重要影响。他认为，儿童教育至关重要，童蒙时期的启蒙教育先入为主地赋予"良知"，可以为儿童以后的学习打下坚实的基础。他重视儿童心理特点，反对传统教育不顾儿童的身心特点，反对体罚儿童以强迫他们学习，强调要多诱导、启发，不断激发儿童的学习兴趣。

同时针对儿童的教育，应顺应儿童的性情，在教学内容上要多以"歌诗""读书""习礼"等为主。总之，王守仁教育思想的目的是给儿童灌输封建伦理道德，但他提出的顺应儿童性情等一套教学理念，是对古代早期教育的一大贡献。

第二节　古代读物与教材

在我国古代教育发展过程中，为了开展教学的需要，先后整理和编写了一系列教材，这些教材具有典型的时代特征，并在漫长的历史长河中不断演变。同时古代中国教育有官办和民办之分，他们在使用教材上也有所区别，总体而言，中国古代教材主要有以下三种。

一、"五经"

"五经"是《诗经》《尚书》《礼记》《周易》《春秋》的合称，是古代儒家作为研究基础的五本经典书籍。后世一直与"四书"并列使用，称为"四书五经"。据说，孔子最初整理教授的是"六经"，即《诗经》《书经》（即《尚书》）、《礼经》《易经》（即《周易》）、《乐经》《春秋》，由于后来《乐经》失传，所以通常被称为"五经"。《礼经》在汉代指《仪礼》，宋朝以后《五经》中的《礼经》一般是指《礼记》。早在西周时期，《诗》《书》《礼》《乐》曾是周朝贵族的教科书。西汉以来，随着汉武帝罢黜百家、独尊儒术，儒家思想成为国家的主流意识形态，在长安设立太学，置《诗》《书》《礼》《易》《春秋》五经博士。隋唐以来，随着科举制度的确立，及至明清时期，"五经"与"四书"一直是当时读书人的必读书目，科举考试的出题范围也以"四书""五经"为参照。古代"五经"的具体内容如下。

（一）《诗》

《诗》是我国最早的一部诗歌总集，收录了周代诗歌305篇，遂有"诗三百"之称，孔子也曾做过搜集整理，并将其编为教材使用，西汉时开始有《诗经》之称。按所配乐曲的性质，《诗》中的诗歌可分成风、雅、颂三类。"风"包括周南、召南、邶风、鄘风、卫风、王风、郑风、齐风、魏风、唐风、秦风、陈风、桧风、曹风、豳风，称为"十五国风"，共160篇。"雅"包括小雅和大雅，共105篇。"雅"基本上是贵族上层社会的作品，只有小雅的一部分来自民间，是由民间百姓创作。"颂"包括周颂、鲁颂和商颂，共40篇。颂是宫廷用于祭祀的歌词。孔子将《诗》作为教材，在教学中发挥《诗》的政治教育功能。

（二）《尚书》

"尚书"其意为"上古之书"，是中国上古历史文件和部分追述古代事件作品的资料汇编。春秋战国时称为《书》，汉代时改称《尚书》。儒家将其尊为经典，故又有《书经》之称。据说《尚书》原有百篇作品，汉初仅搜集到29篇，用当时通行的隶书写定，称为今文《尚书》。后晋人伪造古文《尚书》25篇，又从今文《尚书》中析出数篇，连同原有的今文《尚书》共58篇，被称为古文《尚书》。今所流传的《尚书》，是后人将《今文尚书》与《古文尚书》合编而成。

（三）《礼记》

《礼记》是一部关于古代礼仪的论著，大多都由孔子的弟子所记述，后世流传的版本较多，流传至今的有戴德和其侄子戴圣分别所录的《大戴礼记》和《小戴礼记》。学术界一般通用的是《小戴礼记》，共有20卷49篇，系统讲述了先秦时期的礼仪规范。《礼记》始自《曲礼》，终于《丧服四制》，内容包括记述各种礼节条文、各项规范等，是一部研究古代中国礼仪规范的参考书目。关于《礼记》的注疏，主要有东汉郑玄的《礼记注》、唐孔颖达的《礼记正义》等多个版本。

（四）《易经》

在中国传统文化的经典著作中，《易经》是一部古代卜筮之书。《易经》亦称《周易》，又简称《易》，孔子定其为"五经"之一，计有24070字，分本经和大传两部分。本经包括八卦、重卦、卦辞，是易的主体，故称为"经";大传包括上彖、下彖二、上象三、下象四、上系五、下系六、文言七、说卦八、序卦九、杂卦十,此十者合称"十翼"。《易经》中所讲即是通过八卦的形式变化,推测天地万物的变化,是古代中国人在劳动生产实践中总结出的智慧和经验。可以说《易经》是我国最古老而深邃的一部经典,是华夏五千年智慧与文化的结晶。

（五）《春秋》

孔子所著《春秋》被奉为"五经"之一。这部原来由鲁国史官所编的《春秋》,相传经过孔子的整理、修订,被赋予特殊的意义,因而成为儒家重要的经典。《春秋》是我国古代第一部编年体史书,它以鲁国十二公为序,起自鲁隐公元年（公元前722年）,迄于鲁哀公十四年（公元前48年）,记载了242年的历史。它是纲目式的记载,文句极简短,几乎没有描写的成分,具有重要的历史价值。

二、传统私塾教材

（一）《三字经》

《三字经》为古代传统私塾蒙学教材之一,主要教授儿童识字,并掌握一些简单的常识。相传为宋末元初学者王应麟（1223—1296年）所著,全书共356句,以三字成句,贯穿全文,因此有"三字经"之称。作为儿童启蒙教材,《三字经》的编写适应儿童的接受能力,文字简洁,通俗易懂,句句成韵,读之朗朗上口,容易识记。《三字经》从"人之初,性本善"开始,强调学习的重要意义,并且明确了封建伦理道德教育的基本纲领,接着介绍历史沿革及其兴衰原因、勤勉好学的范例,涵盖社会道德、历史、经书等内容,多处已成经典名句。《三字经》从宋代开始,经元明清三代,长期流传。

（二）《百家姓》

《百家姓》为古代传统私塾蒙学教材之一,作者不详,是一篇关于中国人姓氏的文章,成文于北宋初,以"赵钱孙李"打头。明人朱国桢说道："今《百家姓》，以为出于宋，故首以'赵、钱、孙、李'，尊国姓也。"全文四字一句，隔句押韵，读之朗朗上口，便于识记。此文原收集姓氏 411 个，后增补到 568 个，其中单姓 444 个，复姓 124 个。《百家姓》对姓氏进行排列，并无文理，却句句押韵，有助于儿童背诵，对于中国姓氏文化的传承有重要作用。《百家姓》既是一本启蒙教材，也是一本记录中国姓氏的书籍，便于中国人了解自己的姓氏。

（三）《千字文》

《千字文》的作者为南北朝时期梁国的周兴嗣，通篇以四字为句，简要精练，音调铿锵，句句成韵，有 250 句，共计 1000 字，故有"千字文"之称。据说南朝梁武帝（502—549 年）命人从王羲之书法作品中选取 1000 个不重复的汉字，并命员外散骑侍郎周兴嗣编纂成文，以供儿童识字。《千字文》全文都为四字句，各句之间对仗工整，条理清晰，通顺流畅，文字简洁，语句通俗易懂，易诵易记。《千字文》内容丰富，涵盖天文、地理、自然、社会、历史、为人处世等多方面知识，是儿童启蒙教育的最佳读物。《千字文》从隋朝即开始流行，至宋朝已在蒙学教育中被广泛使用。

三、"四书"

"四书"与"五经"一直并列使用，遂有"四书五经"之称。"四书"，又名"四子书"等，是《大学》《中庸》《论语》《孟子》四本书的合称，是古代儒家传道授业的重要经典。明清时期，"四书"成为学校官定的教科书和科举考试的必读书，也是古代读书人的必读书目，对中国古代教育和社会产生了较大的影响。

（一）《大学》

《大学》出自先秦儒家经典《礼记》，原本只是其中的一个篇章，后独立成书。《大学》是论述儒家修身治国平天下的一篇散文，也是一部中国古代讨论教育理论的重要著作，着重阐明了"大学之道"。《大学》

在宋代备受理学家推崇，南宋时，朱熹勘定科举考试教材时将其列为"四书"之首。明清时期，《大学》成为官定的教科书和科考必读书，对中国古代教育产生了深远的影响。

《大学》文辞简约，内容丰富，总结了先秦儒家的修身理论、基本原则和方法。《大学》有"三纲领"（即"明明德、亲民、止于至善"）和"八条目"（即"格物、致知、诚意、正心、修身、齐家、治国、平天下"），阐述了提高个人修养与治国平天下之间的逻辑关系，以及儒家对所谓"大学"的教育目标，体现了古代儒家知识分子的理想与追求。《大学》中提出的"修身治国平天下"的思想，对古代知识分子产生了深刻的影响，是古代读书人的共同理想和奋斗目标。

（二）《中庸》

《中庸》也出自先秦儒家经典《礼记》，亦是《礼记》中的一个篇章，后独立成书。《中庸》是古代儒家经典之一，是一部论述人生修养境界及为人处世之道的著作。一般认为，是孔子之孙子思（前 483 年—前 402 年)撰写了《中庸》。《中庸》一书共 33 章，分为四大部分，内容涉及为人处世之道、德行标准、学习方式等诸多方面，主旨是探讨"中庸"是人之道德行为的最高标准。中庸之道既是一种世界观，也是一种方法论，是一种评判君子人格的道德准则和方法。《中庸》认为"诚"是宇宙本然，"至诚"是人生最高境界，提出了人们自我完善的途径，即"自明诚"与"自诚明"，并提出"博学之，审问之，慎思之，明辨之，笃行之"的学习过程和认识方法，将学习过程具体提炼为学、问、思、辨、行等五个连续的环节，这五个环节是完整的过程，是知识分子的"为学之序"，对后世产生了深远的影响。

（三）《论语》

《论语》是一部记录孔子及其门徒言行的语录，是春秋战国时期，孔子的弟子及其再传弟子记录并整理。《论语》共 20 篇，492 章，语言精练，内容丰富，集中体现了孔子的政治观点、道德观念、行为准则、教育原则等。《论语》并没有严格的编纂体例，一条则为一章，篇与章之间并无逻辑关系，只是一种归类的需要。各代注释《论语》的版本主要有：三国时期魏国何晏的《论语集解》，南北朝梁代皇侃的《论语义疏》，宋代邢昺的《论语注疏》、朱熹的《论语集注》，清代刘宝楠的《论语正义》等。宋元明清以来，《论语》被定为官方教材，成为"四书"之一。

（四）《孟子》

《孟子》一书是孟子及其弟子言行的语录汇编，由孟子及其弟子万章、公孙丑等共同编撰而成。《孟子》一书共 7 篇，记录了孟子的政治、教育、哲学、伦理等思想观点内容。《孟子》是"四书"中篇幅最大的一本书。宋元明清以来，《孟子》一书备受重视，朱熹将其编入"四书"中，并被定为官方教材，是古代读书人的必读书目，广为传诵，影响深远。

第三节　中国传统教育类型

在几千年的中国历史上，我国古代教育不断发展，其在教育制度及类型上呈现出多样性的特征。从不同的角度分类，可以将其分为多种类型；从组织结构上看，可以分为家庭教育、官学、私学等类型。

一、传统家庭教育

在中华传统文化中，"家是最小国，国是千万家"，"家国一体""家国天下"的思想深入每个中国人的观念中，家庭不仅承担哺育子女的功能，更承担教育子女的功能。家庭教育自古有之，且以不同形式存在，正是对家庭教育的重视，家规、家风和家教也被社会所重视，在 5000 年的岁月长河中积淀了丰富的内容，成为中华文化的一个重要的组成部分。

家规、家教、家风是一种普遍的文化现象，也是古代中国人重视家庭教育的体现。家规、家教、家风的形成是一种历史现象，是一个家庭或者一个家族创造并在其内部世代传承的一种家庭氛围、道德准则及为人处世的原则等。好的家风来源于良好的家教与优秀的家规，家规通过严格的家教付诸实施，且世代相传，成为一种家风。家风是中国传统文化的组成部分，也是古代家庭教育的组成内容。

家风的传承主要依靠家庭或家族成员代际间的言传身教并形成一种显著的家庭或家族文化，也是一个家族道德文化水准的直接体现。这样的例子在中国比比皆是，比如我们耳熟能详的《曾子杀彘》的故事，就是曾子"言行一致""一诺千金"的行为示范。这些好的家规、家教、家风，有的靠人们口耳相传，有的则是写成文字传下来的，比如《诫伯禽书》《袁氏世范》《颜氏家训》《朱子家训》《曾国藩家书》《诫子书》《诫外甥书》等古代家训，内容均涉及中华民族的价值观、伦理观、道德观等。《颜氏家训》中说，"与善人居，如入芝兰之室，久而自芳也；与恶人居，如入鲍鱼之肆，久而自臭也"，"幼而学者，如日出之光；老而学者，如秉烛夜行，犹贤与瞑目而无见者也"。《诫伯禽书》中，周公旦告诫儿子不可怠慢人才。《朱子家训》中说，"一粥一饭，当思来之不易；半丝半缕，恒念物力维艰"，"宜未雨而绸缪，毋临渴而掘井"等。

以上所举家规、家教、家风中的古训，是浩如烟海的传统家规、家教、家风中的一些典范之例，至今仍然焕发着人文和教化的价值。优秀的家规、家教、家风的传承是中国优秀传统文化的精髓，是中华民族传统价值观、人生观、道德观的传承和体现。

二、传统私塾教育

私学产生于官学之后，是特定时期文化教育下移的产物。作为一种教育类型，私学兴起于春秋战国之际。春秋末期，社会动乱，战乱不断，在残酷的斗争中，大批旧贵族和文化精英流亡民间，于是将学术文化带到民间，形成了"天子失官，学在四夷"的局面。为谋求生计，他们奔走于诸侯之间。忙于攻战的诸侯无暇顾及教育，官学衰颓。

各国为谋求生存，急需人才，也需要一种新的教育模式来培养人才；同时春秋战国时期，百家争鸣，诸子创办的私学开始兴起。

相对于官学而言，私塾是民间办学的一种形式。在孔子生活的春秋时期，私塾教育就已经出现。从一些零散的古籍记载看，在孔子之前或孔子同一时期，就有一批有识之士在开办私塾教育。私塾教育并不是孔子首创的，但他却是把私塾教育推向新境界的最杰出代表。

孔子一生除极短暂的从政时间之外，绝大多数时间都在从事教育、整理文化典籍的工作，是最负盛名的私学大师。他广开私学大门，广收学生，传道授业，人才辈出，"以诗书礼乐教，弟子盖三千焉，身通六艺者七十有二人"。他创办的私塾教育规模最大、最正规，成就也最大。

战国时期，随着社会局势的剧变和民间文化的发展，又有许多哲人学者投入到教育之中，专以一家之言立教。其中，最突出的代表有墨子、孟子、荀子等人。墨子继孔子之后，成为第二位成就显赫的私学大师。《吕氏春秋·当染》记载，孔墨后学显荣于天下者，不可胜数，故后世冠以"孔墨显学"的美称。墨子门人180个，学门师长称"巨子"，师生情谊深重。在墨子之后，规模较大的私学大多集中在齐鲁燕赵一带，如孟子门徒数百人，于威宣之际游学于齐国稷下。

春秋战国以后，私学得到了进一步的发展，呈现出更加多样的形式。古代中国的私塾有多种类型，有塾师自己办的教馆、学馆、村校，有地主、商人设立的家塾，还有属于用祠堂、庙宇的地租收入或私人捐款兴办的义塾。私塾产生于春秋时期，作为私学的一种，在漫长的封建社会，除秦朝曾短暂停废外，两千余年延绵不衰，作为古代人才培养的一种方式，它与官学并驾齐驱，长期延存，培养了一代又一代有用人才，为传承中华传统文化作出了不可磨灭的贡献。

汉代的私学较为发达，出现了"蒙学"和"精舍"。"蒙学"和"精舍"是为童蒙学习提供的学校，"精舍"相当于官学中的"太学"，由一些民间的经学大儒来教授。魏晋南北朝时期，私学繁荣，名儒聚徒讲学现象较为普遍，教学内容突破传统儒家教材，将科技教育纳入其中。同时，童蒙读物此时也有所发展，梁朝时的周兴嗣撰编的《千字文》，成为当时蒙学的重要教材。唐代私学遍布城乡，乡村私学较为昌盛，乡村蒙学教材增多。自唐以来，及至宋元明清，各朝的私学发展较快，主要有书院和蒙学两类。明清时期，蒙学教育基本成熟并定型，主要形式有坐馆、家塾、义学等三类，蒙学教材有《千字文》《三字经》《千家诗》等，教学内容有读书、习字、作文。只有经过蒙学阶段的培养，学子们才能进入官学和书院，这是他们走上科举之路的基础。

私塾教育属于古代民办教育的范畴，它的出现拓宽了中国古代教育的类型，为中国古代教育增添了一种新的类型，使中国古代教育实现了由官方至民间的下移，实现了教育在相对意义上的普及。古代私塾教育有利有弊，利在于关切人的生活，弊在于教学实践中只是单纯的机械传授和识记，而不授以较高的智识。

三、官办教育

官办教育是指中国历代封建王朝上至朝廷、下至地方官府所办的学校系统，包括中央官学和地方官学等两种不同级别的学校，共同构成了中国古代最主要的官学教育制度。

官学历史久远，国家的中央官学，在汉朝正式创办。魏晋南北朝时期政局纷乱，官学时兴时废，及至唐朝，中央官学开始兴盛，各项制度趋于完备，南宋以后逐渐衰落，成为科举制度的附庸，名存实亡。清朝末年，官学完全被学堂和学校所代替。根据中央官学各自所定的文化程度、教育对象和教学内容的不同，可将中国封建社会的中央官学分为最高学府、专科学校和贵族学校三大类。

太学和国子监是中国封建国家的最高学府，是封建王朝在体制内培养高级人才的教育场所。太学和国子监在办学育才、繁荣学术、发展中国古代文化科学方面，积累了许多宝贵经验，在中国和世界教育史上占有重要地位。历代太学、国子监都注重考试，但考试形式、方法却不尽相同。汉初定岁试，后实行二岁一试。考试分口试、策试和设科射策。东汉桓帝永寿二年（156年），更定课试之法，每两年考一次，不限录取名额，以通经多寡授以不同的官职。这种注重课试、以试取士的做法，打破了世卿世禄、任人唯亲的制度，对于选拔贤德之才，具有积极的意义，在当时世界教育史上也属罕见。唐代中央官学有"六学""二馆"。"六学"包括国子学、太学、四门学、书学、算学、律学等，皆直属于国子监，最高管理者为国子祭酒；"二馆"为崇文馆和弘文馆，与"六学"相对，是旁系。宋代继承了唐代的学习制度，并经历了三次著名的学校教育改革，使宋朝的学校教育有了发展。元朝的中央官学有国子学、蒙古国子学等类型，同时在地方上按照行政区划建立起路学、府学、州学、县学及诸路小学、社会等学校教育系统。

四、科举制度

（一）科举制度的产生

科举制是中国历史上继汉朝察举制、魏晋九品中正制之后的又一重要的人才选拔制度，是隋唐时期教育制度的一大创举。科举制的产生是中国教育史上的一件大事，标志着中国古代人才选拔制度走上了一条更为成熟的发展道路。

创立科举制有着一定的历史背景，这与隋唐时期的政治形势有关。隋唐时期，国内实现初步统一，但文化思想领域各派并存，相互争执，很难统一。在这种情况下，从统治者的角度来考虑，要加强中央集权，就必须把选用人才的大权集中在中央政府手里，就必须最大限度地笼络知识分子，为他们提供参政的机会，使其人心归顺，思想上服从于统治需要。隋唐在全国实现统一后，也的确需要强化封建官僚机制，选拔大量适应封建统治需要的人才,这对巩固封建统治是当务之急。

在这种情况下,隋文帝正式废止了九品中正制,并下诏举贤良。隋炀帝大业二年(606年),开始设置进士科。进士科的设置标志着科举制的正式创立与诞生。直至唐代,科举制逐渐成为定制,在中国历史上推行了1300年之久。

隋朝时期,科举制只是初创时期。到了唐代,科举制开始逐渐形成一套较为完备的制度,人才选拔被列入国家重要政治生活。唐太宗、武则天、唐玄宗是完善科举的关键人物。在唐朝,考试的科目分常科和制科两类。每年分期举行的称"常科",由皇帝下诏临时举行的考试称"制科"。常设的科目有秀才、明经、进士、俊士、明法、明字、明算等五十多种。其中明法、明算、明字等科,不为人重视,秀才一科,在唐初要求很高,后来渐废。所以,明经、进士两科便成为唐代常科的主要科目。

唐太宗规定了应试的时间,唐高宗时期,科举取士名额有所增加。女皇武则天还经常以自己的名义举行科举考试,并在宫殿中亲自策问贡士,开创了科举考试中殿试这一重要形式。到了开元、天宝年间,科举制度中大部分考试科目已经形成,考试的固定内容和形式基本确立,科举制度日渐发展成为一种成熟、完备的制度。元朝科举分蒙古色目、汉人南人两科。清初也实行过满、汉分科科举,但是考试以"四书"为出题范围,将儒学正宗引向极致。

(二)科举制度的作用和影响

在隋唐时期,科举制是普通百姓改变社会身份的直接出路,因此也成为统治者网罗人才的有效手段,一旦考试进士及第,通往上层社会的大门就打开了,登龙门一度成为知识分子梦寐以求的事情。尽管隋唐时期科举规模很小,只占官员任用的5%左右,而且进士及第也只是取得了做官的资格而已。尽管隋唐科举制度还不算完善,但却对中国封建社会后期的政治、文化以及学校教育产生了深远的影响,是中国封建社会后期重要的选士制度。科举制实现了封建官僚队伍对其新生力量的有效补充，为国家的运转增添了活力，为封建社会统治注入了一股新的力量。然而，科举制度并不是完美无缺的，它还存在许多弊端。这些弊端的存在给社会发展带来了一系列不良影响。如科举考试的内容仅仅局限于儒家的几部经典和华丽的诗歌词赋中且考试方法机械呆板，偏重于死记硬背，致使学校的教学内容空疏无用且不重创新，导致形式主义不良教育倾向的产生。

五、书院教育

书院是中国古代的一种教育组织制度，有私人办学和官办书院两种形式。追溯书院的渊源，最早出现于唐代，一般多由富商、官员自行捐资筹款创建，在山林僻静之处选址建舍办学，或置学田收租以充经费。唐朝最早的私办书院为635年在遂宁县创办的张九宗书院。此后，官办书院不断出现，由于是政府捐资兴起，因而主要以培养朝廷所需的科举人才为主。清代诗人袁子才在《随园随笔》中写道："书院之名起唐太宗时，丽正书院、集贤书院建于朝省，为修书之地，非士子肄业之所地。"到了北宋时期，私办书院大量出现，古代书院进入了一个新的阶段。南宋时期朱熹创设书院教育制度，使我国古代书院教育形成了较为完备的制度体系。据统计，南宋时期有史可稽的书院，仅江西、湖南、浙江、福建就有250多处。

及至元明清三代，书院教育不断发展，一些书院发展成为集藏书、教学、学术、文化交流于一体的教育机构。此时书院的官办性质更加明显，尤其是明清两代，官办书院成为书院教育的主要类型。书院教育为历代封建王朝培养了大批人才，也为中国传统文化的发展作出了巨大的贡献。在中国古代，较为著名的书院有宋代河南商丘的应天书院、湖南长沙的岳麓书院、江西庐山的白鹿洞书院、河南登封太室山的嵩阳书院、湖南衡阳石鼓山的石鼓书院、江西上饶的鹅湖书院，明代的书院有东林书院等，清代的书院有以粤秀书院为代表的四大书院。

（一）应天书院

应天书院，又名应天府书院，位于河南商丘县西北。"五代十国"时期，商丘人杨悫乐于教育，在此聚众讲学。杨悫去世后，他的学生戚同文继承师业，继续办学。北宋大中祥符二年（1009年），应天府民曹诚捐款，在宋初名儒戚同文故居增建学舍150间，聚书1500余卷，广收生徒，讲习甚盛。同年，宋真宗改升应天书院为府学，赐匾额"应天府书院"，命戚同文孙子戚舜宾主持书院，曹诚辅助之。从此，应天书院得到官方承认，成为宋代较早的一所官学书院。景祐二年（1035年），书院改为应天府学。庆历三年（1043年），书院改升为"南京国子监"，自此成为北宋最高学府，同时也是中国古代书院中唯一一座升级为国子监的书院。随着地方官员如晏殊、蔡襄、范仲淹、石曼卿、王洙等先后主持书院教席，应天府书院逐渐发展为北宋最具影响力的书院。

（二）岳麓书院

岳麓书院位于湖南长沙市善化县西的岳麓山抱黄洞下，是宋朝著名的"四大书院"之一。五代时期，两位佛教僧人在岳麓山下建屋办学，形成书院之雏形。北宋开宝九年（976年），潭州太守朱洞在原有基础上因袭扩建，建讲堂5间、斋舍52间，创立岳麓书院。朱洞离职后，书院荒废。咸平二年（999年），潭州州守李允则重建书院。大中祥符五年（1012年），周式成为岳麓书院首任山长，同时他呈请官府对书院进行了扩建。大中祥符八年（1015年），宋真宗召见山长周式，颁书赐额"岳麓书院"，书院由此名闻天下。南宋时期，张栻主持教事，湖湘学派发展极盛；乾道三年（1167年），朱熹来访，与张栻论学，举行了历史上有名的"朱张会讲"，开书院会讲之先河，形成了以朱张之学为正宗的学术传统。绍熙五年（1194年）朱熹出任湖南安抚使，重整岳麓，使书院的发展再次进入繁盛时期。元明清时期，书院屡兴屡废，讲学传统不断。

（三）白鹿洞书院

白鹿洞书院位于江西星子县北庐山五老峰南麓。唐贞元年间（785—804 年），洛阳人李渤与其兄李涉在洞中隐居读书，养有一头白鹿，人称"白鹿先生"，遂将此地命名为白鹿洞，白鹿洞遂闻名于世。南唐升元四年（940 年），南唐朝廷在此地建立学馆，称"白鹿洞学馆"，又称"庐山国学"。北宋灭南唐后，建为白鹿洞书院。淳熙六年（1179年），朱熹重修书院之后，延请名师；淳熙八年（1181 年）奏请皇帝赐国子监经书，并建立了严格的书院规章制度，书院开始兴盛，成为宋代传习理学的重要书院。元代末年，白鹿洞书院毁于战火。明代，书院屡有修缮。清代，白鹿洞书院仍办学不断。《白鹿洞书院教条》是南宋以后中国封建社会书院办学的主要参考制度，也是教育史上最早的教育规章制度之一。

（四）鹅湖书院

鹅湖书院是宋代著名书院之一，位于江西铅山县鹅湖山麓，因山上有鹅湖寺而得名。其与吉安白鹭洲书院、庐山白鹿洞书院、南昌豫章书院齐名，并称"江西四大书院"。自南宋至清，书院屡遭损毁，又屡次重建。南宋淳熙二年（1175 年），朱熹、吕祖谦、陆九龄、陆九渊在此聚会辩论，即历史上有名的"鹅湖之会"。淳祐十年（1250 年），朝廷命名其为"文宗书院"。明景泰四年（1453 年）重修扩建，命名为"鹅湖书院"。

（五）粤秀书院

粤秀书院创办于清朝康熙四十九年（1710 年），系由地方官员捐银而建的一所官办书院。书院位于粤秀山之南，故得名"粤秀书院"。作为一所封建时代培养国家所需人才的教育机构，粤秀书院始终将培养"处则为正士"作为首要目标，高度重视对学生的伦理道德教育，其所选用的教材都为中国传统儒家典籍。同时，书院在教育中多向学生灌输"学而优则仕"的理念，大力培养科举人才，由此不少学生通过科考走上了仕途。从书院管理看，主要有山长、监院、襄校、都讲、斋长、书办、礼书等人员，其中山长是最高管理人员，且为首席讲师。粤秀书院非常重视山长的聘用，兼顾德才品行等条件，实行高薪待遇。自书院创建以来，在地方官府的大力支持下，书院制度严明，教师恪尽职守，各用所长，因材施教。学生刻苦研学，积极上进，学风良好，人才辈出，成绩斐然，培养出了如梁启超、宋湘、胡汉民、冯敏昌、岑仲勉等对社会有巨大影响的名士。粤秀书院曾一度是广东最高学府，为清朝晚期广东人文兴盛起到了一定的作用。

参考文献：

1. 孙培青. 中国教育史[M]. 上海：华东师范大学出版社，1992.

2. 毛礼锐，沈灌群. 中国教育通史[M]. 济南：山东教育出版社，1985.

3. 郭齐家. 中国古代学校[M]. 北京：商务印书馆，1998.

4. 谭家健. 中国文化史概要[M]. 北京：高等教育出版社，1997.

5. 黄仁贤. 中国教育史[M]. 福州：福建人民出版社，2003.

6. 季羡林. 三十年河东　三十年河西[M]. 北京：当代中国出版社，2002.

7. 陈青之. 中国教育史[M]. 长春：吉林人民出版社，2013.

8. 李楠，陈幼实. 中国古代教育[M]. 北京：中国商业出版社，2015.

9. 俞启定. 中国教育史专题[M]. 北京：中央广播电视大学出版社，2010.

10. 干春松. 中国文化简明读本[M]. 北京：中国社会科学出版社，2017.

思考题：

1. 中国传统教育的特点有哪些？

2. 在中国教育史上科举制度产生了什么样的影响和作用？

第九章　中国传统习俗

　　人与自然环境总是相依相生的，自然环境为人类提供了最直接的物质保障，也是人类增强自我改造能力富于其生存社会性的基础，任何人都不能脱离自然环境而生存。不同的地形和地貌以及气候环境等特征相互交织，构成一个环境系统，直接制约着人类的生存，也影响着他们的社会结构。古代中国人基于特定的生存环境相依相生，形成了一整套特色鲜明的物质生活方式，以约定俗成的民俗和习俗的形式而存在，体现在居住、饮食和服饰等方面。习俗就是一个国家或民族中广大民众所创造、享用和传承的生活文化。中国民俗主要有传统饮食习俗、传统服饰习俗、传统居住习俗等。由于中国地理环境的多样性，以及中国自古就是一个统一的多民族国家，古代中国在传统习俗方面具有地域性和多样性特征，这种丰富性是中国古人在与自然相接触中形成的一套与之相适应的文化体系。

第一节　传统饮食习俗

　　饮食是人类为满足生存的本能需要，也是人类超越本能需要层面上的一种文化创造行为。对于人类而言，饮食不仅是一种生存需要，更是一种每日必不可少的家庭生活，正所谓"开门七件事，柴米油盐酱醋茶"。这种开门就必须面对的家庭饮食问题，既是个人或群体生命得以延续的基础，也是人类饮食文化的起始。从这个意义上说，这种以家庭为单位而形成的日常饮食，既是人类社会最为司空见惯的饮食行为，也是饮食从本能行为上升为充满意义与象征意味的文化行为。因此，在关注中国古代饮食习俗时，不能只关注那些闻名遐迩的特色饮食、节庆饮食或礼仪，而忽视那些具有悠久历史，与人类生存相伴随的日常饮食。这种与家庭结合最为紧密的平常饮食或家常便饭的饮食种类、惯制和制作技艺等，在我国不同地区、不同民族呈现出多元性。

一、生态多样性与中国古代饮食的丰富性

饮食作为一种文化存在形式，与人的生存环境相适应，并在不同的时空中经历着自我适应与创新。人类的饮食内容和习惯总是与特定的生存环境相适应，人类饮食文化的创造离不开其生存环境，中国人的日常饮食文化留有其生存环境的深深烙印。

中国的自然环境内部具有差异性，从地形角度说，我国地形存在三大阶梯的整体特点，气候特征有东部季风区等，以秦岭淮河为界，将中国气候分为南北两部分，南方和北方在气候和气温上有较大的差异，直接影响着人们的生产方式和劳动生产，也决定了不同地区人们的农作物种植结构和饮食习惯。基于生存环境的差异性，北方盛产小麦，居民的日常饮食以面食为主；南方盛产稻米，当地居民日常饮食以米食为主，也吃其他杂粮。即使都是北方人，生活在高海拔地区的人群与平原地区的人群，他们在饮食习惯上差异明显，如生活在青藏高原的藏族和帕尔米高原的塔吉克人，他们的饮食习惯和饮食结构与高原生态环境相适应，与处于平原地区的人群在饮食习惯上则有着明显的差异。

因此，在南北方人的日常饮食中，饮食品种和内容差异较大。古代中国人的饮食习俗是一个笼统的抽象概念，是一个外部相对一致内部具有多样性的饮食文化体系。饮食是一种人类共同的本能行为，在不同民族和地域文化中，由于不同环境提供的食材不同，食材的多样性决定了饮食的丰富性。宋代周密在《武林旧事》中记载的一次盛宴里便列举出了

两百多道菜肴，其中肉食、海鲜、蔬菜、饮料等种类繁多。古代中国人因地取材，精益创新，形成了各具特色、内容丰富的饮食文化。

二、日常饮食习俗

古代中国人日常饮食内容丰富，具有浓厚的地域特色。基于生存环境的差异性，北方盛产小麦，居民日常饮食以面食为主，南方盛产稻米，当地居民日常饮食则以米食为主，也吃其他杂粮。因此，在中国南北方人的日常饮食中，饮食品种和内容差异较大。饮食文化的创造者是社会环境中的人，被创造的饮食文化本身以及与之发生关系的就是社会环境中的事物，当社会环境发生变化时，饮食文化的内涵也会发生变化。盛产小麦的地区以面食为主，饮食文化中必有发达的面食文化；盛产稻谷的地区则以大米为主，饮食文化中必有发达的米食文化。同理，居住在山区的民众饲养牛羊，食物中必以牛羊为主；而居住在海边的民众下海捞鱼，食物中就有丰富的各式海鲜。

首先，从日常饮食内容看，中国人的日常饮食主要分主食和副食两种。主食以面食和米食为主，北方以面食为主，南方以米食为主，也吃其他杂粮。在南北方人的日常饮食中，饮食品种和内容是有所不同的。其中北方人的面食品种多样，多以面条、包子、馒头、烙饼、水饺等为主，还有花卷、锅贴、馍馍、揪面片、干捞面、臊子面等，这构成了北方人的日常饮食种类。在菜肴上也有明显的区域差异，如北方人，一般在夏季，主要以自家种植的活菜为主，有西红柿、茄子、辣椒、黄瓜、韭菜、豆角、白菜等绿菜；秋冬季以腌菜和马铃薯、萝卜等为主；在肉食上，多以牛、羊、猪、驼、兔为主。南方人则多以鸡鸭鱼虾为主。中国人有饮酒的习惯，尤其在一些节庆场合，无酒不成席，喝酒是极为普遍的现象。此外，人们在日常饮食中也喜欢喝茶，尤其饭前或饭后都有喝茶的习惯。对于一些老年人来说，一日三餐都有饮茶的习惯。

其次，从饮食频率上看，中国古代人一般都是一日三餐，分早、中、晚三顿。如处于农耕区的北方人，其早餐比较简单，一般都是一杯茶水或白开水，再吃点烙饼、馍馍或馒头、花卷等。西北一些高原地区的人饮食更有其特色，他们的早餐喜欢喝油茶（又称"油面子"）。北方人比较看重中餐和晚餐，将其视为正餐，必须吃好吃饱。如处于黄土高原的人们，吃中餐时，一般都是米饭和炒菜，过去吃的米饭主要是黄米饭，是由旱地所种的糜子加工而成的黄米，经过蒸煮而成。

最后，从饮食烹制方法上说，北方擅长牛羊肉菜，烹调方法与京菜相似，以爆、熘、炸、煮见长，仅羊肉的吃法就有清炖羊肉、涮羊肉、烤羊肉串、爆炒羊肉、酱羊肉以及全羊席等多种。南方主要用鸡肉、鸭肉、牛肉、鱼肉等为原料，以烩、炒、蒸、煮见长。古代西北人的烹制方法主要有烙、炸、烤、煮、蒸、炒等。他们在饮食中非常注重食物搭配，一日三餐的饮食内容不能重复，因此，在食物烹制方法上，以烙、煮、蒸、炒等为主。他们喜欢吃自己烙的饼子，烙的饼子也是多种多样，他们还喜欢蒸馒头和花卷等。不管是烙还是蒸，他们都喜欢用一种名为"茴香"的香料，既为食物增色，又使食物香气扑鼻，味道宜人。他们还喜欢吃煮的食物，如煮土豆和玉米等，这些既是当地的特产，也是他们喜爱食用的食物。

三、节庆饮食

中国古代饮食文化的另一个特色在于其场景。在不同的场景中，尤其是在一些节庆和礼仪活动中，饮食是举行活动必备的一道程序。中国以礼仪之邦而著称，在不同形式的节庆礼仪活动中，形成了特色鲜明的节庆饮食文化。如古代中国人在逢年过节时，家人团聚或群体聚会都会大办宴席，宴席内容丰富。同时在一些人生礼仪活动中也有宴席。如婚礼是一个人一生中最重要的人生礼仪，中国人对婚礼较为重视，婚礼当天主家要准备宴席，招待前来送亲者和贺喜的宾客。

对于中国人来说，宴席的好坏，直接体现着婚礼当天的隆重程度。中国古代仪式场景中的饮食，最有特色者当属民间宴席。传统中国人的婚礼都要做宴席，在内容和做法上各地有所不同，有些地方复杂，有些地方简单。但基本都采用蒸、煮、拌等烹调方法，原料有牛肉、羊肉、猪肉及白菜、豆腐、粉条、木耳、黄花、鸡蛋、葱花、辣子和其他蔬菜。这种席的主食是花卷、馍馍、米饭等。西北地区还有定果盘的习俗，即客人入席后，先倒茶，定干果碟子，一般是定五六碟，多者定十几碟，如葵花子、花生、水果糖、红枣、核桃、苹果、饼子等，稍吃些后，就开始上席。

四、古代菜系

中国幅员辽阔，受地理环境、气候物产、文化传统、民族习俗等因素影响，形成了地域特色鲜明的菜系文化。菜系同各个地方的环境和气候影响下的风俗与民情有极大的关系，自成一派且相对稳定。中国古代形成的菜系文化，从宏观上说有南北两大菜系，其内部还可以分出一些具体的菜系文化，主要有八大菜系，如鲁菜、川菜、淮扬菜、粤菜、徽菜、浙菜、湘菜、闽菜等。可以看出我们古代菜系文化的特色，八大菜系中北方菜系占一个，即鲁菜，也就是山东菜，是中国八大菜系之首，也是北方菜系的代表。鲁菜以选料精细、精于制汤等为特点，其中以孔府菜为代表。另外七个菜系皆为南方菜系，这七大菜系形成于特定的区域中，是不同区域人们智慧创造的结晶，它们在食材、烹调技艺、风味讲究等方面各有千秋。如川菜重视选料，规格讲究一致；淮菜在口味上讲究平和，咸中带甜，烹调技艺上以炖、焖、炒等为主；闽菜以海鲜为主，口味则四味俱全；浙菜则用料较多，搭配严谨，擅长炒、炸、烩、蒸等烹饪技艺。

可以看出，中国八大菜系具有明显的地方特色，代表了我国菜系文化的丰富性和多样性，彰显着我国饮食文化的独特魅力。这些文化的积淀和菜系结构一直延续至今，各个地区间菜系相互呈现交融的态势，如今的北方菜系如火锅等渐渐为南方人喜闻乐见。实际上，这是从地域的角度将我国菜系文化加以分类，只是宏观上的一种笼统的分法，如果细分下来，中国菜系文化的丰富性和多样性远不止八大菜系。其实在八大菜系之内还可以细分出更多的地方菜系，其丰富性远超我们的想象。如果从民族等其他角度看，我国各民族的饮食文化则更为丰富，一方面是基于各民族饮食文化的地域性特征，另一方面是基于自身自然环境、人文环境以及在长期民族交往过程中饮食文化的重构。

五、古代饮品

中国古代人在饮品上主要有酒和茶两大类，以至于形成了中国的酒文化和茶文化。这两种饮品文化在中国历史悠久，源远流长。下面我们对其分开一一加以介绍。

我国是世界上最早酿酒的国家之一，对于酒在中国的最早出现，有多种说法，如晋代江统的"肇自上皇"，汉代刘安的"始于秣秬"等说法，将中国酒文化的出现最迟限定于夏朝及农耕的出现。将农耕视为酒文化出现的一个标志也有其道理，因为不管是从其酿制的食材还是需求来说，农耕民族都具有一定的先天优势。中国古代有着较为成熟的酿酒技术，各地都有酿酒的习惯，并形成了一些地方酒类品牌。中国古代酒的种类大致上有米酒、葡萄酒、蒸馏酒三类。它们出现在不同的区域，在制作食材、制作技艺和口味等方面各有不同，代表了中国酒文化的地域特色。

中国人有酿酒的传统，酒在社会生活中是不可缺少的饮品。酒不仅是古代中国人的日常饮品，还是节庆、礼仪活动等场合的重要文化载体，饮酒甚至成为古代中国人的一种生活习俗。在几千年的中国历史中，酒已深深进入传统中国人的社会生活中，可以说上至国家，下至民间，酒已经远远超越了一种饮品，成为中国传统饮食文化中的一个重要结构，不仅与社会政治、社会经济、文学艺术、礼仪活动等完美结合，其文化还深深内嵌于中国文化结构中，具有较强的生命力，并延续至今，传承不衰。

中国茶文化是中国传统饮品文化的另一个重要内容。茶是中国的一大特产，中国古代各地都有种茶的习惯，自然也就有了喝茶的习俗。茶在中国已有几千年的历史，古代的《神农本草》中就有这样的记载："神农尝百草，日遇七十二毒，得茶而解之。"可见中国茶文化历史之久远。及至西汉时期，茶已经作为一种常见的饮品进入寻常百姓家。到了唐代，中国的茶文化走向繁荣，全民饮茶在这一时期成为一种风潮。茶不仅是老百姓日常生活中不可缺少的饮品，也是招待客人或举行宴席时必备的饮品。整个社会对茶的需求空前增长，致使江南地区成为生产茶叶的重要基地。茶也成为中原地区与高原游牧地区经济交往和文化往来的载体，在西南地区出现了茶马贸易。茶马贸易成为中原与边地贸易的重要形式，拉近了两大经济文化人群间的距离，有力地促进了古代中国各民族间的交往、交流、交融。

茶类饮品内容丰富，就全国而言，比较有名的有西安的煮湖茶、圪垯油茶、麻花油茶，宁夏、甘肃、青海的罐罐茶、盖碗茶、麦茶，云南的烤茶，湖南的擂茶，贵州的炕茶，还有流行在内蒙古、新疆、青海等地的奶茶，等等。古代中国人有喝茶的习惯，对于嗜茶的人来说，饮茶就是生活中的一种乐趣，其表达简洁朴素，却不乏生活情趣和文化品位。饮茶寄予着人的生活态度和人生智慧，于是一种最普遍的人类本能行为，在人的生活中，被展演成一种意义隽永的文化实践。

其实，饮茶实为一种文化创造，也是生活追求和审美情趣的展示，尤其体现在人们对茶具的选用。饮茶时茶具不能轻易选用，如果随便找个杯子，其文化品位就会大大降低。我国北方一些少数民族饮茶时喜欢用盖碗，其选用的盖碗，古朴大方，精巧雅致，兼有实用与审美的双重价值。

六、饮食中的养生文化

中国饮食文化博大精深，包含着丰富的养生理念，在此基础上形成了一种以健康、适度、益人为消费原则的饮食生活方式，客观上起到了卫生保健的功效，集中体现了古代中国人饮食中的养生之道。

秦汉时期，食养食疗的重要性已为很多人所认知，当时著名的医师张仲景擅长使用食物来治疗疾病。三国两晋南北朝及隋唐时期，关于食疗的专著开始出现。中国古代饮食中的养生文化理念，将饮食不仅作为一种充饥的食物，更是将它视为一种有益身体健康的良药。由此古人总结出了一些饮食中的养生经验，如饮食有节、饮食有礼等，至今依然对人们产生着一定的影响。

《饮膳正要》是我国第一部营养学专著，作者为忽思慧，是元仁宗延祐年间（1314—1320年）的宫廷医生，也是我国著名的营养学家。《饮膳正要》成书于元朝天历三年（1330年），全书共有三卷，卷一讲的是诸般禁忌、聚珍品馔等内容；卷二讲的是诸般汤煎、食疗诸病及食物相反中毒等内容；卷三讲的是米谷品、兽品、禽品、果菜品和料物等内容。书中记载了丰富的药膳方和食疗方，介绍了各种饮食的性味与滋补作用，并有妊娠食忌、乳母食忌、饮酒避忌等内容。书中还阐发了饮食卫生、营养疗法乃至食物中毒的防治。

《饮膳正要》作为我国现存的一部完整的食疗专书，也是一部颇有价值的古代食谱。书中还阐释了医食同源的观念，这是我国医学中的重要观念之一。

第二节 传统服饰习俗

服饰作为人类一种共同的文化形式，具有地域特性和民族特性，使服饰超越人之本能需要而被赋予了文化的内涵。如此，人类对服饰的关注，已不再是单纯的御寒功能和保暖功效，更有如何穿、穿什么和怎么穿才符合特定群体的价值观和审美观等问题。每个民族都有自己特有的服饰审美观和价值观，如何穿衣不是一个人自由意志的随意选择，而是一整套社会伦理道德所编织出的社会规范，经由社会强化和道德内化，成为个体着装时必须遵守的价值规范。中国传统服饰文化是中国传统文化的一个重要组成部分，是中华民族乃至人类社会创造的宝贵财富。在讲求礼俗的中国传统社会，关于穿衣有一套繁杂的礼俗规范，不同性别、年龄段和职业群体间在服饰上各有区别。服饰不仅是性别、年龄和职业区分的物质符号，也是男女成人或步入某一人生阶段的符号标志。

一、中国传统服饰的演变

服饰是人类物质文化的重要组成部分，服饰伴随着人类产生与发展，形成了人类的服饰文化。中国传统服饰是人类服饰文化的一个重要的构成部分，中国服饰可分为传统服饰和现代服饰，其中传统服饰历史久远，经历了漫长的历史发展与演变，形成了彰显中国特色的传统服饰文化。

中国服饰文化的渊源可以追溯至原始社会，早期人类认识和改造自然的能力有限，但是基于蔽体和保暖的本能所需，早期人类开始简单利用自然，以树木的枝叶或狩猎后的动物的皮毛等为衣服，如《礼运》中说："未有丝麻，衣其羽毛。"意指古人以动物的羽毛和皮毛为衣料。还有以草为衣的，如《诗经》云："彼都人士，台笠缁撮。"《左传》云："台所以御暑，笠所以御雨也。"衣服不需要复杂的制作工艺，是一种直接利用自然物为我所用的行为，是人类创造的最为原始的服饰，也是人类服饰文化的雏形。

人类走出原始社会，进入文明社会，此时人类的生产技术有所提高，开始主动利用自然，人类服饰文化进入了一个新的阶段。中国进入夏商周时期，服饰开始有了较大的发展，如夏商时的服饰主要是以皮、革、麻为主，随着生产技术的进步，丝麻逐渐成为这个时期的主要材料。西周时期，服饰文化的等级性特征愈加明显，伴随着西周宗法制所确立的等级制度，当时社会中的不同等级的人在服饰中有明显的区别，处于上层的诸侯和卿大夫在服饰上有了严格的要求，在不同的场合，服饰的内容、样式、颜色、图案等都是有明确规定的。

中国的冠服制度形成于夏商时期，西周时趋于完善。可以说，在西周时期古代中国人制作衣服的工艺已有了一定的发展。春秋战国时期古代中国的织绣工艺已有所发展，服饰制作的材料增添了新内容。同时服饰在形制上成为社会阶层的一个代表符号，当时社会上层人与普通百姓的服饰明显有别，形成了上层人衣服宽松而下层百姓服饰窄紧的差异性。需要说明的是，春秋战国时期，中原华夏族在服饰上也开始予以改革，如赵武灵王采取胡服骑射，向北方游牧民族学习他们的服饰并加以推广。

秦汉时期，古代中国人的服饰在样式上一如既往，依旧是传统的袍式服饰，只是此时的服饰上会绣上各类图案，服饰多了一些审美的元素。魏晋南北朝时期中原人的服饰开始吸收北方少数民族服饰的元素，进行创造性的改动，男子以宽衫大袖为主。受北方少数民族服饰的影响，当时"裤子"开始出现，被称为"儒裤"。

隋唐时期，我国古代的服饰有了大的发展。此时彩锦出现，其颜色多样，各式各样的华丽图案刺绣均在服饰上出现。唐代也将服色与身份联系起来，皇帝的服色为柘黄，官员依据品级为紫、绯、绿、青等服色，平民则为白衣。宋朝服饰其服色、服式多承袭唐代，宋朝流行直领对襟的服饰。尤其是妇女，多着小袖对襟式上衣，多不戴帔帛。明朝服饰突出的特点就是戴上了乌纱，从皇帝到各级官员的官服图案不一，皇帝穿龙袍，官员依次穿不同动物纹饰的宽大袍服，其他的服饰与隋唐时期并无大的改动。明朝男子一律蓄发挽髻，着宽松衣，穿长筒袜、浅面鞋。女子发髻多垂于脑后。清朝服饰也发生了大的变化，尤为明显的就是"头饰"。清朝时则剃发留辫，辫垂脑后，穿瘦削的马蹄袖箭衣、紧裤、深筒靴。汉族妇女各地大同小异，南方妇女多系裙，北方妇女多扎裤脚。而官民服饰则泾渭分明，有明显的区别。

中华民国时期的服装，由于受西方服饰文化的影响，开始出现了较大的变化。男子服饰出现了从长袍马褂向中山装和西装的转变。女子服饰形制多样，出现了旗袍。这一时期"中山装"普及并流行开来，大多数妇女为上衣下裤，当然各地也会有所不同。总的来说，中国服饰文化在不同时期各有特点，展现着不同时期的社会价值观和人们的审美情趣。应该看到，历史上不同朝代不同区域范围内的服饰又有着不同的特色，尤其是我国各地的少数民族服饰更具特色，这极大地丰富了中国传统服饰文化的内容，彰显着中国传统服饰文化的多样性。

二、中国古代服饰的几个元素

（一）样式

中国古代服饰在样式上类型多样，处于中原地区的农耕民族与从事游牧的北方民族，他们在服饰上各有不同，且不同地区的农耕民族也是有所差异的。总体来说，古代中原地区的服饰在式样上有上衣下裳和衣裳相连两种形式，大襟右衽是其服装始终保留的鲜明特点。在不同朝代、不同历史阶段有所改进，但服饰的样式总体被予以保留。中国传统服饰上衣下裳连属的样式，其特点在于，上衣自领部位起始自然下垂，形成下垂的线条，更能反衬出人修长苗条的身材。但由于在剪裁上采取平面直线的方法，此种衣服不会暴露人体曲线，衣服被赋予遮蔽身体而不使其外露的功能，衣服所承担的社会伦理价值愈加明显，这也使古代人在服饰上形成了较为保守的传统观念。东汉班固在《白虎通义》中说道："衣者，隐也；裳者，障也，所以隐形自障闭也。"

（二）色彩

中国古代服饰重视色彩的搭配，服饰搭配上一定的色彩，不仅是一种审美的需要，更是服饰文化意义的一种人为创造。中国古代服饰色彩种类繁多，仅许慎《说文解字》中罗列的染丝、染帛色彩名目就近 40 种。在中国古代，颜色不仅是一种自然的色彩，更是被社会赋予了一定的文化内涵，服饰上的颜色成为一种富于社会意义的文化符号，颜色也成为人的社会身份的符号，更是古代社会等级制度的符号表达。在历史上各个朝代崇尚的颜色各有不同，大致有夏黑、商白、周赤、秦黑、汉赤、明赤等等。但从唐代以后，黄色曾长期被视为尊贵的颜色，如黄袍等，只有帝王才能穿用，这一原则一直沿用至清代。对于普通老百姓来说，一般都是黑色或赤色等。但是除了大众色外，有的颜色的服饰也不能随便穿戴，如葬礼上的白色、婚礼上的红色等。

（三）图案

图案是服饰文化的一个重要元素。中国古代服饰凸显素雅、简洁的特点，不乏精美和丰富的艺术性，这主要体现在其装饰的图案上，图案既是服饰上的点缀元素，更是服饰具有丰富文化内涵的表征。中国古人的服饰，就是从简单到复杂，从无图案到有图案，从不装饰到装饰，并日益丰富且精美化，服饰的审美特性日渐显明。在几千年的中国历史中，不同历史时期、不同民族其服饰图案各有特色，这些图案孕生于特定的自然和历史人文环境中，是特定自然环境、历史文化、风俗习惯、艺术传统等因素的综合反映，也形成了中国古代服饰图案内容的多样性，彰显了中国古人丰富的创造力。这种创造不是无根之木，而是中国古人以自然为师，取材于现实生活，并发挥自己独特的想象力创造出的服饰艺术。就中国古代服饰图案类型而言，其题材广泛、内容丰富，既有直接来自于自然界植物和动物等的形象，亦有一些基于人的主观想象创造的形象。

（四）质料

中国古代服饰质料多样，概括起来主要有麻布、丝绸、棉布、毛呢、皮革等类型。古代中国人服饰质料的多样性是随着历史发展而形成的，各种质料在使用上有着明显的群体特征，如麻布和皮革主要针对普通衣服，而丝绸等主要用来制作高档次的服饰，它们在使用群体上是不同的。中国古代有着历史较早的染织工艺，这是古代服饰制作工艺的一大特点，正是这种悠久的制作工艺，使得中国服饰制作工艺先进，在同期居世界领先水平。如中国古代的染织技艺较为发达，仅染色技术就有织花、印染、刺绣、书花等几类。古代中国丝织技艺更具代表性，正是这种早生早熟的制作工艺，造就了古代中国服饰质料的发达。此外，自西汉以来兴起的丝绸之路，标志着中国古代丝绸制造技术的发达，代表了中国古代织染工艺的世界领先水平。

三、中国古代服饰习俗特点

（一）等级性

中国古代是一个等级社会，各个阶层泾渭分明，身份不一，服饰从某种程度上是等级制度的表征。古代社会对于不同等级和群体的服饰进行了明确的规定，上至帝王将相，下至黎明百姓，对服饰的内容、样式、形制、颜色、款式、图案等都有明确的要求，特定群体的服饰要讲求规则，且规则明确，社会的社会伦理性非常明显，不能随便僭越。如西汉大儒董仲舒对于如何穿戴就认为："虽有贤才美体，无其爵不敢服其服。"

（二）场景性特点

古代中国人在服饰文化上颇有讲究，在什么场合穿什么衣服，都有明确的规定：如日常服饰、职业服饰、婚丧嫁娶等场合的服饰。一个人平常穿日常服饰，参加社交场合，穿社交礼服。在婚丧嫁娶等场合，如婚礼上新郎和新娘的服饰，葬礼场合主家的丧服等，都有明确的规定。这样一种服饰的场景分类，彰显了古代服饰文化的多样性及服饰的实用性。中国古代服饰具有场景性，如祭服用于祭祀，朝服用于朝会，公服用于公务，这些服饰都是礼服。服饰依据特定场合大致分以下几类：祭服、朝服、便服、公服、丧服、婚服、军服、胡服等。

（三）年龄和性别

中国古代服饰的一大特点在于彰显人的身份，服饰不仅是一套供人遮体保暖的衣物，更是识别不同群体的文化符号体系。在中国古代，不同性别的人，不同年龄段的人，在穿衣上有着严格的要求；对于男子和女子，在穿衣的款式、样式、色彩等方面有明确的分别；对于老人和年轻人，穿衣也是有所分别的。穿衣不是随心所欲的，在讲求礼治的古代，认为服饰是"礼"的载体，是礼制的表现，这就有了"黄帝、尧、舜垂衣裳而天下治"的说法。古代对于服饰是有一套社会礼仪规范的，这既是一种社会规范，也是一种社会价值。在中国古代儒家的价值观中，一个人走向社会实现自己的人生价值，即所谓的"治国平天下"，首先要修身齐家，修身的最基本要求就是穿衣要符合礼仪要求，要得体，要符合身份，文质彬彬，然后君子。否则就是穿衣不得体、不合理，不符合社会的规范，是要受到社会舆论谴责的。

（四）动态发展

古代中国人对于服饰的审美志趣，受古代社会伦理道德的影响，具体体现在人们对服饰的价值赋予。古人在服饰审美特点上大致有以下几个方面：崇尚含蓄内蕴美、提倡雅致端庄美、讲求朴素自然美、强调整体和谐的设计原则等。这是中国古代服饰较为稳定的价值结构。但是具体体现在现实中，随着时代的发展以及与国外的文化交流，中国古人的服饰审美观也会有所变化，尤其在服饰的样式、色彩、图案等方面，不同朝代各有不同，使得服饰习俗在中国古代不是铁板一块，总是随着时代发展而变化，呈现服饰习俗的动态发展性和时代特性。

四、古代的传统典型服饰

（一）古代头冠

在中国古代头饰也是服饰的构成部分，从御寒和审美的角度，如何去装饰头部，具体戴什么装饰品，有着一定的要求，这是古代礼治社会的一大特点。束发冠笄是古代男子成年礼的一项重要仪礼，因此，"冠"在古代实为一种男子成年的标志性符号。中国有着较为久远的冠服习俗，及至汉代已形成完整的制度。由于使用于不同的社会群体，"冠"的形制各有不同，既有高冠、弁、梁冠、笼冠、小冠、幞头、帻、帽等，还有各类方巾及农民戴的笠帽等。可以说，通过冠帽就可以判断出一个人的社会身份或地位。高冠等头饰主要使用于有社会身份的阶层，而方巾及笠帽则使用于普通老百姓，这也是区分社会身份的头饰性标志。即使是用于上层社会的冠帽，也有一定的场景性和礼仪特性，这在中国古代有明确的规定。皇帝参加祭祀大典时戴冕冠，在朝会等其他场合则为通天冠。当然这也并不是铁板一块，每个朝代都会有所变化，如清朝皇帝所带的冕冠就已明显不同。古代官员参加祭祀时的帽子则为长冠，武官朝会则戴礼冠。

（二）古代朝服

服装具有职业性和礼仪性特征，朝服就是一种兼顾职业性和礼仪性双重属性的服饰，它是古代官员参加朝会及重大典礼时的一种礼仪性服装，使用的对象主要是帝王和官员，使用的场合是在帝王和官员议政之时。古代朝服在不同的朝代、不同的级别是不一样的，这是古代朝服的一大特点。一般认为，朝服最早出现在西周时期，当时的朝服称为"皮弁服"，其基本样式是衣裳制，分上裳和下裳。"皮弁服"以细白布为质料而制成，头上则戴白色的冠帽。朝服尚白的传统一直在延续，及至西汉时朝会之服开始有了黑色。东汉时，上自皇帝，下至百官，都是以袍服为朝服的形制。这也奠定了以后朝服的袍制传统，一直沿用至明清之际。东汉以后，各个朝代的朝服包括梁冠、赤罗衣、白纱中单、青饰领缘、赤罗裳等。所用质料多为绛纱，其袍多做成交领、大袖，下长及膝；领、袖、襟、裾等部位均缘以宽阔的黑边等。

（三）古代唐装

唐装是中国古代的一种服饰，顾名思义就是唐制汉服，流行于唐朝初期，在制作风格上继承了传统的衣裳制。唐装在样式上，分襦、袄、衫三种类型。"襦"就是一种短形的夹衣。"袄"比襦长，却短于袍，衣身相对宽松。唐装在形制上主要有交领、右衽、系带、无扣或布扣等，代表性的唐装有齐胸襦裙、唐圆领袍等几类。

（四）古代丧服

丧服是一种古代丧葬场合用的礼服，又被称为"凶服"或"素服"。西周时期，周礼中规定了宗庙祭祀制的基本要求，开始形成后世称之的五服制度。其制度将丧服分为斩衰、齐衰、大功、小功、绝麻等五等，因此称为"五服"。五服制度是中国古代宗法制度的产物，这五种服饰在质料和形制上有所不同，斩衰是以最粗的生麻布为衣，齐衰以粗麻布为衣，大功是以熟麻布为衣，小功则以质地更细的熟麻布为衣，绝麻则以质地最细的麻布为衣。五服制度以服饰来区分人们血缘关系的亲疏远近，也规定了不同血缘关系在丧葬仪式上的礼仪。如五种服饰在穿着时间上也不一样，最长的为三年，最短的为三月，这体现了五服制度的差序性特征。几千年来，中国古代服饰在社会变迁中都发生了变化，唯独丧服仍保持原有传统不变。理学家朱熹曾说："今人吉服，皆已变古，独丧服，必欲从古。"丧服习俗作为一种社会传统，其相对稳定的特质，也是中国服饰文化的一大特点。

（五）古代的鞋

鞋在中国古代经历了漫长的进化历程，从人类进入文化社会后，鞋便成为古代中国服饰文化的重要组成部分，也形成了特色鲜明的鞋文化。古代中国的鞋文化具有地域多样性，南北两地的鞋在形制和质料上是不同的，这是由自然地理环境决定的。如北方主要使用靴，这是受北方游牧民族的影响；南方则使用木屐，如南朝时期在社会上层盛行木屐，老百姓主要穿草鞋。中国古代的政治中心大多在北方，因此总体来说，靴是中国古代鞋文化的主流。南方的木屐适应于当地的环境，这一习俗被长期沿用、普遍使用，而稻作区的老百姓则穿草鞋。

第三节　传统居住习俗

居住是人类得以生存的首要需求之一，而栖身的需求促动了人类的创造，形成了人类的居住文化。在自然环境多样的人类社会，居住文化带有明显的区域文化特征，是人类与自然环境相适应的产物。中国人基于特定的生存空间，在与特定的环境相适应中，形成了丰富多彩的居住民俗，并在长期的历史发展过程中，不断演进，形成了中国传统居住文化的多样性。

一、居住习俗的产生

居住习俗伴随着人类的存在而产生，可以说，自从有了人类，如何居住这一本能性的需求便自然而然地产生，这也为人类解决居住问题提供了天然的动力。所以人类居住文化产生的历史较为久远，它是人类生存并安身立命的基本条件，可以说，人类漫长的发展史中，居住文化始终伴随着人类而不断发展与演进。在远古时期，由于人类认识自然和改造自然的能力有限，在生产工具较为低下的前提下，人类只能在被动的适应中形成最为原始的居住习俗。这种居住条件较为简单原始，是早期人类解决居住需求的产物，但也推动了人类居住文化的产生，并以此为起点，开始了人类居住文化的不断创造与进步。

中国古代居住习俗发生的历史较早，这可以从一些古老的民间传说故事和考古学资料中得到充分的证据，即在所谓的原始社会，在中国土地上已经有早期人类的定居习俗。在当时的条件下，早期人类不可能创造较高水平的居住条件，他们基本都是对自然物的简单利用，或利用一些天然的洞穴，或为了避免猛禽毒蛇的侵扰，利用树枝架巢而居。《韩非子·五蠹》中说道："上古之世，人民少而禽兽多，人民不胜禽兽虫蛇，有圣人作构木为巢，以避群害，而民悦之，使王天下，号之曰有巢氏。"这是中国境内早期人类最为原始的居住习俗。近代以来的考古学证据发现，北京猿人就是典型的依靠自然洞穴而群体居住。《周易·系辞下》说"上古穴居而野处"。《礼记·礼运》说"昔者先王未有宫室"。考古学家在其他古文化遗址中亦有同样的发现，这说明在当时条件下，人们还不具备积极改造自然的能力，只是在对自然的简单利用中维持生存。

此外，还有地穴居住习俗和半地穴居住习俗等。在原始社会晚期出现了地面居住习俗，如新石器时代，黄河中游的氏族部落利用土穴、木架和草泥建起了简单的穴居，又逐步发展为地面上的房屋。这时随着生产技术的提高，人们改造自然的能力有所增强，开始能够主动利用工具建造一些简单的房屋。这时的房屋已不再是简单地利用自然条件，他们主动改造自然，这也是早期人类建筑文化的开端。至公元前21世纪的夏朝，开始出现夯土建筑，出现了建于高大夯土台上的宫室。中国早期居住习俗开始有了分水岭的变化，此时的居住已不再只是一种本能性的避寒保暖功能，人们开始给建筑赋予一定的创造性，开始有了对居住条件的审美及文化诉求。

二、中国传统居室代表类型

由于中国地理环境的多样性，在不同环境中，人们与特定环境相适应，形成了独具特色的居住习俗，其中以居室为居住习俗的主要内容。在不同地理环境条件下，我国古代居住结构呈现多样化类型。根据民俗学家乌丙安的归类，他将我国住室类型概括为三类：一是加工修造的固定生活空间，二是移动的生活空间，三是有天棚、地基和四壁的固定生活空间。将这三种类型进一步概括，可分为固定的生活空间和移动的生活空间，前者又可以分为南方一类和北方一类。就北方而言，又可以细分为利用工具和材料建造的固定木质房屋结构与利用自然条件挖掘而出的窑洞结构等。

（一）西北地区的窑洞

窑洞是黄土高原上的人们自觉适应自然环境而形成的居所，是一种直接取材于黄土地，并赋予创造性的人类居所文化，其质料为黄土，抑或依山而建，其样式最为接近远古时期人类的穴居形态。它是人类步入现代社会前，西北黄土高原地带的人们住所的主要类型，它符合西北山区经济落后、生活贫瘠的现实，并以最小的经济代价满足当地人的居住需求，因此窑洞被当地人所普遍接受。窑洞作为一种居室类型，在西北地区的陕西北部地区、宁夏南部山区、甘肃陇东地区以及山西的西南部等黄土高原地带普遍存在。

窑洞在西北地区不同环境中亦有不同的形式，可以分为川区和山区两种类型。山区依山而建，川区在平地起建，建筑工序和技术各有不同。依山而建的窑洞在陕北地区的山区较为常见，以靠崖辟出墙面、天然土顶上起拱为特征，跨度为3—4米，进深5米。洞口多以土坯起墙抹泥留孔，以为门窗。因经济条件所限，窑洞的质料基本以黄土为主，这是古代生活于黄土高原地带人们居室文化的主要类型，一直传承至今，今天在一些西北山区依然存在着。

（二）南方地区的居室

南方地区由于自然环境多样，也形成了风格多样的居室文化，其中富有代表性的主要有两种居室文化类型：一种类型是客家土楼，另一种类型是干栏式建筑。

客家土楼主要分布于福建的龙岩市、漳州市，广东的饶平县、梅州市大埔县，是当地客家人在历史过程中创建的居住习俗，一直延续至今。客家土楼是一种以土为墙建起来的建筑群，在形制上有圆形、半圆形、方形等多种类型，特色鲜明，风格迥异。

干栏式建筑主要在我国的西南地区比较普遍，是一些西南少数民族较为常见的居住习俗，一般都是在一些热带地方，由于当地气候潮湿且多蛇禽，为了避免遭受猛禽的侵袭，通常在地面上栽上木桩，并在上面建房屋，分上下两层，人一般居于上层房屋。由于西南地区自然环境多样、民族多元，人们在具体建筑过程中因地制宜，主要有竹楼和吊脚楼两大类。竹楼多出现在云南西双版纳地区，房屋的材料以竹子为主，分上下两层。吊脚楼是我国南方的土家族、苗族和侗族等民族的主要传统居住形式，这种建筑依山而建，多用木材，结构也分上下两层，用处各异。

(三) 流动的居室生活空间

主要是我国古代北方的一些游牧民族的居住习俗，有草原地区和高原地区两类，如生活在草原地区的蒙古族和哈萨克族等民族，在古代历史上它们都是游牧民族，以放牧为生，逐水草而居，需要频繁搬家，这就决定了它们的居室必须符合移动的特征。这些民族在历史上早就发明了流动的居室生活空间，蒙古族称为"蒙古包"，哈萨克族称为"毡房"。

蒙古包是一种适应于草原生活的流动房屋，其形状为圆形，多用条木结成的网状墙壁和伞形屋顶，上面覆盖毛毡，用绳子勒紧，外壁多用白色等颜色的羊毛毡覆盖。根据存在时间的长短，可以分为固定式蒙古包和流动式蒙古包。哈萨克族的毡房与蒙古族的蒙古包形制相同，只是其顶部呈弧形，四面的支撑杆子为穹隆状。生活在高原地区的藏族和塔吉克族等民族其居室文化为另一类。由于特殊的地理气候环境，他们居住的地区分为农耕区和牧区两类。生活在牧区的牧民使用帐篷为房屋。他们用牛毛纺线，做成一顶帐篷。帐篷的形制呈四方体，用 8 根立柱从四个方向将其固定，用 10 多根绳子一端与篷顶拴结，另一端拴在帐外几米处的木桩上，以此固定帐篷。这种帐篷质料简单，基本以牦牛的毛绒为材料，耐磨，保暖性强，方便拆除，能长久使用，适宜于牧民逐水草而居。

三、中国传统民居坐落习俗

居住习俗是人类适应自然地理环境的产物，在中国不同的地区，自然环境的差异性决定了传统民居习俗的多样性。据民俗学家乌丙安研究，居住民俗依据住室的功能、住室的造型工艺、住宅的分布与坐落、有关住屋的礼仪和信仰而产生，其具体表现形式较为多样，其中民居的设施和格局及其分布坐落具有一定的典型性。

（一）北方的四合院民居习俗

这是我国古代较为典型的一种民居形式，也是农耕民族在古代创造的居住文化的典型，一方面以北方农民定居为目的，另一方面这种居住形式与北方气候环境相适应，受中国传统价值观念的影响，形成特色鲜明的民居习俗，最具典型性的是北京的四合院。这种建筑一般包括正房、东西房、宅门、庭院等几个部分，宅门一般朝南开，位于庭院的东南，房屋坐北朝南，屋门和窗户开在南边，这都有一定的讲究。总之，这种建筑的特点在于以家庭为单位，家家都筑墙成院子，形成一个封闭的空间。在布局上讲究对称，正南正北，甚至古代有些人家在建庭院时还讲究风水。在什么空间建房屋不是随心所欲的，必须以风水先生的说法为准。

（二）西北黄土高原地区传统民居习俗

在我国西北黄土高原地区，当地人的传统民居习俗具有地方特点，尤其是在民居设施和聚落分布上。当地人自古以来都有筑墙建院落的习俗，院落是家在时空坐落层面得以存在和呈现的符号表征，土墙是最为显形的构成符号，其以每个家庭的土地边界为依据，以四方形为形状，围成一个四周封闭的空间，在墙的一边便于交通处留有空隙，专门用来设置一个用于进出的门，过去的门都是木制的。院墙有着家庭分界的功能，农耕定居民族向来将筑墙作为家庭区隔，以形成基本的生存单位。由于人们多居山区，土壤皆为黄土，其黏性较强，是筑墙最经济实用的质料。当然筑墙不是单个家庭的一种简单行为，除了掌握一定的筑墙技艺和知识，还需要群体合作，一般一家筑墙，亲族和邻居会相互帮忙完成。

在院落内，基本的设施有居室、储藏室、仓库、牲口圈、水窖、厕所等。每个人家院内几乎都有一个贮藏室，一般会选在院子里，先在地下挖一个直坑，在直坑五六十厘米处旁侧再挖一个横向的大洞，一般有一米深，三四米长，里面打扫得干干净净，到了冬天可以将田地里收获的马铃薯等放置在里面，能够贮藏至开春时。对于从事农耕的当地老百姓来说，家畜养殖是他们的一个重要生计来源，这就需要一个专门用于养殖家畜的空间，这个空间的设计，一般要远离人的居室。牲口圈过去也使用黄土夯筑而成，或者用专门的工具造成的土坷垃垒造一个房体，上面加上木棒，铺上麦草等，再用稀泥抹平为止；在牲口圈旁边还会盖一个小型的简易房子，用来摆放农运车和各种农耕工具等；厕所一般与牲口圈建在一起，也要稍微远离人的居室，尤其要与水窖保持一段距离；水窖一般要建在院中央或离居室较近的地方，一是考虑使用水方便，二是下雨天更容易将雨水注入水窖。

（三）南方传统民居习俗

其中最具代表性的是江南庭院和干栏式建筑。前者主要分布在苏杭一带，最具代表性的是苏州园林，此类民居有庭院与园林两部分，多为穿斗式与抬梁式的混合结构。在布局上，一般都沿纵轴线布局，采用纵深几进的庭院式，在纵轴线上一般为照壁、门厅、大厅、正房等，在左右纵轴线上布置花厅、书房、小花园、戏台等，这与北方的四合院在格局上有所不同。

第四节　传统节日习俗

中国传统节日内容丰富、形式多样，是中国古代文化的重要组成部分。传统节日的形成是一个国家或民族历史文化长期积淀的产物。中国传统节日历史悠久，其缘起于远古时期的原始信仰、祭祀文化等人文传统，并积淀形成一整套形式多样、内容丰富的节日习俗。

一、节日习俗的由来与发展

中国传统节日习俗起源较早，与远古时期的原始信仰、祭祀及天文历法等有关，如远古时期的祭祀是在特定的日期举行。从血缘关系扩大到地缘关系，逐渐出现了部落及部落联盟等为单位的祭祀活动，这也是一些传统节日习俗的重要来源。此外，还有一些岁时节日，其缘起与我国的农耕文明有关。古代中国的农耕经济，要求老百姓在农业生产中要掌握自然气候变化的规律，以此来安排农业生产，正是这种需求促动了古代历法的产生，也就是在什么时候依据气候变化来安排劳动生产。民俗学家乌丙安认为，岁时来源于古代历法，节日源于古代季节气候。

中国古代较早就产生了一年中的二十四节气，如先秦时期的古文献《逸周书·时训》中就有对二十四节气的记载，其开篇写道："时训，关于时令的训教。"此篇记载了二十四节气及七十二候。以后各朝代的一些古籍中都有不同程度的记载。古代农历将一年分为十二个月，五天为"一候"，三候为"一气"，十二个月共有"二十四气"。其中有冬至、大寒、雨水、春分、谷雨、小满、夏至、大暑、处暑、秋风、霜降、小雪、小寒、立春、惊蛰、清明、立夏、芒种、小暑、立秋、白露、寒露、立冬、大雪等，共同构成"二十四节气"。每个节气都表征着一定的气候特征，以及该从事何种农业生产。古代中国人在掌握历法的同时，依据四季气候的变化，在安排一年中的农业生产时，则依据特定的节气举行一定的农事活动，这也成为古代岁时节日的渊源。它是来自于农耕文明，又反馈给农耕文明的中国传统节日，是本民族岁时节令文化的活字典。

当然，中国古代节日类型较多，还有一些纪念性和社交礼仪性的节日，但最具代表性和普遍性的节日依然是内容丰富、富有地域特色的农事节日等，这也代表了中国古代作为农业文明古国的特点。当这些古代节日一经形成以后，就变成了一种风俗习俗，从一个空间到另一个空间，被不同区域的古代中国人最为广泛地传承。当然在传承过程中，传统节日也会发生一些变化，这也体现了习俗的地方性特征。

正是中国古人的创造为后人留下了大量的节日文化。在中国今天的五十六个民族中，节日文化丰富多彩，成为各民族文化的重要内容。在诸多的节日中，最具代表性的节日是春节、元宵节、清明节、端午节、七夕节、中秋节、重阳节等，由于其存在范围大，具有一定的普遍性，也形成了中国最具代表性的传统节日习俗。这些习俗普遍存在，在一年当中特定的时间举行，年复一年，代代相传，它们将物理时间赋予人文意义，把民族感情寄托于节日之中。因此，中国古代的节日，不仅是一种传统习俗，更是一种群体历史记忆和文化认同的方式。

二、古代节日的类型

过节是人们为适应生产和生活需要而共同创造的一种民俗文化，也是民俗文化的重要组成部分。传统节日是一种重要的民族文化遗产，它承载着丰厚的历史文化内涵，是民众精神信仰、审美情趣、伦理道德与消费习惯的集中展示。节日也是民族文化的重要组成部分，其间沉淀了一个民族的文化性格、文化心理、文化信仰、文化观念、思维方式、道德情操、审美情趣、价值取向等，它是在社会土壤中孕育的民族精神和重要载体，突出展示了民族生存形态的文化特色多样性，其中不同的节日有着不同的社会功能。我国古代的节日类型较为丰富，可以大致分为以下四种类型。

(一) 庆贺节日

庆贺节日是一种以"庆贺丰收、人畜两旺、平安幸福"为主题的庆祝类节日，是在特定时间具有周期性特征的群体活动。这种节日活动存在于不同的民族群体中，具有显著的民族特色。同时同样一种节日在不同的地域中，其存在形式也有一定的差异性，使庆贺节日具有一定的地域多样性特点。在中国的很多传统节日里，最普遍的庆贺节日当属年节，依据农历或本民族历法，过年在中国各民族中普遍存在，如汉族、蒙古族、满族的过年习俗，藏族依据藏历每年十二月的过年活动，等等。这些年节有祭神、祭祖仪式，但主要是庆祝一年庄稼丰收，预祝来年风调雨顺、吉祥幸福。每当节日，人人换上新衣，走亲访友，宴请宾客，一家团圆，这是人们生产生活的目的和意义的直接体现。

由不同民族文化组成的传统文化中，人们对这种节日的庆祝多种多样，其中最主要的是以"庆祝丰收、祈祷平安"等为主。如每年农历六月初四开始的为期 5 天的那达慕，是蒙古族人民的节日盛会。此外，我国还有一些少数民族中也存在着一些形式多样的纪念节日，如藏族的雪顿节、壮族的三月节等，都是以纪念为目的的民族节日。

(二) 农事节日

农事节日，是农业生态环境、农业生产经营活动和耕作制度、农耕文化的产物。农事节日与农业生产息息相关，其实质是农业生产过程中何时该做何事。在农耕生产实践中，人们逐渐熟悉了季节的变化，掌握了动植物的生长规律与气候变化的关系，从而形成了一定的"天文地理"记法。随着历史的过往，人们记录下这样或那样的特殊事情，形成了与农业有关的节日，这样的节日被称为"岁时农事节日"。

(三) 纪念节日

纪念节日，一般是指国家或某个民族为了纪念重大历史事件、历史人物、先烈等特设的节日，常会开展相关的活动。如每年农历五月初五为端午节，主要纪念战国时期楚国诗人屈原。端午节始于中国的战国时期，至今已有上千年的历史。在我国各地普遍举行的一种纪念性节日——寒食节，据说是春秋时晋文公重耳为了纪念介子推被烧死一事，禁火寒食，以寄哀思，后演变为一种民俗节日。

（四）祭祀节日

祭祀，是中国古人生活的一个组成部分，也是中国古代儒家礼仪中的主要部分，形成了各具风格的祭祀文化。在中国传统历史中因这样的祭祀形成了一定的节日，如供献天帝、祭礼神灵、祭奠祖先亡灵等习俗为标志的节日。在我国各民族中，这种节日普遍存在。这种类型多样的祭祀节日，体现了中国传统"礼"文化的一大特点。一是供献天帝的节日。在传统的中国农业社会，人们注重祭祀是因为人们将生活的幸福都寄托于上天。这种祭祀大多发生在岁末年初的时候。这是因为物质资源十分缺乏的传统社会，肉是一种上等的食物，以此敬献给神灵，可以显示自己对神灵的恭敬。二是祭礼神灵的节日。这种节日在我国各民族中比较常见，如蒙古族传统的敖包祭日，就是祭祀蒙古族古代萨满神之一敖包神。彝族的传统火把节，其实也是祭祀节日，以祭神和除邪为主要内容。三是祭奠祖先亡灵的节日。这种节日在中国古代普遍存在，并延续至今。如清明节是中国传统节日，也是最主要的祭祀节日之一。

三、古代节日习俗的特点

由于我国地域辽阔、民族众多，因此历史上形成的传统节日数量众多，许多重大节日至今仍影响着人们的习俗。纵观这些节日，大致有以下四个特点。

（一）起源与农业生产直接有关

从中国古代节日的内容来说，其起源较早，孕育在中国特有的自然和人文环境中，形成了中国节日习俗的独特性，这与欧洲及西亚诸国的节日习俗有所不同。如果说，欧洲及西亚诸国的节日大多直接源于宗教或受宗教的影响，那么中国的古代节日，其产生与演变，则跟远古农业生产有密切关系。中国古代节日习俗印刻着农业文明的烙印，节日就是人们探求自然规律和安排农业生产规律的体现。

（二）古代节日的地方性

古代节日以民俗的形式加以呈现，有跨越地域层面、被整个古代中国人所共享的节日习俗，如春节、中秋节、重阳节等，这也成为中华民族的传统节日，这类节日具有普遍性。还有一些节日属于地方性节日，产生于特定的地域环境，其传承主体主要限于特定的空间，这种节日类型在古代数量较多。但是有的地方性节日也会变成全国性的节日，从一个地方扩散到另一个地方，成为不同地区的人们共同举行的大众节日。如端午节，最初只是发端于楚地，后来逐渐演化和扩散，传到楚地以外的广大地区，演变成为中国古代具有典型性的传统节日。

（三）节日的礼仪性

节日最大的特点在于其礼仪性，这也是节日能够被保存和传承的一个重要原因，中国古代节日都是由一定的仪式和活动组成的，这种仪式和活动有一定的规则，不是随心所欲的，其规则一经形成便约定俗成，形成一套民俗行为和礼仪规范，并具有相对的稳定性。中国古代是一个礼仪之邦，"礼"作为一种社会规范，也存在于古代的节日习俗中。

（四）节日的长期传承与延续不断

中国古代节日习俗具有较强的生命力，从远古时期延续至今，显示出了中国古代节日的传承与延续不断的特点。这种特点的形成，与古代中国特殊的地理环境和自成一体的地理单位有关，也与古代中国社会的特性有关。中国古代社会是一个典型的传统社会，传统社会的特点在于乡土性，乡土社会靠"礼"来维持秩序，并以此形成礼治秩序。节日无疑具有这样一种功效，既是人文教化的一个契机，也是文化之间的传承载体，更是对文化传统和社会伦理道德的强化，以实现社会价值的个人内化。古代节日的重要价值和社会功能就在于此，其实用性功能是其传承不衰的根本原因。

四、具有代表性的中国传统节日

中国传统节日有除夕、春节、元宵节、清明节、端午节、七夕节、中秋节、重阳节、冬至节、腊八节等。此外，中国各少数民族也都保留着自己的传统节日，诸如傣族的泼水节、蒙古族的那达慕大会、彝族的火把节、瑶族的达努节、白族的三月街、壮族的歌圩、藏族的藏历年和望果节、苗族的跳花节等。传统节日具有鲜明的地域特征，即使同一节日在每个地域其表现形式也是大同小异，使得传统节日成为维系地域民众心理情感的纽带和载体，使同一地域的民众保持着相应的向心力和凝聚力。推而论之，就全国范围而言，传统节日虽然活动的形式千差万别，民众也身处异地，但主要的民俗活动保持了一致性和统一性，有利于增强对中华文化的认同。

（一）春节

春节，是中国传统节日之一，俗称"过年"，是我国最大、最隆重的传统节日。春节是中国传统文化重要的节气之一，也是一个重要节日，春节对中国人来说，既是一个时间概念，也是一个重要的仪式活动。春节的产生与农业活动、古代历法直接相关，是古人对农作物生长周期和季节变化规律的一种总结的产物。在春节期间，人们会举行一系列活动，并形成一种节日习俗。从历史记载看，年节风俗活动主要有以下内容：一是拜天祭祖、走亲串友，表达人们对天地养育之恩的谢意，对祖先的怀念和尊敬，对乡亲邻里的诚挚祝贺。二是敬神，放炮贴门联敬酒。放爆竹是中国传统文化的继承，其本意是驱魔，然而在发展过程中逐渐演变为一种节日喜庆活动。宋代王安石的《元月》

一诗中写道："爆竹声中一岁除，春风送暖入屠苏。千门万户曈曈日，总把新桃换旧符。"正是对中国古代春节的形象概括。

现在春节一般指除夕、正月初一至正月十五。旧时过年，从腊月二十三开始，时间要早得多。这时每家都要打扫门庭，送灶王爷上天，杀猪宰羊，采买年货，忙得不亦乐乎，直到除夕晚上家人团聚吃年夜饭。在不同地域环境中人们对年的表达方式也不尽相同，如北方的流行说法：二十三祭灶仙，二十四扫房子，二十五磨豆腐，二十六去割肉，二十七杀只鸡，二十八贴花，二十九去打酒，三十包饺子、晚上不睡觉，正月初一放鞭炮。

（二）清明节

清明节，又称"踏青节"，是中国的传统节日之一，一般是在公历4月5日前后。在中国文化传统中，清明既是节气又是节日。清明是二十四节气之一，作为传统节日的清明节大约始于周代。每至清明，气温开始升高，春耕时节到来，故有"清明前后，种瓜种豆""植树造林，莫过清明"的农谚。

每当清明时节，不仅常见人们为亡故的亲人扫墓的情景，更多见细雨纷纷，农民在田地里辛勤劳作的场景。寒食节的来历与一个民间故事有关。据传介子推抱母葬身山西绵山，晋文公为纪念介子推，将那日定为"禁火日"，全国上下不生明火，百姓只吃冷食，因此也称"寒食节"。唐宋以来，清明节替代寒食节，成为一个普遍性的节日。

（三）端午节

端午节，一般是在农历的五月初五，又称"端阳节"或"重五""天中节"等，是中国传统节日之一。关于端午节的来历不同的地域有不同的说法，然而，仔细分析其中的寓意都有一种纪念的目的。其中大概有四种说法，纪念屈原、纪念伍子胥、纪念曹娥、吴越民族图腾祭祀等。追溯起源，各有道理，各据其理。但千百年来被认同和流传最广、占据主流地位的是纪念屈原之说。

相传战国时期楚国大夫屈原的主张因损害贵族利益，被一帮奸臣视为眼中钉，蛊惑楚王排斥并加害于他。后来他遭谗言被革职，流放到沅湘流域。公元前278年农历五月初五，屈原听到秦军攻破楚国都城的消息后悲愤交加，写下了绝笔诗，投江殉国。之后每年五月初五，民众都会自发举行划龙舟的活动，意在驱鱼免食其身。这一风俗传袭至今，并衍生出包粽子的节日民俗。

（四）中秋节

中秋节，是我国的传统佳节之一。根据我国的历法，农历八月为秋季的第二个月，是秋季三个月的中间月，也称为"仲秋"。而八月十五又在"仲秋"之中，所以称之为"中秋"。此夜月亮最圆，被视为团圆的象征。在中国古代，中秋节的习俗很多，形式也各不相同，但都寄托着人们对生活无限的热爱和对美好生活的向往。

关于中秋节的来历说法较多的是关于古代帝王的祭祀活动，再有就是与农业生产有关。八月中秋，农作物和各种果品陆续成熟，农民为了庆祝丰收，表达喜悦的心情，遂以中秋这天为节日的习惯。《礼记》中记载："天子春朝日，秋夕月。""中秋"一词最早出现在《周礼》中，直到唐朝初年，中秋节才成为固定的节日。《唐书·太宗记》中有"八月十五中秋"的记载。中秋节的盛行始于宋朝，明清时已成为我国的主要传统节日。中秋节有祭月的行为，这是我国广大地区的传统民俗之一。中秋之夜，全家人围坐在一起，一家团圆，摆上月饼、西瓜、苹果、红枣等食物，先祭拜月亮，然后吃月饼，一起赏月。《礼记·祭法》中说："夜明，祭月也。"吃月饼是全国各地过中秋节的一个习俗，这个习俗的起源与古代的一些传说有关。吃月饼不仅在于吃，更是寓意家人团圆、家庭幸福。当然，不同地区有不同的表达方式，其中许多地区还有中秋节赏桂花、饮桂花酒的习俗。

节日习俗是民俗的重要组成部分，蕴含着千百年传统文化的精神理念，反映出各地区人们的生活习惯、价值取向，寄托着人民对美好生活的向往。任何一种民族文化，都有它发生、发展的历史，都有它的昨天、今天和明天。中国传统文化是我们先辈传承下来的丰厚遗产，曾长期处于世界领先地位。一个民族要立于世界，就必须要有自己的文化，传统节日就是这文化中不可或缺的一部分。

参考文献：

1. 乌丙安. 中国民俗学[M]. 沈阳：辽宁大学出版社，2006.

2. 杨春枝. 源远流长民族魂：中华文化[M]. 长春：吉林出版集团有限责任公司，2013.

3. 李翔宇. 中国传统文化概论[M]. 苏州：苏州大学出版社，2014.

4. 张万红，孙宏亮，王岩石. 中国传统文化概论[M]. 北京：北京师范大学出版社，2012.

5. 邓天杰. 中国传统文化概论[M]. 北京：北京师范大学出版社，2012.

6. 田广林. 中国传统文化概论[M]. 北京：高等教育出版社，2014.

7. 罗哲文. 中国古代建筑[M]. 上海：上海古籍出版社，2001.

8. 陈书禄. 中国文化通论[M]. 南京：南京师范大学出版社，2015.

思考题：

1. 中国古代服饰习俗经历了怎样的演变历程？

2. 中国古代节日习俗都有哪些特点？

第十章　中国传统文化的现代转型

第一节　中西文化交流的历史

在人类文明演进和发展的历史长河中，不同国家、民族和地区间始终存在着持续不断的文化交往，实现了不同文明间的交流与互鉴，这是人类文明生存与发展的常态。中国文化古老而悠久，在其形成的过程中，经我国古代人民的智慧创造，形成了中国文化特有的存在形式。然而，在中华文化形成的历程中，古代中国人始终是以开放的心态，在与境外民族和国家的交往交流中，将中国文化传入世界上其他国家，也积极吸收其他国家和民族的文化。外来文化传入中国有着千年的历史，给中国文化提供了新鲜的血液。而中国文化的外传，对世界文化的发展也作出了重要的贡献。

一、汉唐时期中外文化的交流与互鉴

中国文化的交流史，其实就是一部中外文化交流与互鉴的历史。中外文化交流历史悠久，源远流长，尽管古代交通工具落后，但没有阻碍中外文化交流的步伐。寻找中外文化交流的渊源，一般都要从古丝绸之路讲起。丝绸之路源于西汉时期张骞出使西域的事件，其以古代长安为起点，经甘肃和新疆，出中国国境后，至中亚和西亚地区，最终至古罗马。公元前 60 年，汉朝在西域设立西域都护府，丝绸之路这条古代中外文化交流之路开始进入新阶段。

（一）汉唐时期外来文明传入中国

东汉时期中外文化交流有所发展，东汉永元九年（97 年），班超曾遣副使甘英率团出使大秦国（罗马帝国），曾到达今天的波斯湾。东汉延熹九年（166 年），大秦王派使者来到东汉首都洛阳，觐见汉朝皇帝。自此，丝绸之路畅通，中外文化交流开始频繁起来。此期的古丝绸之路基本是以陆路丝绸之路为主。丝绸之路最初的作用局限于商品交流，如向外部输出中国出产的丝绸、瓷器等，但是丝绸之路客观上却起到了促进中外文化交流的功能。佛教在东汉时期开始传入中国，汉哀帝元寿元年（公元前 2 年），西域大月氏使臣来到汉朝首都长安，向中国长安博士弟子景卢口授《浮屠经》，这是佛教传入中国的一个标志性事件，佛教传入中国是中外文明交流的产物。

丝绸之路在两汉以后的各朝代都有所发展，但丝绸之路上中外文化交流的鼎盛时期，则是继隋朝而建立的唐朝。唐朝在当时的世界无疑是一个强盛的国家。唐王朝经历了贞观之治，国内呈现出一派盛世气象，其经济发展水平居于世界领先水平，国内思想活跃、文化繁荣，中外文化交流进入一个新水平，古丝绸之路在唐朝焕发出新颜。除了陆路丝绸之路，海上丝绸之路也开始活跃并发展起来，这条贯穿于东西方的文明之路，承担起中外文化交流的历史任务，外来文明沿着古丝绸之路不断传入中国。唐太宗时，高僧玄奘由陆路丝绸之路经中亚前往印度取经，历时 16 年，取回佛经 657 部，朝廷特在长安修建大雁塔供其翻译佛经。景教（基督教的分支）也在唐初传入中国，今天保存于陕西西安市碑林的《大秦景教流行中国碑》中记载的文字就是对这一历史的见证。唐朝中期波斯的摩尼教（亦称"祆教"或"拜火教"）等先后传入中国。唐朝丝绸之路的畅通和繁荣，进一步促进了东西文化间的交往与交流，除了宗教文化之外，西方各国的医学、音乐、舞蹈和各类蔬菜等也先后传入中国。据《唐会典》记载，大唐王朝曾与三百多个国家和地区建立通使交往关系，每年取道丝绸之路前来中国的各国使臣和商人数以万计，他们是中外文化交流的载体，承担着中外文化交往与交流的历史使命。

(二) 汉唐时期中国文化走向世界

中国历史悠久，古代文化辉煌，是四大文明古国之一。中国古代文化在世界文化史上占有重要位置，直至16世纪西方现代资本主义国家崛起之前，中国文化一直居于世界领先地位，中国成为周边国家争相前来学习的对象，中国文化也较早地传入国外，对世界各国文化产生了较大的影响。

中国文化走向世界始于汉代，也是中国文化影响力逐渐扩大的起点。从这时起，中国文化的输出从邻近的周边国家开始，逐渐扩展到相距甚远的西方国家。早在秦汉以前，中国就与东亚的朝鲜、日本和中亚等地区开始有了经济文化交流关系。秦汉以后，与亚洲的日本和朝鲜的往来日渐增多。随着丝绸之路的开通，中国与中亚、西亚和欧洲经济文化往来增多，尤其是随着张骞凿空西域，西汉王朝与中亚地区的往来开始增多，丝绸作为中国文化交流的符号，通过丝绸之路，一路向西传到西方的罗马帝国。东汉时任西域都护的班超，曾派遣甘英出使罗马(大秦)，从此，中国与罗马开始有了贸易间的相互往来。

唐朝时，中国文化呈现出空前的繁荣，在世界上，大唐帝国文化的影响力空前提升，就整个亚洲而言，中国成为亚洲的文化中心，大唐的首都长安成为世界文明的一个中心。中国文化此时期深深影响着亚洲各国，大量日本遣唐使、留学生等来华，再加上僧侣、商人、外交官以及留日华侨子弟，成为中国文化传入日本的重要媒介和载体。从此中国的文字、文学、史学、政治制度、艺术、宗教、哲学、工艺科技等先后传到日本，日本文化深受中国文化的影响，至今仍能找到印迹，朝鲜也是如此。东南亚的越南、柬埔寨、泰国等国家，在历史上都比较早地与中国建立了友好往来关系。中国文化不同程度地传播到这些国家和地区，影响着这些国家的文化类型。中国的语言、文字、艺术、哲学、瓷器、铜器、丝绸先后传入这些国家和地区，尤其是中国的儒家文化传到了东亚各国和东南亚各国，成为亚洲各国共享的文化价值，以至于形成了以中国为中心的东亚文明圈。

唐永徽二年(651年)，中国与大食建立往来关系，大量的波斯商人和大食国商人纷纷来到中国，在给中国带来他们国家文化的同时，也将中国的文化带入他们国家。尤其是中国的四大发明，这是古代中国对人类文明的一大贡献，是古代中国科技文化的高峰，四大发明通过大食人为载体，不断传入西方国家。历经唐宋的百余年，中国文化通过丝绸之路，源源不断地传入西方国家。及至明初，郑和率领中国庞大的船队七下西洋，遍访东南亚各国和地区，最远到达今天的非洲。郑和出使西洋，对中国文化在世界各国的传播起到了一定的作用。

二、明末清初中外文化的交流与互鉴

中国文化与外来文化的交流经历了汉唐时期的高峰后，曾一度趋于低潮。及至明末清初，中外文化交流又进入一个新阶段。从16世纪中叶开始，到1840年，这一阶段可以视为中外文化的第二次交汇阶段，中国文化持续传入东西方各国，西方现代文化开始传入中国，并开始对中国社会发展和社会转型产生了一定的影响。

（一）明末清初西方文化的传入

明清两朝，一度实行海禁政策，但是东西方经济文化交流不绝如缕，东西方文化交流的步伐也没有停止。随着明清两朝实施的闭关锁国政策，明朝自郑和率领船队七下西洋以后，大规模的中外交流活动销声匿迹了，而西方传教士在此期成为西方文化传入中国的一个主要载体。明清以来，有不少西方传教士来华传教，他们最早在明朝万历年间经澳门进入中国。据统计，从1582年利玛窦来华至1773年的近两个世纪里，耶稣会传教士先后来华约有500人，其中有葡萄牙、西班牙、意大利、比利时、法国、德国等国的传教士，著名的有利玛窦、

汤若望、南怀仁等。他们在传教的同时，带来了大量的西方现代科技，使西方文化在中国的传播进入一个新阶段。

明朝中期来华传教士利玛窦就是其中的代表。利玛窦(1552—1610年)，天主教耶稣会意大利籍神父、传教士。明神宗万历十一年（1583年)，利玛窦肩负传教使命来到中国。利玛窦在华传教是以东南沿海为起点，为了使天主教在中国能吸引信众，他主动迎合中国人的传统价值观和生活习惯，积极努力学习中国文化。为了赢得中国官员和老百姓的认可与接纳，从1594年利玛窦开始蓄发留须，穿起了当时中国儒士的服饰，并且取汉名，说汉语，行儒家礼仪，俨然成为了一个中国化的外国传教士。利玛窦留居中国 28 年，并最终病逝于中国。利玛窦毕生以传教为使命，他是天主教在中国传教的开拓者之一，为国人较早地打开了一扇了解世界的窗口。

在传教之外，利玛窦主动结交中国上层官员和士绅，还将西方的鸣钟、地球仪、西洋琴、天球仪、放大镜、罗盘、望远镜等带到中国，让传统的中国上层人士开始接触到西方现代文明。他和徐光启合译了《几何原本》(前六卷)一书，将古希腊数学家欧几里得的平面几何学介绍给了当时的中国人。利玛窦还带来了《坤舆万国全图》，将地圆概念引入中国，冲击了中国传统的天圆地方观念。同时《坤舆万国全图》绘制的世界地图，描绘了一个万国同在一个地球的世界格局，对于中国人传统的宇宙观造成了冲击。利玛窦对中西文化交流作出了重要的贡献。

明清之际比较著名的来华传教士还有意大利的龙华民、熊三拔、罗雅谷，葡萄牙的阳玛诺，德国的汤若望，法国的金尼阁，瑞士的邓玉函等，其中明末清初来华的德国传教士汤若望较为有名。汤若望，是他来中国后取的中国名字，并取字道末，意在本土适应中有利于传教。汤若望在中国生活长达 40 年，是继利玛窦后西方来华最重要的传教士之一。汤若望知识渊博，才能出众，积极适应中国文化传统，寻找中西文化的共同点，在中西文化交流史上是一位重要的代表人物。他在中国传教期间，将西方的天文数理等书籍列好名录，献给当时的朝廷，促进了西方现代科技理论在中国的传播。在华传教期间，他将伽利略等人的天文学学说传入中国，并撰写了介绍伽利略望远镜的著作《远镜说》。汤若望自 1630 年起供职于钦天监，历经明清两朝。他精通西方天文历法，译著历书，制作天文仪器，倡导新历。汤若望还著有铸炮等方面的著作，如《火攻揭要》《神威图说》，是详细介绍西洋制炮技术和炮战技术的书籍。汤若望一生以传教为职业，使西方天主教在中国有所传播，也对西方现代文化传入中国作出了贡献。

总之，明清之际西方来华的传教士，他们来到中国，努力顺应当地习俗和文化传统，推行学术传教方针，同时把西方文化，尤其是文艺复兴时期的科技成就传入中国。除了以上两位传教士之外，其他传教士在物理学与机械工程学传入中国中也作出了贡献，如邓玉函所著的《奇器图说》。西方传教士在绘画艺术上，也为中国传统绘画艺术带来了新的艺术种类，增添了新的元素和艺术风格，他们融合中西绘画艺术于一体，创造出一种新的绘画风格，为中国传统绘画艺术增加了新的色彩。当然西方传教士东来的主要目的是传播基督教，但其客观上给当时的中国带来了西方现代文明。

（二）明末清初中国文化走向世界

这一时期，除了中国的丝绸和瓷器等物品持续不断传入西方，其他方面的文化也开始传入欧洲，如中国的绘画、建筑、园林和文学艺术等。在艺术方面，中国的园林艺术于 18 世纪初在欧洲掀起了一股园林中国热潮，中国式园林在欧洲一些国家相继出现，这也是中国文化传入欧洲的体现。中国古典文学在 17 世纪传入欧洲，其中以小说、诗歌、戏曲等为代表。中国文学传入欧洲，深受欧洲读者的欢迎，并对中国文学给予了高度的评价。如黑格尔就非常喜欢中国诗词，在他看来，"中国诗词可以比较欧罗巴文学里最好的杰作"。德国诗人歌德对中国古代小说赞赏有加，他曾说道："当中国人已拥有小说的时候，我们的祖先还在树林里生活呢！"

中国哲学思想以来华的传教士为载体传入西方，他们翻译中国传统典籍，将中国哲学思想传入欧洲，是欧洲人了解中国的重要文献资料，并在欧洲开始出现专门从事中国儒家思想的学问，是欧洲东方学的一个重要组成部分。18世纪欧洲启蒙运动兴起，启蒙运动的一些倡导者，都曾对中国哲学思想情有独钟，著名启蒙思想家伏尔泰、卢梭、孟德斯鸠、狄德罗等，都曾阅读过有关中国古代哲学思想的书籍，并受到中国哲学思想的影响。伏尔泰非常推崇中国儒家创始人孔子，赞赏中国文化，认为中国人智力发达，爱好艺术，文明程度高，他感叹道："我们不能像中国人一样，真是大不幸。"总之，在这一时期，中国文化依然不断走向世界，对西方文化产生着一定的影响。

三、明清时期中西文明交往中的礼仪之争

明清时期，尽管有利玛窦等西方传教士的不懈努力，但是西方文化在中国的传播还是有限的，从16世纪末到19世纪中叶，明末清初，在这沉重的300年间，中国文化被世界现代化浪潮无情地甩到了后头。中国统治者对待西方文化的态度主流是故步自封、禁海锁国。中国社会自上而下对西方文化的接受度是有限的，尽管西方文化还是个别的传入，但是统治阶级仍沉湎于天朝上国的美梦，认为中国文化是世界上最文明的、最优秀的，所以对西方外来文明的那种排斥态度是明显的。这也是整个明末清初，西方文化在中国没有得到广泛传播的一个深层原因。

东西文化的交流是历史发展中的常态，通过丝绸之路的东西文化交流通道，中国传统文化传到了西方，而西方文化也传入了中国。在东西文化交往的历史长河中，相互间的文化借鉴和学习始终是主流，其间也存在着交流中不可避免的文化冲突，尤其是西方文化在中国传

播中曾经发生过所谓的"礼仪之争"现象，其实就是两种文化在相互接触碰撞中出现的文化冲突。这种礼仪之争，在明清时期曾经有过几次历史事件，其中清朝乾隆时期的马嘎尔尼使团访华中的礼仪之争尤为典型。

18 世纪末期正值清朝乾隆时期，此时大清王朝尚处于康乾盛世，而西方的英国经历了工业革命。随着机器大工业带来的劳动生产率的提高，英国迫切需要开辟新市场和原料场地。为了开拓中国市场，英国政府在 1793 年派出马嘎尔尼带领的使团访华，企图与清政府谈判，打开英国商品进入中国的门户。马嘎尔尼使团到达北京觐见乾隆皇帝时，发生了外交礼节上的礼仪之争。马嘎尔尼使团与中国官员举行了谈判，由于各种原因导致谈判失败，马嘎尔尼使团无功而返。马嘎尔尼使团访华是中华文化交流史上的一件大事，也是中西文化交流史上的一次重要的文化冲突，其间发生的礼仪之争，实际上就是中西文化在价值观上的一次激烈碰撞与冲突。1840 年，英国政府以中国虎门销烟为借口，悍然对中国发动了第一次鸦片战争。在英帝国船坚利炮的军事优势下，中国无力抵抗并被迫签订协议，允许在一些地方设立通商口岸，西方文化借此源源不断进入中国，也促使了早期中国有识之士开始放眼看世界。

第二节　中国传统文化的现代转型

从清中叶开始，传统中国社会开始向现代转型，它涉及政治、军事、经济、教育、思想、文化等各个层面，是一场天翻地覆的历史巨变，可谓"千年未有之变局"。这场历史巨变开启了中国社会大转型的历程，将中国一步步从传统中剥离出来，开始走向现代化的全新时代，中国传统文化在这场大转型过程中必将发生重大的变化，并不断实现自身的现代转型。

一、中国传统文化现代转型的历史演进

文化变迁是任何一种文化生存与发展的常态，然而文化作为一个整体，其内部组成文化整体的各要素的变迁并不是同步的。一般来说，文化变迁最先是从物质文化开始，然后是制度文化，精神文化则具有相对的稳定性。中国传统文化的变迁亦是如此，自 1840 年以来的中国近代史，中国传统文化自觉走上了现代转型的道路。当然中国传统文化现代之路的开启不是内生型的，而是外部压力和刺激的产物，这导致其对西方现代性的接纳必然经历一个循序渐进的过程。中国传统文化的现代转型，也经历了不同的发展阶段，并呈现在不同的文化层面。

（一）早期中国传统知识分子向西方学习

1840 年爆发的鸦片战争，最终以清政府签订丧权辱国的《南京条约》告终，这对当时的中国人无疑产生了巨大的震荡。一方面，在强势的现代军事技术面前，中国已完全失去了战争的优势；另一方面，在西方现代文明的刺激下，中国个别有识之士开始走出狭隘的封闭牢笼，开始放眼看世界，主动向西方学习。林则徐、魏源就是中国人最早睁眼看世界的代表。

清朝初期，中国与英国的对外贸易中，英国一直处于贸易逆差。为了扭转对外贸易的逆差现状，英国在中国开始走私鸦片，以谋求暴利，这一方面造成了中国白银的大量外流，另一方面也给中国的老百姓造成了深重的灾难。从维护国家自身利益的角度，当时清朝的道光皇帝下定决心禁烟，1838 年湖广总督林则徐受命为钦差大臣赴广州禁烟。林则徐（1785—1850 年）是清朝著名的政治家，1839 年林则徐在广州虎门将收缴的英国鸦片全部销毁，这也成为英国人发动鸦片战争的导火索。鸦片战争中，林则徐目睹了英国现代军事技术的优势，深刻认识到中国人对西方世界的知识缺乏，他急于改变"沿海文武大员并不谙诸夷情，震于英吉利之名，而实不知来历"的状况，于是开始

有意识、有目的地收集外文报刊、书籍进行翻译，以求获得有价值的
情报，增进朝廷官员和国人对西方的了解。

林则徐明白只有了解西方，看到西方的军事优势，主动学习西方，
增强本国军事实力，才能抵御西方列强的侵略。他提出要学习西方军
事技术和制炮造船的主张，并亲自组织翻译外国书刊，把外国人讲述
中国的言论翻译成《华事夷言》一书，作为当时中国官员了解世界的参
考资料；为了了解西方的军事、政治等情报，他又将英商主办的《广州
周报》译成《澳门新闻报》；为了了解西方的地理、历史，他还组织翻译
了英国人慕瑞的《世界地理大全》。作为一个封建时代的旧知识分子，
林则徐顺应时势，自觉向西方学习，无疑是最先从封建的闭关自守的
昏睡状态中觉醒，以全新的态度睁眼看世界的第一人。

同时代的魏源（1794—1857年）亦是中国近代启蒙思想家。鸦片
战争的失败，触动着知识分子魏源的忧国忧民之心，他开始对中国闭
关锁国导致落后于西方的局势进行深刻的反思，他首次提出“师夷长
技以制夷”的口号，主张中国要走出封闭的牢笼，要了解世界，仿造
英国的坚船利炮，以求强国御侮，振兴国家。为此他花费数年收集和
整理介绍外部世界的资料，1842年整理出了《海国图志》一书，书中辑
录了当时关于西方各国历史和现状的中文资料。《海国图志》一书资料翔
实，内容丰富，记述了世界各国的地理、历史、经济、政治、军事和
科学技术等情况，并附有世界地图、各大洲地图和分国地图等，此书
成为早期中国人了解西方的重要参考资料。

如果说，林则徐和魏源的向西方学习，更多停留在思想启蒙的层
面，第二次鸦片战争以后，在清朝统治者集团内部以曾国藩、李鸿章、
左宗棠、张之洞等人为代表的洋务派，则将向西方学习的理念直接大
规模地落地于实践。从19世纪60年代到90年代的30多年中，他们
在中国发起了一场具有深远影响的洋务运动，目的是引进西方先进的
军事生产技术和科学技术为我所用，主张兴“西学”、提倡“洋务”、

办军工厂、生产新式武器、建立新式军队，以达到"自强"的目的，自强和求富是洋务运动的根本指导思想。

洋务运动的开展，中央有恭亲王奕䜣等人支持，地方有李鸿章、张之洞、曾国藩、左宗棠、沈葆桢、刘坤一等人积极推动。他们引进西方先进科技，创办了一批近代军事工业。如在李鸿章等人的主持和推动下，江南制造总局、金陵制造局、福州船政局、天津机器局等一批近代军事工业得以建成，还创办了天津北洋水师学堂、广州鱼雷学堂等一批军事学校，专门用来培养现代军事人才。1888年，清政府委派李鸿章创建了北洋水师，这是中国近代以来创建的现代化海军，洋务运动无疑对于推动中国现代军事工业作出了重要贡献。

洋务派还兴办了一批民用工业，如中国近代矿业、电报业、邮政、铁路、近代纺织业、造纸业、发电厂等相继问世。近代中国民用工业的出现，奠定了中国近代工业化的基石。中日甲午战争的失败，洋务运动最终并未达到强国御敌的初衷，却有力地推动了中国现代化的进程，促动了中国传统文化的现代转型。

（二）清朝中后期维新运动至辛亥革命以来中国制度文化的变迁

清朝中后期，中国有识之士在放眼看世界中，不断推进向西方学习的层次，主张在政治和经济制度等层面以西方为师，尝试进行必要的制度改良，如薛福成、马建忠、王韬、容闳、郑观应、何启等都持此观点。思想家严复更是著书立说，翻译西方著作，介绍西方文化，启蒙大众，并提出了一些改革措施，直接冲击着中国古老的文化传统。甲午战争的失败，深深刺痛着中国人的心灵，他们认识到要实现富国强兵，不仅要学习西方现代科学技术，更要学习西方现代政治制度，要发展近代工业，就要有近代经济制度及其与之相适应的政治制度。于是当时一些进步的思想家主张学习西方的政治制度，从制度层面变革中国的文化结构。他们认为只有改变陈旧保守的政治体制，才能使中国真正走上富强的道路。这种变革在晚清之际有两种存在类型：

一种是托古改制的维新改良运动，另一种是以西方革命思想为武器发动的资产阶级革命。

康有为（1858—1927 年）是清末维新运动的倡导者，他直接推动了维新变法。康有为受业于中国传统私塾教育，却较早学习并接受西方现代知识，他较早使用西方的"电气"和"星云"等概念来解释中国的"元气"。1891 年，为了推动变法运动，康有为写出了《新学伪经考》《孔子改考制》两部著作。康有为著书立说，不在于学术研究，而是以考据学为方法论，批判古文经学为"伪学"，批判封建专制主义，试图通过对中国文化传统的重新阐释，借助阐发孔子托古改制的思想，为变法维新寻求历史根据。康有为和他的弟子梁启超，以及谭嗣同等有识之士积极主张和推动变法维新，并得到了光绪皇帝的支持。戊戌变法从 1898 年 6 月 11 日开始实施，变法的内容涉及封建专制体制，如改革政府机构，裁撤冗官，任用维新派人士；鼓励私人兴办工矿企业；开办新式学堂吸引人才，翻译西方书籍，传播新思想；科举考试废除八股文，撤销多余的衙门和无用的官职。维新派提出了一系列具体的革新主张和措施，通过模仿英国的君主立宪制度，对中国传统政治制度予以了改良，但改革因为触动了封建旧贵族的利益，遭到了以慈禧太后为首的守旧派的抵制与反对。守旧派于 1898 年 9 月 21 日发动了戊戌政变，光绪皇帝遭囚禁，戊戌六君子被杀害，变法最终以失败告终。

维新变法运动的失败，彻底使中国资产阶级改良派企图以和平变法实现富国强兵的幻想破灭。1901 年《辛丑条约》的签订，标志着中国彻底沦为半殖民地半封建社会，这也促动着中国资产阶级救亡图存的奋斗决心。以孙中山为首的中国资产阶级开始登上中国的历史舞台，他们以西方资产阶级革命为参照，掀起了武力反抗清朝封建统治的资产阶级革命。19 世纪 80 年代，孙中山开始领导并发动推翻清王朝的资产阶级革命，他们成立革命社团，宣传革命思想，动员人民群众，发动武装革命，最终在 1911 年的辛亥革命中，推翻了几千年的封建专制统治，建立了中华民国南京临时政府，但是胜利的果实很快就被袁世凯窃取。辛亥革命在中国历史上意义重大，它彻底结束了封建君主专制在中国的延续，宣传了民主共和的理念，推动了中国人思想观念的解放，是中国传统文化在制度层面变迁的体现。

（三）新文化运动拉开了中国文化思想观念层面的变迁

20 世纪初期，资产阶级革命取得了胜利，但是反帝反封建的革命任务仍未完成，尤其在思想领域内，军阀势力积极推行尊孔复古的逆流，对民主共和观念形成挑战。为了让民主共和思想观念深入人心，彻底消除封建思想意识和观念对中国人的影响，由胡适、陈独秀、鲁迅、钱玄同、李大钊等人发起了一场新文化运动。新文化运动是一场"反传统、反孔教、反文言"的文化运动。这场运动起始于 1915 年陈独秀创办《新青年》杂志，他们以《新青年》杂志为思想阵地，撰写文章，提倡民主与科学，反对专制愚昧和迷信，提倡新道德，反对旧道德，提倡新文学，反对旧文学，破旧立新，开启民智，启蒙大众。新文化运动提出"打倒孔家店"的口号，将斗争矛头直指封建礼教，以消除封建纲常伦理对国人的影响，启发人们的民主自觉，推动现代科学在中国的发展，尤其对于中国传统文化在思想层面的现代转型起到了积极的推动作用。从这个意义上说，新文化运动是一场重要的思想启蒙运动，为马克思主义在中国的传播奠定了一定的思想基础，尤其是俄国十月革命后，有些新文化运动的倡导者将眼光从西方转向俄国，开始主动在中国宣传马克思主义。当然也应该看到，个别新文化的倡导者，在对待中国传统文化上存在着非理性的态度，这也是应该予以指出的。当代著名学者李泽厚在《中国现代思想史论》中指出："这在中国数千年的文化史上是划时代的。如此激烈否定传统、追求全盘西化，在近代世界史上也是极少见的。"

（四）马克思传入中国

"五四运动"之后，马克思主义在中国迅速传播开来，尤其是俄国十月革命的胜利，正如毛泽东所说："十月革命一声炮响，给我们送来了马克思列宁主义。"一批早期接受了马克思主义的中国人，开始积极投身到对马克思主义的传播实践，推动了马克思主义在中国的广泛传播。一时间一批早期研究马克思主义的团体不断出现，如 1919 年毛泽东等人组织的"新民学会"，李大钊组织的"少年中国学会"等，这些团体对社会主义和马克思主义主动开展讨论和学习。同时国内宣传马克思主义的刊物也不断出现，据不完全统计，1920 年一年的时间里，宣传马克思主义的刊物达 200 多种。与此同时，研究马克思主义的文章和著作开始增多，1919—1921 年，仅《新青年》刊载的有关马克思主义的论文就有 137 篇。1920 年 8 月，由陈望道翻译，陈独秀等校对的《共产党宣言》出版。这些著作宣传了当时社会上的先进思想，国内一批进步青年受此影响，成为中国早期的马克思主义者。

为了更好地传播马克思主义，更好地实现中国大众的思想启蒙，早期马克思主义者开展了三次思想论战。第一次是李大钊、陈独秀等与胡适展开的"问题与主义"的论战，第二次是陈独秀、李大钊等与张东荪、梁启超展开的"社会主义"的论战，第三次是陈独秀、李达等与黄凌霜的"无政府主义"的论战。通过三次思想论战，马克思主义在中国得到了更为广泛的传播。1921 年中国共产党成立，其以马克思主义为革命指导思想，在与中国革命实际相结合中，不断推动马克思主义的中国化，并领导中国人民最终取得了新民主主义革命的胜利。

二、五四运动以来的中西文化争论

五四运动是中国文化史上的一个分水岭，新文化以浩荡之势成为中国文化发展的大势，但是新文化蔚然成风的同时，新旧文化之争依然持续存在，当时的《新青年》《新潮》《东方杂志》《国故》等杂志代表着不同的思想倾向，成为中西新旧文化之争的主阵地。这些争论的实质是如何看待传统文化和西方文化，如理处理好传统文化和现代文化、中国文化与西方文化的关系，如何创建适应世界文化发展形势的中国新文化，体现了五四运动以来中国文化在现代转型中的思想困境与探索实践。

（一）东方文化派

东方文化派是 1923 年邓中夏在《中国现在的思想界》一文中提出的概念，其将梁启超、梁漱溟、章士钊、张君劢、张东荪等人统称为"东方文化派"，目的是与当时的新文化派予以区别，这一学派的主要学术著作有梁启超的《欧游心影录》与梁漱溟的《东西文化及其哲学》等。这一派别的一大特点在于，他们并不排斥西方文化，但强调要理性地看待西方文化，并对西方现代性予以必要的文化反思，他们认为要以东方文明对陷于现代性困境的西方文明进行批判，要认识到中国文化所具有的现代价值，最终实现中西文化间的价值互补。梁启超在《欧游心影录》中就指出："拿西洋的文明来扩充我的文明，又拿我的文明去补助西洋的文明，将他化合起来成为一种新文明。"东方文化派认为中国文化有其优越性和存在价值，中国文化的发展和未来走向，不是全盘西化，只是对西方文化在用的层面进行有限借用，以重建中国文化的本位。

（二）全盘西化派

五四运动以来，全盘西化派是中国国内的一股重要思潮，其代表人物有胡适、吴稚晖、张东荪、陈序经等人。这一派别的主要观点是：中国文化未来发展的前途，必然是全面抛弃中国传统文化，全盘接受所谓先进的西方现代文化。胡适在 1926 年 6 月发表的《我们对于西洋近代文明的态度》一文中，极力鼓吹全盘西化，指出了东方文化的缺陷与不足，列举了西方文化的诸多优点。通过优缺点的对比，胡适认为，西洋现代文明能够满足人类心灵上的要求，这是东方文明所不能及的。

陈序经也极力主张全盘西化观点，在《中国文化出路》一书中，他认为，中国文化的未来发展走复古的道路是行不通的，必须全盘接受西化，并认为这是中国文化发展的唯一方向，因为西方文化是现代文化，代表着人类文化发展的未来走向。中国文化未来发展之路只能是全盘西化。持这一观点者，都秉持一个传统与现代、进步与落后的二元对立观念，只是片面地看到了西方现代文明在认识世界和改造世界中的优势，却不能站在文化相对观的立场，观照中国传统文化在人文层面的价值，他们将西方现代文化视为进步的、中国文化则是落后的，这是一种典型的文化虚无主义，否认中国文化的存在价值，这一观点不免过于极端，在实践中不利于中国文化的健康发展。

（三）古今文化结合派

这一派别的观点相对比较折中，其代表人物有李大钊、陈独秀、瞿秋白、郭沫若等，他们基本都是一些早期的马克思主义者。他们既反对全盘西化，也反对文化复古派，主张东西文化结合，才是中国文化未来健康发展之道。如郭沫若在《论中德文化》中讲道："我们既赞扬了希腊文明，同时又不能忘情于我国的传统。"中国文化的发展必然要："唤醒我们固有的文化精神，而吮吸欧西的纯粹科学的甘乳。"

三、中国传统文化现代转型中文化争锋的焦点

近代以来，中国传统文化的现代转型是时代发展的趋势，也是中国社会转型的一个侧面。中国人向西方学习过程中，经历了"科技—政治—文化"三个阶段，围绕着中国文化的变与不变，以西方文化与中国文化的关系为焦点，自林则徐和魏源提出放眼看世界和向西方学习的主张以来，一直围绕着这一焦点争论不休，大致出现了"中体西用说""西体西用说""西体中用说""中道西器说""中体中用说""中西互体互用说"等几种观点，其中交织着"古今之争"和"东西之争"两个争论的维度。

（一）"中体西用说"

整个 19 世纪中后期，清王朝内部以洋务派为代表的士大夫官僚群体持这一观点，其观点的提出者为张之洞。他提出了"中学为体、西学为用"主张。其中"体"就是文化的根本或核心，"用"就是具体的措施。所谓"中学为体"就是要维护儒家学说在中国文化中的核心地位，"西学为用"就是将西方现代科学技术只停留在为我所用的层面。这是对中西文化的基本态度，作为中国封建官僚阶层的"洋务派"，他们不像顽固派那样将西学视为"奇技淫巧"，对西学一概拒之，他们对西方文明是有限度的接受，这种接受更多是基于自身发展需要的一种被动选择，且前提是"中学为体"。他们学习西方文化不是让其在中国占据文化主导地位，只是对其进行有效利用以确保中国文化的中心位置。从冯桂芬提出的"以中国之伦常名教为原本，辅以诸国富强之术"，到薛福成提出的"今诚取西人器数之学，以卫吾尧、舜、禹、汤、文、武、周、孔之道"，可以看出，在中国传统知识分子的观念中，中西文化的体用角色非常明确，中学是维护中国自身生存的"本"或"道"，而西学只是为我所用的"器"。同时他们在对西方器物文化的借用中，坚决排斥西方社会政治思想，维护中国传统的纲常伦理，如王韬所说："盖万世不变者，孔子之道也。"郑观应亦认为："道为本，器为末；器可变，道不可变……"这主要是基于维护中国封建主义传统伦理道德的目的。洋务运动是中国现代化的一个重大事件，洋务派以中体西用为基本原则来处理中西文化交流的关系。

（二）"西体西用说"

这一观点又称为"全盘西化派"，代表人物有陈序经、胡适等人，与"中体西用"说法相反，这一派别最大的特点就是对于中西文化的态度上属于典型的厚西薄中，全面虚无中国文化，认为中国文化的本位应以西学为主，对西方文化的使用可以使中国走上富强之路。

（三）"西体中用说"

这一观点最早是 20 世纪 30 年代熊梦飞在《谈"中国本位文化建设"之闲天》中提出的，20 世纪 80 年代中国当代哲学家李泽厚在《漫说"中体西用"》一文中重新作出阐释。李泽厚通过对"中体西用说"和"西体西用说"两种观点的对比、分析、反思与批判，认为两者各有其片面性，唯有"西体中用说"才是全面合理的。所谓的"西体"就是现代化，就是马克思主义，它是社会存在的本体和本体意识。他们虽然来自西方，但是代表全人类和整个世界发展的共同方向。所谓的中用，就是说这个由马克思主义指导的现代化进程必须通过和中国的实际结合才能真正地实现。

（四）"中国本位的中西互为体用说"

这一观点是当代中国哲学家傅伟勋提出的，傅伟勋既是一位西方自由主义者，又是一位推崇中国佛学的文化保守主义者，在他看来，中西文化各有利弊，对其价值必须要相对地来看待，不能厚此薄彼。他所主张的"中国本位的中西互为体用说"，就是要打破在中西文化间的"体"与"用"的价值界定，只要是能有益于发展和进步并能为我所用，可将"体"与"用"的界限完全打破，以此建立合乎我们国情以及实际的具有独特风格的现代式本土文化，使文化传统的独特性与普遍性间构成一种辩证的融通关系，独特性如果能被他者所欣赏，就可将其上升至普遍性；普遍性只有通过特定文化予以现代化，才能显示出其文化深意和价值。总之，这一观念观照了中国传统文化的独特性，并以开放的胸襟对待西方文化。

四、现代新儒学的兴起

（一）现代新儒学的发生

儒家学说一直处于不断的发展变化之中，所谓新儒学只是一种相对理解，因为儒家学说在历史上经历了不同发展阶段，每个阶段都可以称之为"新儒学"，这里的新儒学指近现代以来儒学在中国的新发展阶段。近现代新儒学始于 20 世纪 20 年代，其以国学大师梁漱溟《东西文化及其哲学》的发表为渊源，到 40 年代贺麟发表《儒家思想的新开展》一文正式提出"新儒学思想"这一概念。"新儒学思想"是指现代新儒学，即儒学第三期。

(二) 现代新儒学的历史发展阶段

1. 产生阶段

20 世纪 20—40 年代是新儒学产生与形成的时期，代表人物为梁漱溟、熊十力、冯友兰、贺麟等。梁漱溟作为东方主义学派的代表人物，在新文化运动健将一派打倒孔家店的呼声中，用一种更加理性的态度重新审视中国儒家文化，并高举儒家旗帜来倡导捍卫儒学的存在价值，反对虚无中国传统文化的西化主张。他通过对美国文化、印度文化和中国文化三种文化的对比分析，得出每种文化的价值只存在于其所存在的特定群体中，不能简单地以某一种文化为标准作价值判断。他欣赏儒教的生命哲学和人生智慧，在他看来这是西方现代性的一大缺失，中国的儒家文化尤其是宋明陆王心学可以为弥补西方现代性危机提供一种普世价值，他预测世界未来的文化必将是中国文化的复兴。

梁漱溟重新评估了中国儒家文化的价值，提出了东方精神文化胜于西方物质文明的著名论调，无可厚非地成为现代新儒学的先驱者。此期对新儒学有实质性贡献的人是著名哲学家熊十力，他致力于儒学本体论的阐释，继承宋明理学中陆王心学援佛入儒的传统，以儒学为基础，兼采佛学，重新阐发了儒家精神，提出"体用不二"的理论，给传统的陆王心学注入了新的活力。

此外还有张君劢，他认为所谓的科学精神不是万能的，尤其不能解决人生的所有问题，宋明理学的一些关注人的心性的哲学，在对人的人文关怀中更具优势。此阶段的新儒学较为强调儒学的价值，在中西文化比较中常有将二者对立起来的嫌疑。

2. 发展与传播阶段

主要是在 20 世纪 50—60 年代，代表人物主要以港台和海外学者为主，如唐君毅（1909—1978 年）、牟宗三（1909—1995 年）、徐复观（1903—1982 年）、钱穆（1895—1990 年）等。这一阶段新儒学的特点是：对儒学的现代价值重新进行阐释，从传统儒学中寻找现代科学和民主的特质，他们通过援西学入儒，以儒学化西学，给予儒学以现代诠释，使儒学重焕光彩。

1958 年，唐君毅、牟宗三、徐复观、张君劢等四教授联合发表的《为中国文化敬告世界人士宣言——我们对中国学术研究及中国文化与世界文化传统之共同认识》一文，集中表达了此阶段新儒学的观点和主张。他们也指出中西文化间各有自身的优势与不足，"但是毕竟西方文化之本身，是否即足够领导人类之文化？除东方人向西方文化学习以外，西方人是否亦有须向东方文化学习之处？或我们期望西方人应向东方文化学习者是什么？由此东西文化之互相学异互相学习，我们所期待于世界学术思想之前途又是什么？这是一个大问题"。他们认为中国文化中缺乏西方现代意义上的民主和科学，但其本身也能发展出科学和民主。中国传统文化有其缺失，也有其明显的优势。中西文化的关系不是谁单向地去影响谁，而应该相互借鉴、相互学习、相互促进。

3. 反省和总结阶段

主要是在 20 世纪七八十年代至今。此阶段新儒学的主阵地依然在海外和中国香港、台湾地区，儒学在国际上具有了一定的影响，其以杜维明、刘述先、余英时、蔡仁厚等为主要代表人物，代表作有杜维明的《儒学第三期发展前景问题》和《东亚现代性中的儒家传统》、刘述先的《当代新儒家探索》、余英时的《现代儒学论》等。此阶段的特点是：他们已放弃梁漱溟、熊十力等前辈对中国儒家文化偏爱的态度，力图克服前辈们的缺陷，以更加理性和开放的态度来审视中国儒学，在对中国新儒学的推介中，以西学解释儒学，使儒学适应现代发展的需要，最终实现传统儒学的创造性转化，彰显中国儒学在现代社会中的人文价值。

(三) 现代新儒学的几个核心观点

现代"新儒学"的出现是中国儒学在现代发展的新阶段，其之所以"新"，被称为"新儒学"，与现代新儒学所体现的新特征不无关系。李泽厚这样概括道："在辛亥、五四以来的二十世纪的中国现实和学术土壤上，强调继续发扬孔孟程朱陆王，以之为中国哲学或中国哲学的精神，并以它为主体来吸收、接受和改造西方近代思想（如'民主'、'科学'）和西方哲学（如格森、罗素、康德、怀特海等人）以寻求当代中国社会政治、文化等方面的现实出路。"现代新儒学的核心观点如下。

1. 返本开新

这是新儒家的一个重要观点，集中诠释了传统与现代间的辩证关系。这一观点是 20 世纪 50 年代现代新儒家学者对儒家文化现代价值的新认识，也是他们提出"新内圣开出新外王"（民主与科学）的观点的基础。所谓的"本"就是传统儒学，"新"则是现代民主、科学。在他们看来，现代民主科学并非是西方现代文明的独创，中国传统儒家中也包含着现代民主科学的因素，中国在走向现代民主社会的进程中，不能只是机械地移植西方现代民主科学，而是要回归到中国传统文化本位，即返本开新。通过对传统儒家予以新的阐释，使得中国传统儒家所蕴含的现代民主科学的基因得以发挥出来，即"开新"必须以"返本"为前提，不开新就不能返本。

2. 新内圣开新外王

传统儒家主张内圣外王，这是传统儒家的一种人生追求，即一个人只有内在具有圣人之品质，才能走向社会治国平天下。现代新儒学与宋明理学同为一个新字，在于其自觉地以内圣之学为主导，是在对儒家传统继承基础上的现代创新。因此，现代新儒家继承了传统儒家的内圣思想，站在儒家传统的立场，主动吸收西方现代文明，并将其予以新的思想内涵，形成了其所说的"新内圣开新外王"，也就是在讨论"学统"和"政统"的关系，即从"学统"开出"政统"。

3. 开三统

这是牟宗三 1959 年在《道德的理性主义》一文中提出的一个观点，目的在于探讨中国传统文化如何现代化转型的问题。所谓"三统说"，指道统之肯定、学统之开出、政统之继续等三统并建系统。牟宗三的开三统思想主要体现在他的《道德的理想主义》《历史哲学》《政道与治道》等"新外王三书"中是在讲如何由"道统"开出"政统"和"学统"，这也是中国传统儒家"内圣外王"学说的延伸与再创造。牟宗三这样解释："一、道统之肯定，此即肯定道德宗教之价值，护住孔孟所开辟之人生宇宙之本源。二、学统之开出，此即转出知性主体以融纳希腊传统，开出学术之独立性。三、政统之继续，此即由认识政体之发展而肯定民主政治为必然。"这里的民主政治就是"新外王"，其开出建立在道统之肯定、学统之开出的"新内圣"的基础上。

第三节 21 世纪中国文化的新走向

经历了一个多世纪的文化转型，中国文化当今正处于 21 世纪。21 世纪是中国文化发展的一个新时代，在这样一个时代境遇中，中国文化应该把握时代发展的机遇与挑战，继承中国文化近代以来以变求发展的做法，使新世纪中国文化与时代的发展相适应，在与时俱进中把握 21 世纪中国文化的发展走向。一种文明有没有生命力，关键在于它有没有适应新环境的能力。

一、21 世纪中国文化在全球化境遇中的新挑战

当今世界，全球化迅速席卷全球成为一种大势所趋，全球化浪潮

在给世界各民族带来机遇的同时，由于其同质一体的主导倾向也给世界多元文化格局造成了新的冲击，于是如何引导世界多元文化健康持续发展，是摆在我们面前具有挑战性的时代命题。中国文化历经千年，在走过了千年的文化适应的历史后，面对着全球化的大背景，如何在继承历史的基础上进行新时期的文化新适应，已成为中国文化发展所面临的一个新的挑战。这其实也是当前世界各国共同面临的问题。2011 年 2 月，作家冯骥才在东南大学人文大讲座上所做的报告《全球化时代的文化挑战与应对》中，敏锐地捕捉到了全球化时代的特质，站在人类命运共同体的角度指出了 21 世纪人类文化所面临的共同挑战。他这样讲道：

> 每一个时代，都有它时代性的文化问题、文化使命。这个文化使命不是自己确立的，而是被文化的困境逼出来的，是一个时代性的趋势、时代性的逼迫。何为时代性的困境？也就是说文化遇到了挑战。什么样的挑战呢？这就是全人类的文明正面临第二个重大的转型期，即从农耕文明向现代工业文明的转型。在原有的文明阶段，不管文化多灿烂，历史多悠久，很多文明都要消失，因为新的文明要确立。

这也就是说，文化转型是一个依旧存在的现实问题，尽管这样一种转型在中国已有一个多世纪的历史，但是文化转型始终在路上，并在不同阶段有着不同的任务，这是时代发展的需要，也是时代对中国文化提出的新挑战。21 世纪我们正处于全球化时代，全球化为我们提供了一个全新的充满机遇的时代，但是所带来的时代挑战，也无疑让中国文化重新走上了以转型求发展的新路途。

21 世纪是一个充满激烈竞争的时代，世界呈现出一幅千帆竞发、百舸争流的图景。对于世界各国来说，在后工业时代，文化不仅是一个国家软实力的见证，更是各国敏锐捕捉 21 世纪经济发展机遇的新焦点。21 世纪随着非物质经济时代的到来，文化的价值越来越受到重视，对于西方发达国家来说，从增强国家软实力、提升经济增长的角度，它们纷纷都已转变了传统的经济增长方式，重视文化中的经济价值，以挖掘本国文化资源，实现由文化资源向文化资本的转化，文化创意已成为时代发展的趋势。近年来，在中国的上海、北京、南京等一线城市文化创意产业迅速崛起，并取得了明显的经济效益，引领着创意经济时代中国经济发展的新趋向。我国"十三五"规划中就明确提出："拓展新兴产业增长空间，抢占未来经济增长的制高点，使战略性新兴产业增加值占国内生产总值比重达 15%。"追赶国际潮流，顺应时代发展需要，中国文化能否抓住机遇，在全球化时代充分彰显中国文化特色，在文化创意中打造中国经济增长的文化资本，这是值得深入思考的一个问题。

全球化对于世界各国文化发展提出了挑战，随着全球经济一体化，是否全球文化必然要走向一体化？西方国家依然秉持着西方文化优越论，认为所谓全球化就等于西化，西化就等于美国化，西方文化是普世的价值标准，世界多元文化的价值被忽略。全球化时代如果人类文化走向了一体化，多元文化消失，这不失为人类的一大灾难。全球化时代世界各国和各地区文化间的交流与交融程度有开始加快的趋势，但是人类文化的差异性必须得到尊重，这也对 21 世纪的中国文化提出了挑战，即能否在顺应全球化时代发展中，继续保持中国文化的独特性。全球化时代不是一个全球文化单一化的时代，而是一个逐渐尊重差异的时代。21 世纪的中国文化要经受得住全球化的时代考验，要有开放的心态和文化包容的胸襟。已故著名社会学家费孝通先生晚年提出的"文化自觉"概念，就是在深入思考全球化时代中国文化如何良性发展的问题。他站在一个全人类文化命运共同体的高度，提出了"各美其美，美人之美，美美与共，天下大同"的主张，这不仅描绘了一幅人类多元文明共生的和谐图景，更教会人类如何在全球化时代实现和谐共生。

2019 年第 9 期《求是》杂志发表了中共中央总书记、国家主席、中央军委主席习近平的重要文章《文明交流互鉴是推动人类文明进步和世界和平发展的重要动力》。文章指出，对待不同文明，我们需要比天空更宽阔的胸怀。我们应该从不同文明中寻求智慧、汲取营养，为人们提供精神支撑和心灵慰藉，携手解决人类共同面临的各种挑战。21 世纪的中国在中国共产党的领导下，经历了从站起来，到富起来，再到强起来的阶段，今天中国正致力于实现中华民族伟大复兴的中国梦。如果没有强大的文化软实力的建设，没有对中国文化风格和气派的保持，没有对中华文化强有力的认同和文化自信，中华民族伟大复兴的路途依然很长。

当前中国文化的发展存在着一些问题。由于一个多世纪以来的中国现代化，当今中国传统文化大面积消失，我们对传统文化保护和传承的意识还不够，中国传统文化的处境很艰难。更严重的是，人们的观念更多受西方意识形态的影响，传统与现代二元对立的思维模式，使得人们不能正确处理传统与现代的关系，认为现代是进步的、是文明的，而传统是落后的、是应该被淘汰的，甚至有"西方的技术比我们先进、西方的制度比我们好、西方的一切都比我们好"的错误观点。2007 年 12 月 14 日，中国青年报社会调查中心联合新浪网对 2563 名青年进行了网上调查。调查数据显示，59.2% 的青年认为自己周边大多数国人普遍有点崇洋媚外，35.1% 的青年认为"崇洋媚外的风气存在，但不普遍"；55.6% 的青年认为美国人是世界上最自信的人；76.5% 的青年认为，一个民族的自信心与其所属国家的经济实力有很大关系；在面对西方发达国家的公民时，作为中国人，48.7% 的青年感觉不自信。可以看出，我国青年中崇洋媚外和文化不自信现象是客观存在的。这种思维模式的存在，无异于是一种文化虚无主义，表面看是崇洋媚外，本质上是对中国文化的不自信。这种问题在当今中国是客观存在的，如何增强文化自信，如何正确看待中国文化的价值，这是经历了一个多世纪的中国现代化之后，我们亟待认真思考的一个现实问题。

习近平总书记讲道："历史和现实都表明，一个抛弃了或者背叛了自己历史文化的民族，不仅不可能发展起来，而且很可能上演一场历史悲剧。"21世纪中国文化的走向，必然会重新认识和发现中国传统文化的价值，当前我国正处于中华民族伟大复兴的征程中，实现这一伟大梦想，离不开中国文化所激发的精神力量，这就需要正确看待中国文化，要继承和发展好中国优秀传统文化，树立和增强中国文化的自信，增强中华文化认同感。

二、21世纪中国文化的新适应

面对21世纪带给中国文化的时代挑战，应主动培育起自身的应战机制。这里的应战机制可能有以下两种：一种是文化排斥，这是一种文化保守主义姿态；一种是文化拿来，这是一种开放的文化心态。一个民族应对挑战的良性应战机制，既不是关门主义，也不是全盘拿来，而是在文化拿来中坚持理性的态度，也就是在文化自觉的前提下的文化拿来。文化拿来是一种学习的姿态，一种开放的理念，更是一种在适应中求发展的自觉。每个民族文化的发展历史都是一部"文化适应"的历史。任何文化、任何文明都是在与其他文化、其他文明的交往过程中成熟和发展起来的。一种文明有没有生命力，关键在于它有没有具备适应新环境的能力。21世纪中国文化的新适应，这是时代发展的需要，更是中国文化可持续发展的必经之路。如果说，过去的一个世纪，中国文化的适应基本上是一个单向的文化拿来的模式，21世纪中国文化的新适应则是互动中文化的拿来与输出模式。

这样一种新理念的提出并非在于别出心裁，这是对中国一个世纪以来文化拿来的理性反思的结果。一个多世纪以来中国现代化中文

方面的文化拿来，时至今日，出现了令人不安的文化透支和文化赤字，
这一文化交流的失衡日益引起中国的注意。北京大学王岳川教授提出
"发现东方"的学术主张，就是企图以新的思想启蒙，重新唤醒国人对
中国文化价值的重视，以平等的姿态实现与西方文化间的交流，重新
找回一个多世纪以来文化拿来下出现的文化不自信。为此他专门撰写
了一部专著《发现东方——西方中心主义走向终结和中国形象的文化重
建》，在书中他沉痛地指出：百余年来，中国一味学会拿来主义，而且
是全盘拿来，他用一组历史数据展示了中国百余年拿来的成绩。他指
出：中国文化向西方的输出在一个世纪里成绩不好，这种巨大的文化
交流的逆差，其所产生的后果，足以令人深思。

21 世纪中国文化发展必须要经历新的适应，文化拿来依然是一个
重要的任务，但是 21 世纪的文化拿来已不再是所谓全盘拿来，而是要
弄清楚什么需要拿来，什么不需要拿来。我们对西方文化的学习，已
不再是一个简单的文化移植，而是一种超越拿来基础上的文化借取与
再创造。更重要的是，我们应重新发现中国文化的价值，应该向西方
输出中国的文化和中国文化的价值。如此，21 世纪中国文化的新适应，
应该是一场互动中的文化拿来与输出的模式。这里就将重点集中于文
化输出。21 世纪的中国如何做好文化输出？我们是否有文化输出的资
本？对此我们的回答是肯定的。这不仅需要一种文化自信，更需要一
种文化自觉。对自我文化有自知之明后，我们会懂得中国文化该如何
在扬长避短中，学会展示中国文化的自身魅力，让缺席已久的中国文
化在全球舞台重新焕发光彩。这需要一代中国人的不懈努力，要纠正
一个世纪以来全盘西化观念对中国人的影响，在国人心中树立起文化
平等的理念，剔除传统与现代二元对立的观念，重新看到中国文化的
价值，努力争取在国际中的话语权，为中国文化走向世界扫清思想障
碍。同时，我们也要重整我们的文化资本，亮出中国文化的优势，这

才是中国文化输出的关键，也才是让西方人能够接受中国文化的关键所在。

三、留住乡愁，传承和保持优秀中国传统文化

21 世纪的中国文化走向世界，其资本就在于中华优秀传统文化。它们是老祖宗留给我们的宝贵财富，我们只有继承好这笔历史遗产，才能够留住记忆，保存好我们的文化根脉，增强中国的软实力，这亟须做好中国传统文化的传承和保护。

增强传统文化的传承和保护的意识。对于传统文化的认识，一个世纪以来，在西方现代文明的强势话语下，传统被视为现代的对立面，将现代视为文明，将传统视为落后，落后则无价值，就应该放弃，这种观念一度影响了很多中国人，误导了中国人对自己传统文化价值的看待。历史和现实的经验证明，西方现代文明并不是尽善尽美的，反而给人类造成了难以摆脱的现代性危机。因此，要重新认识中国文化的价值，摆正中国文化与西方文化的关系和位置，要在全社会呼吁传承和保护优秀传统文化，形成全社会重视保护优秀传统文化的良好氛围，增强我国传承和保护传统文化的意识，这不能仅仅停留在口头上，应该体现在实践中。

传承切忌形式化和简单化。在实践中人们对传承的理解还不到位，提及对传统文化的传承，就是要回到过去的生活，有的甚至认为，刻意地穿上传统服饰和过传统节日就是对传统文化的传承。真正的文化传承其实就是一种文化观念的服膺，一种将观念展演成现实生活的方式，而这种自然而然的状态才是文化传承的本真。因此，对于人们所遵循的那一套传统生活方式和价值观，应做好批判的继承。要纠正那些传承中的形式化和简单化的倾向，只有让传承者认识到其所传承的文化是有价值的，对其是重要的，是发自内心的认可和接纳，才会将优秀传统文化的传承内化为一种自觉，才会将其作为一种合理的价值

和生活方式，而不是表面传承传统文化，内心却是反传统的。

探索传承和保护传统文化的多元路径。要将传统文化的传承和保护作为一项全社会的工作，应杜绝一边在保护、一边在破坏的现象。要探索多元的传承和保护路径。一要在现代城市化建设中，杜绝城市拆迁中对传统文化的破坏。二要加大对非物质文化遗产的传承与保护，形成一个长效的机制。三要在对传统文化创新转化中寻找传承与保护的机制。实现传统文化的现代转型，不是对传统文化的破坏，而是对传统文化在与时俱进中寻找新的存在形式，传统文化在形式上的现代赋予，可以使传统文化的精髓得到传承。

参考文献：

1. 牟宗三. 现象与物自身[M]. 台北：台湾学生书局，1984.

2. 牟宗三. 道德的理想主义[M]. 台北：台湾学生书局，1985.

3. 张岱年，方克立. 中国文化概论[M]. 北京：北京师范大学出版社，2017.

4. 陈荣杰. 中国文化导论[M]. 北京：高等教育出版社，2011.

5. 金元浦. 中国文化概论[M]. 北京：中国人民大学出版社，2012.

6. 龚书锋. 中国近代文化概论[M]. 北京：中华书局，1997.

7. 罗荣渠. 从"西化"到现代化[M]. 北京：北京大学出版社，1990.

8. 张岱年，程宜山. 中国文化与文化争论[M]. 北京：中国人民大学出版社，1986.

9. 金耀基. 从传统到现代[M]. 北京：法律出版社，2017.

10. 郑家栋. 现代新儒学概论[M]. 南宁：广西人民出版社，1990.

11. 方克立. 现代新儒学与中国现代化[M]. 天津：天津人民出版社，1997.

12. 赵吉惠. 中国传统文化导论[M]. 南京：江苏教育出版社，2007.

思考题：

1. 中外文化交流经历了哪几个阶段？

2. 你如何理解中国传统文化现代转型中的文化拿来？

3. 你认为当今时代应如何传承和保护中国传统文化？

后 记

2008年8月我参加工作以后，因为"中国传统文化概论"这一课程没有任课教师，学院就安排我承担这门课程的教学任务，当时我勉为其难承接了这门课程。对于这门课程，我没有经过系统的学习，一切都需要从零开始。中国传统文化博大精深，内容丰富，要讲好这门课，的确要下一番功夫。从那时起，我借阅了学校图书馆几乎所有有关中国传统文化的教材，同时开始认真学习一些中国传统文化的原典。就这样，一边学习，一边上课。有了几年的教学实践，对于中国传统文化，我开始有了初步的认识，也觉得有必要编写一部教材，以切合本校学生的实际，提高教学效率。2018年11月，在我的提议下，我们几个人组成了一个编写组，开始了本书的编写工作。前前后后，用了两年时间，我们完成了本书的初稿，经反复修改后，终于即将付梓。

本书是集体编写的产物，具体分工如下：杨文笔（宁夏大学）编写导论、第一章、第二章、第四章、第六章、第七章、第十章；苏雪（宁夏大学）编写第八章；马海瑞（宁夏大学）、何洋（宁夏大学）编写第三章；马倩（宁夏大学）、何洋（宁夏大学）编写第五章；杨宇宙（宁夏大学新华学院）编写第九章；全书最后由杨文笔进行统稿。

在编写过程中，我们参考了大量有关论著和相关教材，以及其他相关资料，在教材体例、教材提纲、教材内容上都进行了有益的吸收与借鉴。我们对上述参考资料一一进行了罗列，如有疏漏，敬请谅解，特此说明，并在此表示诚挚的谢意！

由于水平所限，书中难免存在一些不足，恳请读者批评指正。

编　者

2020 年 9 月